人間力を育む
道徳教育の理論と方法

田沼 茂紀 著

北樹出版

は　じ　め　に

　偉大な哲学者であり、教育学者でもあったカント（I.Kant、1724～1804）は、著書『教育学講義』（1803年）の冒頭で人間にとって教育が果たす役割について、「人間とは教育されなければならない唯一の非造物である」という名言を記している。さらにカントは、「人間は教育によってはじめて人間となることができる」、「人間は人間によってのみ教育される」と語り続ける。
　今日、私たちはかつて経験したことのない急激な速さで刻々と変貌し続ける現代社会の渦中に置かれている。そして、ややもすると未来展望の座標軸を見失いがちになっている。それは、教育の世界とて例外ではない。「教育は国家百年の計」、「教育は人なり」という先達の教えに抗うがごとく、歩むべき道を求めて未だ彷徨しているのが教育界の実情ではあるまいか。
　さて、本書は学校教育の根幹をなす道徳教育の基本的な考え方とその実践方法について、未来展望へのメルクマールを見出す一助になればと非力を顧みずに企画したものである。そして、本書のコンセプトは「人間力」である。
　ここでイメージする人間力とは、自立した一個の人間として生きていくための総合的な力（具体的には、知的能力、社会・対人関係力、自己制御の諸要素等が想定されよう）と捉えている。いわば、人間力は換言すれば、「知力」、「実践力」、「コミュニケーション力」、「社会スキル」といった様々な構成要素から成り立つトータルな人格的資質・能力であると考えるのである。
　道徳教育で培う道徳的実践力は、本来的に個の内面的資質として形成され、知力や体力と調和的に統合され、発揮されるべき性質のものである。これらの人格的資質・能力を有する人間の個性的な「よ（善）さ」の発露こそが今次学習指導要領でも求められている豊かな人間性に根ざした「生きる力」であろう。このような人間力に支えられた「生きる力」の育成を念頭に、子どもの主体的な道徳的実践力形成を道徳教育を通して積極的に支援していけるなら、今後の社会がどのように変化しようと自らを律しつつ、他者と協調・共存しながら新

たな時代を切り拓けるような人材育成が可能になってくるに違いないと考えるものである。

ただ、これまで多くの先達が指摘するように、教育に「不易と流行」はつきものである。学校教育においては、その時代を生き抜く子どもの育成という社会的要請に応えることも重要な使命である。同時に、学校教育にはそのような「流行」に左右されない教師と子どもの応答関係の先に位置づく人格形成という普遍的な不易追求側面も使命として課せられている。

道徳教育にあっては、教師と子どもの応答関係を前提に、教師が次世代へ伝え、子どもが自ら未来を拓くために学ぶべき「学びの内容・体系」、教師と子どもを取り結ぶ「教材や指導方法」等々の事柄は、いつの時代も本質部分ではそれほど変化しているわけではない。むしろ、その基本要件に則ってその時代が求める人材をどのように育むのか、培うべき資質・能力とは一体何なのかを適切に見定めていくことが常に問われ続けてきたのではあるまいか。それゆえ、道徳教育では流行という時代のニーズに対して拙速過ぎてもいけないであろうし、不易にこだわり過ぎて今目の前に生きる子どもたちの現実を軽々に扱うようなことがあってはならないのである。まさに道徳教育は不易と流行、この両者のバランスの下に成り立っている。この見解は、学校教育の社会的役割を視座するうえで極めて妥当な捉え方であろう。そして、このバランス感ある道徳教育の内容を規定し、具現化するのがまさしく学校の教育方針に基づく道徳教育カリキュラムであり、そしてカリキュラムに生命の息吹を吹き込むのが教師と子どもの人間力形成への視点であろう。

道徳教育は、時代性を反映した教育理想実現に向けた営みである。本書では、道徳教育を根底で支え、果敢に挑戦する教師に少しでも希望と勇気を与えられるよう理論的側面と実践的方法論とを両面から解説した入門書として構成した。読者として想定している現職教師および教職志望学生諸氏の主体的かつ実践的な道徳教育理解を促進する一助になれば幸いである。

平成23年2月　著者

目　次

はじめに

第1章　人間力の育みとしての道徳教育 …………………10
1　道徳の本質と教育的意義 …………………10
（1）人間力を育むことの意味　（10）
（2）道徳の本質と人間力　（12）
（3）人間力形成としての道徳教育の意義　（13）
2　道徳教育の目指す目的 …………………15
（1）わが国における道徳教育の枠組み　（15）
（2）倫理と道徳教育との関係　（17）
（3）わが国の道徳教育が目指すその方向性　（21）
（4）道徳教育の基底にある人間力の育成　（23）
3　法と道徳そして宗教との関連性 …………………27
（1）法律と道徳の関係　（27）
（2）道徳教育における宗教性の問題　（28）
4　人間力育成プロセスとしての道徳教育 …………………30
（1）人格形成における道徳教育の必要性　（30）
（2）教育的社会化における社会性と道徳性の違い　（30）

第2章　人間力を育む道徳教育原理とその内容 …………………34
1　わが国の道徳教育の目標 …………………34
（1）人格形成の基盤としての道徳性　（34）
（2）道徳性を構成する内容　（35）
（3）道徳的実践力の育成　（38）
2　わが国の道徳教育の位置づけ …………………42
（1）学校教育における道徳教育の位置づけ　（42）

(2) 道徳教育と道徳の時間の関係　(44)
　　(3) 道徳教育の要としての道徳の時間　(47)
　3　道徳教育の指導内容……………………………………………49
　　(1) 学習指導要領における指導内容の構成　(49)
　　(2) 道徳の内容項目の捉え方　(50)
　　(3) 道徳教育における重点的指導　(52)
　4　人間力を育む道徳教育の基本構想………………………………54
　　(1) 道徳教育における人間力の捉え方　(54)
　　(2) 人間力育成に向けた指導計画の構想　(56)
　　(3) 人間力育成を視座した指導計画の考え方　(65)

第3章　人間力形成から見たわが国道徳教育の歩み……………………68
　1　教育史に見る近代以降の道徳教育………………………………68
　　(1) 近代教育制度の確立と修身科　(68)
　　(2) 修身科と「教育ニ関スル勅語」　(70)
　　(3) 修身科と国定教科書　(75)
　2　民主主義教育としての道徳教育の歩み…………………………77
　　(1) 道徳教育と社会科教育　(77)
　　(2) 「道徳の時間」特設以降の道徳教育　(79)
　3　道徳性発達の視点と道徳教育……………………………………84
　　(1) 道徳教育における道徳性発達の意　(84)
　　(2) 精神分析学的な発達理論　(87)
　　(3) 社会的学習理論的な発達理論　(88)
　　(4) 認知発達論的な発達理論　(89)
　4　これからの道徳教育展開の課題…………………………………95
　　(1) 子どもの実態に即した重点的指導の必要性　(95)
　　(2) 多様なアプローチによる道徳授業の必然性　(98)
　　(3) 発達的視点からの人間力形成アプローチの検討　(108)

第4章 道徳授業の基本構造と新たな授業創造……………………………119
  1 「道徳の時間」の特質を踏まえた道徳授業 ……………………………119
    (1) 教育課程における「道徳の時間」の特質　(119)
    (2) 道徳授業づくりの要点　(125)
    (3) 道徳授業（道徳学習指導案作成）の基本構想　(129)
  2 道徳授業を具体化する教材（資料）の考え方……………………………147
    (1) 間接的道徳体験としての役割　(147)
    (2) 道徳教材における同質性と異質性　(150)
    (3) 道徳授業における教材活用の視点　(152)
  3 道徳教育における評価の進め方……………………………………………161
    (1) 道徳教育評価の基本的な考え方　(161)
    (2) 道徳授業における学びの評価の進め方　(168)
    (3) 道徳授業に活かす評価活動の実際　(171)
    (4) 道徳教育における評価と指導要録の問題　(175)
  4 人間力形成アプローチによる授業構想 ……………………………………177
    (1) 授業構想するための視点　(177)
    (2) 複数価値多時間同時追求型アプローチの試み　(180)

第5章 わが国の道徳教育を取り巻く諸課題について………………………204
  1 諸外国との比較から見たわが国道徳教育の課題…………………………204
    (1) わが国道徳教育の特質　(204)
    (2) アジアにおける道徳教育　(207)
    (3) 欧州における道徳教育　(211)
    (4) 北米・大洋州における道徳教育　(214)
  2 現代教育諸課題解決に向けた道徳教育の進め方…………………………217
    (1) 現代の学校を取り巻く諸問題　(217)
    (2) 道徳教育と市民性教育　(220)
    (3) 道徳教育とキャリア教育　(221)
    (4) 道徳教育における現代課題の克服　(223)

3　わが国における道徳教育の未来展望……………………………………224
　　　（1）道徳教育における教師の役割　（224）
　　　（2）家庭・地域と連携した地域力としての道徳教育の展開　（228）

あとがき………………………………………………………………………231

資料篇……………………………………………………………………………233
　　教育基本法（233）　　学校教育法（235）
　　小学校学習指導要領　第1章「総則」（238）　第3章「道徳」（239）
　　中学校学習指導要領　第1章「総則」（245）　第3章「道徳」（246）

事項索引　（250）

人間力を育む道徳教育の理論と方法

第1章　人間力の育みとしての道徳教育

1　道徳の本質と教育的意義
(1) 人間力を育むことの意味

　いつの時代においても、いつの社会・国家においても、人間にとって「よ（善）く生きる」ということは、最大の関心事であったに違いない。なぜなら、その実現の成否によって、個人の一生そのものの明暗を分けたり、時には国家、社会の隆盛にすら影響を与えたりすることもあったに違いないからである。
　もちろん、「よ（善）く生きること」の体現として「道徳的に生きる」と一口にいっても、その表し方や動機となっている背景は個々人によって様々であろうし、そのための教育を施す根拠は何なのかと問えば、難解さはその度合いをを深めるばかりである。しかし、どの時代、どのような社会状況にあっても、「道徳的に生きる」ことを積極的に推し進める教育はあっても、それを否定する教育は成立し得なかったのも事実である。ならば、人間社会を支える教育において、道徳教育が必要不可欠な要件であったのは紛れもない事実であるとすることができよう。確かに、教育の歴史を繙くと洋の東西を問わず、「よく生きる人」を育てる道徳教育が存在しなかった時代や社会はない。むしろ、「知徳体」といった用語に象徴されるように、調和的な人格形成おいて道徳教育はその中核をなしてきたのである。
　このように、道徳教育はその特定社会において共通に価値あるものとして容認されたものを自分たちの国家、社会において維持・発展させるため、それを次世代へと引き継ぐ意図的かつ目的的な営みなのである。よって、その具体的な手立てや方法は様々であり、それぞれの国や社会の歴史、風土を背景に派生してきた文化に根ざしたものである。ただ共通するのは、いつの時代、どこの社会においても「よく生きる」ことの実現を目指してきたという事実である。そこには、個人の日常行動における具体的な心がけとしての道徳実践(個人道

徳：morality）、共同社会に生きる個人の価値実現といった広義の意味での道徳実践（社会道徳もしくは社会倫理：ethics）が含まれ、いずれにおいてもそれらの前提となっているのは、個人の「心の有り様」である。その心の有り様を体現するための資質・能力が、本書でいうところの「人間力（man power というよりは humanity）」である。

　この「人間力」というのは、特殊な知識でもなければ、スキルでもない。むしろ、よく生きる人間として自律的に振る舞うための内面的資質である。個々人の内面にあって、人間としてのよさを発揮させる原動力となって作用する人間力は、誰しもが内包している「生きる力」であると定義しておきたい。その点で、「人間力」は広義の意味では「人間性」、「人間味」、「人間らしさ」とすることができよう。また、狭義に捉えるなら、個別的な個人の資質・能力、人間としてのよさを発揮するための力とも説明できよう。

　例えば、2003年4月に内閣府より公表された人間力戦略研究会報告書（註1）に示されているような資質・能力としての、「知的能力的要素（基礎学力、専門的知識・ノウハウ、論理的思考力、創造力等）」、「社会・対人関係力的要素（コミュニケーションスキル、リーダーシップ、公共心や規範意識、他者尊重と切磋琢磨・向上心等）」、「自己制御的要素（意欲、忍耐力、自分らしい生き方、自己追求力等）」が具体的にイメージされよう。

　しかし、あまり微に入り細を穿つと、そのような資質・能力を兼ね備えた具体像を想定することが容易ではない。ややもすると、人間離れして人間味に欠け、人間業（にんげんわざ）とは思えないマルチな諸能力を有した人物像が浮かび上がってしまうような場合もあろう。本書ではそのような全能の人間力育成のための道徳教育というのではなく、人間誰しもが自らの内に秘めている夢や願いの実現に向け、これまで気づかないでいた潜在的な自分のよさや可能性を知ったり、そこに至る道筋を自分らしいスタイルで導き出すための主体性や意志力を鼓舞したりできるような力を自らの内に培うことが人間力であると捉えている。

　本論を展開するにあたり、人間力を育む道徳教育とは、「人が人として自らの心の有り様を見つめながらより成長し、生きる喜びと充実感を高めていくのを

後押しをするような人格形成のための教育論であり、方法論である」と定義しておきたい。

このような教育は、学び手である子どもの側から見れば、一本のろうそくの炎のようなイメージがもてよう。ろうそくは、光りを放ちながら辺りを照らす。同時に、その目的を果たす時に期せずして自らの姿も照らし出してしまうのである。その時々をよく生きようと行為することは、ある対象に自分がよかれと思って光を放つろうそくの姿でもある。その際、同時に照らし出される自分自身を一歩離れた所から眺め、自己省察することができるなら、本来の自分の姿が見えてくるのではないだろうか。自分自身のことなのに、はっとさせられるような体験は、誰しも日常的に遭遇することである。このようなセルフモニタリング（self-monitoring）を可能にしてくれるのが、まさしく人間力そのものであろう。

このトータルな資質・能力としての人間力を研ぎ澄ますということは、自らを客我（内在化された他者の態度）の視点で観察・評価する可能性を拡げ、本来的な望ましさへの志向的かつ啓示的な気づきをもたらす。このセルフモニタリングは、このような個の変容を図っていくうえで大きな役割を果たす。よく生きたいという人間誰しもがもっている夢や願いは、自らの行動・態度・感情・思考等から客観的な気づきを得ることで明確さを増し、その実現に向けての原動力を生み出す。人間力とは、そのような自己洞察力に裏打ちされた自己成長力でもある。そして、その先にあるのは今日を精一杯生き、明日を「よりよく生きる」という自己実現に向けての姿である。

(2) 道徳の本質と人間力

では、人間力という概念に支えられた道徳教育をなぜ目指さなければならないのかという点について、道徳の本質および教育的意義とのかかわりから述べることとする。

最初に、道徳の本質について考察してみたい。その前提となっているのは、なぜ人間社会においては「道徳（moral）」が求められ、なぜそのための「道徳教育（moral education）」が必要なのかという点である。

手がかりとして、最初に道徳の意味について検討してみたい。「道徳」という熟語のもつ意味を広辞苑で繙いてみると、「人のふみ行うべき道。ある社会で、その成員の社会に対する、あるいは成員相互間の行為の善悪を判断する基準として、一般に承認されている規範の総体」とある。そして、法律のような外面的強制力を伴うものでなく、個人の内面的な規範原理であり、事物に対する人間の在るべき態度もこれに含まれると続けられている。

　そして、広辞苑ではもう一つの意味として、中国春秋時代の思想家である老子の『老子道徳経(ろうしどうとくきょう)』から、「道」と「徳」とを説明している。それらを勘案しながら意味づけると、熟語として構成される道徳の「道」とは、人が人として善悪をわきまえて正しく生きるために守り従わなければならない規範、いわば人生において人として踏み行うべき道、道理を意味し、対となって構成される「徳」はその道の本質に従った振る舞い、よ（善）さをよしとする人の在り方や生き方をするための道標もしくは羅針盤を意味していると説明できよう。よって、人として踏み行うべき人生の羅針盤を個々人が自らの内面に身に付けることを目的に施されるのが道徳教育ということになろう。

(3) 人間力形成としての道徳教育の意義

　ここまで述べると、道徳教育を行う意味はより鮮明になってくる、つまり、個々人の道徳的な心情や思考・判断力、道徳的行為への意欲や態度等の傾向性となって表れる「よ（善）く生きる」ための人間的基盤としての「道徳性（morality）」は先天的に備わったものではなく、様々な生活経験の蓄積過程で獲得される後天的な資質・能力であるという点である。そして、これらの後天的な資質・能力としての道徳性は、個人の思考・判断に基づく行動規範の総体として望ましさを主体的に体現することを促す内発的動機となって機能する。よって、このような内面から湧き起こる内発的動機によって突き動かされた道徳的行為は、外的・物理的な強制力を伴って個人の行為を規定する法律とは本質的にやや異なるものである。いわば、道徳性は教育によって培われなければならない人間固有の主体性に根ざした資質・能力である。

　次に、個人の望ましさやよさに基づく主体的な行為を可能にする内面的要素

として道徳性がなぜ教育によって培われなければならないのかという点について言及しておきたい。

　端的な表現をするなら、その根底にあるのは人間という種の永続性を担保するために為すべきこと、本能的当為が教育という営みを発生・維持させているのである。つまり、教育の意義は人間が種としての自らを温存し、同時に他者とも共存しつつ、これまで価値あるもの、善なるものの総体として累累と築き上げてきた文化を次世代へ継続させるための目的的な営みである点に見出すことができよう。よって、教育には過去から現在へと引き継がれてきた文化を継承させていく機能に併せ、新たな時代状況に即して未来を創造するという機能も含まれているのである。しかし、このように文化継承と文化創造との両機能を意義として掲げると、道徳教育では個人の内面的な人格的成長の視点よりもその大元となっている人間共同体としての集団・社会における成熟への視点を優先すべきといった論理の飛躍も生じかねない。

　確かに、個人は集団や社会に属し、承認されることでその個性を全うできる。しかし、集団や社会を構成する最小単位は個人であり、個々人が自らのよさを自律的かつ主体的意志で実現できないところに、個人が寄り集まって集合体を構成している国家や社会に望ましい未来はないのである。よって、一人の人間としての人間らしさ、よさ、可能性が担保されるような人格的成長を第一義に尊重していくような人間教育の視点に基づく道徳教育こそ、「人間力」の育みを理念として掲げる道徳教育なのである。

　もちろん、道徳教育の中核をなす道徳的価値は連綿と過去から引き継がれてきたものと、その時々の社会状況の中で人々の合意形成を基に生み出されてきたものとが混在している。よって、道徳教育で取り上げる内容は、このような普遍的な価値と可変的なものとの組み合わせによって構成されると考えるのが妥当な解釈であろう。

　ちなみに、前者は教育における模倣的様式（mimetic mode）と呼ばれ、模倣という再現様式を中心に用いながら、知識や技能といった内容を効率的に文化伝承（伝達）するための教育概念として機能する。その方法は、「知の伝達」という視点から、一対多数の講義等でどれだけ多くの人に効率的かつ大量に求め

られる内容を伝えることができるかといったメディア的な手法と結び付いたマスローグ（mass-logue）中心の様式である。そして後者は、道徳教育においては特に重要であるが、教育における変容的様式（transformative mode）と呼ばれる知の再創造・創出機能である。

なお、この変容的様式は古代ギリシャの哲学者ソクラテス（Socrates：469B.C.頃～399B.C.）の産婆術（註2）に由来する概念でもある。ソクラテスは人々に知識・技能を直接教えるのではなく、対話（問答法：dialogue）する過程を通して学習者自身の偏見や教条（ドクサ：doxa）を吟味することの意義に気づかせ、最終的に知を愛すること（フィロソフィー：philosophy＝哲学すること）への得心に至ることを目標とした。再創造という教育概念を道徳教育に当てはめて考えるなら、人間が人間らしく善悪をわきまえて正しく行為し、正しく生きる際に求められる内面的規範原理となる道徳性が対話によって培われることに、その変容的様式を取り入れる意義が見出せるのである。

このような人間らしさを主体的に選択し、実現し得る資質・能力をわが国の将来を担う子どもたちに培う取り組みこそ、今後ますます望まれる道徳教育なのである。

2 道徳教育の目指す目的
(1) わが国における道徳教育の枠組み

ここまで、道徳の特質と人間教育としての道徳教育の意義について述べてきた。ただ、道徳は日常生活における具体的な取り組みとなって敷衍(ふえん)され、実践されることでその意味をもつ。よって、理念として語られる道徳が学校における道徳教育として取り組まれるためには、両者間の有機的な関連づけが必要となってくることはいうまでもない。

では、実際にどのような枠組みとなっているのであろうか。また、個人の行動規範の総体として望ましさを主体的に体現する内発的動機として機能する道徳の本質と、道徳教育で目指す教育効果との間に齟齬(そご)が生じるようなことはないのかという点について検討することとする。

結論的に述べれば、道徳教育の理念は法的な根拠をもって共有されているが、

その実現過程としての道徳教育充実方策、道徳授業を中心とした道徳指導方途については様々な誤解や見解の相違、指導に当たる教師個々人の理解不徹底といった現状もあり、未だ所期の成果を見るに至っていないという厳しい指摘があるのも事実である。この問題を検討するためには、わが国の道徳教育がどのように法的根拠を伴って規定され、人権教育等と混同されることなくどう取り組まれることを期待されているのかという点から吟味していく必要があろう。その手始めとして、まずはわが国の道徳教育の枠組みとその実施の裏づけとなる根拠について述べていきたい。

　それぞれの学校が道徳教育を推進するためには、その根拠となる法令や指針となる何らかの規定が必要である。わが国の学校における教育課程は学校教育法に基づき、監督官庁の責任者である文部科学大臣がそれを定めることとなっている。そして、その詳細は学校教育法施行規則を根拠に文部科学省が告示する「学習指導要領」という教育課程の国家基準に従ってすべて展開される制度的枠組みとなっている。

　この国家基準としての学習指導要領は、幼稚園(幼稚園は「幼稚園教育要領」)、小学校、中学校、中等教育学校、高等学校、特別支援学校の各学校における各教科等の教育活動で取り扱われる学習内容(学びの範囲:scope)と学習体系(学びの順序性:sequence)の詳細について定めたものであり、わが国の学校教育の根幹をなす法的基準でもある。

> 　道徳教育は、教育基本法及び学校教育法に定められた教育の根本精神に基づき、人間尊重の精神と生命に対する畏敬の念を家庭、学校、その他社会における具体的な生活の中に生かし、豊かな心をもち、伝統と文化を継承し発展させ、個性豊かな文化の創造を図るとともに、公共の精神を尊び、民主的な社会及び国家の発展に努め、進んで平和的な国際社会に貢献し未来を拓(ひら)く主体性のある日本人を育成するため、その基盤としての道徳性を養うことを目標とする。(小学校学習指導要領解説 p.24 より引用。中学校用も同一文言である)

　以下、この学習指導要領では、わが国の道徳教育についてどのように定め、

義務教育における教育活動としてどう位置づけているのかを小学校、中学校学習指導要領第1章「総則」を手がかりに検討したい。

網羅的でやや捉えにくい目標であるが、要約するならグローバル化するこれからの時代を他者と協調しつつ、日本国民として自らの主体性を発揮しながらよりよく生きるための資質・能力としての道徳性を培うこと、これがわが国の道徳教育が目指すものであると解することができよう。

道徳教育という語感から、国家的な枠組みを超えた人類普遍の真理を追求するといった誤解を生みやすいが、決してそのようなものではない。むしろ、各々の国では自分たちがおかれた時代やその社会的ニーズによって必要とされる事柄から道徳内容を構成し、その国の道徳教育方針として規定しながら実施するのである。よって、その背景には国家的なイデオロギー（思想傾向）や宗教性、文化や歴史に裏打ちされた国民性等々が反映されている。いわば、国家理想として目指すべき望ましさが体現された一つの形が道徳教育であると考えるべきなのである。

その点からするなら、道徳教育の内容は二つの要素で成り立っていると解せよう。つまり、道徳教育の構成内容は古来より一貫している黄金律や望ましさが収斂されてそれ自体が有意味な徳目となって凝縮された不変的価値内容と、その時々の時代的・社会的要請で変化する可変的な価値内容とで混在的に構成されているものである。いわば、そのような混在的な価値内容を一律に施す道徳教育は、自分たちの国家や社会を未来にわたって継承・発展させるための目的的な営みなのである。

（2）倫理と道徳教育との関係

私たちの日常生活場面を想起すると、「倫理（ethics）」と「道徳（moral）」とが同義的に語られるようなことも少なくない。例えば、話者が発言の中で国民道徳と言ったり、国民倫理と言ったりするような場合でも、違和感なくその意図は相手に受け止められるであろう。それ程までに類似した意味を有するのが倫理と道徳である。しかし、そう理解しつつも、暗黙裏に使い分けているような場面も少なくない。

例えば、環境倫理とはいうが環境道徳とはあまりいわないし、営利活動に伴う法令遵守（compliance）の視点からよく用いられる企業倫理等も、やはり企業道徳とは表現しないのが一般的である。つまり、両者には類似する部分と明確に区別している部分があるということである。この倫理と道徳の定義づけについては、以下のように区別することができよう。

　倫理・・・人間がよりよく生きる上で必要とされる社会生活、個人生活の
　　　　　　指針。（倫理は道徳的に生きるための理論）
　道徳・・・人間がよりよく生きる上で必要とされる考え方を実現するため
　　　　　　の具体的な実践方策。（道徳は倫理の実践）

いわば、両者のかかわりは車の両輪のような不可分な関係と捉えられよう。

次に、倫理を教育することと、道徳教育を施すことの違いをその対象となる子どもの発達段階的な側面から検討してみたい。

以下の引用は、高等学校学習指導要領第1章「総則」および第2章「各学科に共通する各教科」に述べられた「道徳教育」と「倫理」の目標である。

第1章　総則　　第1款　教育課程編成の一般方針
2　学校における道徳教育は、生徒が自己探求と自己実現に努め国家・社会の一員としての自覚に基づき行為しうる発達の段階にあることを考慮し人間としての在り方生き方に関する教育を学校の教育活動全体を通じて行うことにより、その充実を図るものとし、各教科に属する科目、総合的な学習の時間及び特別活動のそれぞれの特質に応じて、適切な指導を行わなければならない。（高等学校学習指導要領解説 p.1）
第2章　各学科に共通する各教科　　第3節　公民
第2款　各科目　　2　倫理
1　目標
　　人間尊重の精神と生命に対する畏敬の念に基づいて、青年期における自己形成と人間としての在り方生き方について理解と思索を深めさせるとともに、人格の形成に努める実践的意欲を高め、他者と共に生きる主体としての自己の確立を促し、良識ある公民として必要な能力と態度を育てる。
　　　　　　　　　　　　　　　　　　　　　　（高等学校学習指導要領解説 p.33）

この両者の性格的な相違は、具体的な教育活動場面での目標設定の違いとなって顕れる。道徳教育では、学校における教育活動で培った道徳性をそれぞれに関連づけて一貫性をもたせることで、人間としての在り方や生き方を追求させるのである。よって、その目標とするものは学ぶ子ども自身の未来である。その点では、まさしく望ましさの実現に向かって邁進するゴールフリーな方向的目標設定なのである。

それに対し、高等学校における公民「倫理」の目標は青年期における自己形成と人間の在り方生き方についての理解・思索であるから、そのための学びを進めるうえで求められる学習事項(内容)がなければならないのである。よって教科として、さらには細目化された科目として、その時間の指導では次の学習へと展開するために確実な理解をさせ、深めさせるために到達させるべき内容的目標がなければならないのである。

つまり、そのための指導は同一のスタートラインであると同時に、その時間の到達点もやはり同一のゴールでなければならないのである。だからこそ、その到達すべき目標に照らしてその学びの評価が個人的にも、他者との比較としても可能となってくるのである。このようなことから、公民「倫理」は毎時間クリアしなければならない内容的目標設定となっているのである。

この差違については、学習者である子どもの側から捉えるとより明快である。学校において行われる道徳教育は子どもそれぞれの道徳的実態からスタートし、様々な人、こと、ものとのかかわりを通して自らのものの見方、感じ方、考え方を拡大するプロセスである。そのため、その授業では子どもが個々に追求していくための方向性を指し示す目標的なゴールは設定されているが、全員が同一レベルで具体的な同一内容で設定された共通のゴールを目指すといった内容的目標は設定されているわけではない。むしろ、道徳授業という学びを通して個々の子どもたちに道徳的成長の種を蒔くことに大きな意味があり、それを開花・結実させるためには本人自身の内面的人格成長による自覚化を待つしかないのである。いま眼前で行われている道徳教育がいつどこで開花し、どう結実するのか、それは当事者である子ども自身も知らないことに違いない。しかし、それが将来の自分の望ましい在り方や生き方につながっていることは学んでい

る子どもたちもそれぞれに理解できるであろうし、その教育にかかわる者の誰しもが否定し得ない事実であろう。

それに対し、教科「公民」の科目「倫理」となれば別である。その学びには明確なラベリングとしての評価・評定(成績評価)が伴うのである。もちろん、大学進学等における大学入試センター試験で高得点を得るためには家庭学習のみならず、予備校にまで出向いて、青年期における自己形成と人間の在り方生き方について理解・思索するための学習事項を身に付ける必要があるのである。この学びの結果を評価するのは自分自身というよりも、その成否から他の学び手と比較的に推し量るのは他者である。その点からも、科目「倫理」においては学びのスタートもゴールも明確に示された教科教育であるということになろう。

［道徳教育における目標設定］
　〇教科外教育(領域)としての道徳は、学びの間口は同じであるが、その学びにおけるスタートラインも、ゴールも学び手それぞれによって異なる方向的目標設定となる。

［科目「倫理」における目標設定］
　〇教科教育としての倫理では、その学びの範囲は学習指導要領および教科書においてまとまりのある学習内容で構成されているので、毎時間のスタートラインもゴールも明確な内容的目標設定である。

青少年の規範意識低下が様々な調査データとともに事ある毎に取り沙汰される昨今の現状を踏まえ、児童生徒の一般論的な発達段階から形式的に編成する教育課程や教育計画(curriculum)でなく、小・中学生の発達段階に即した道徳教育同様、高校生の生活実態に即した道徳教育が必要との意見も根強くある。事実、一部地域、一部研究指定校等での高等学校における道徳教育実践は着実に積み重ねられている。学校教育の枠組みは固定的なものではない。社会状況の変化に即応し、より適切な制度改革を推進することにためらいはいらないであろう。

(3) わが国の道徳教育が目指すその方向性

　わが国の学習指導要領には、就学前教育である幼児教育の段階から高等学校段階まで一貫した道徳教育の目標が示されている。そこには心理学的な人間発達的側面、特に言語発達や思考・判断力、人間関係構築力等々から健康保持能力に至るまでの広範な諸能力に支えられて一つの人格を有する人間が成長していく過程で、その時々の社会性や道徳性を発達させていくという考え方があるからである。

　先に述べた義務教育段階での道徳教育と、高等学校教科公民の科目「倫理」との接続関係は、規範意識低下が問題視される現実的状況は別として、論理的一貫性という見地に立てば納得が得られよう。また、幼児教育における道徳教育は、学校教育法第23条に「集団活動を通じて、喜んでこれに参加する態度を養うとともに家族や身近な人への信頼感を深め、自主、自律及び協同の精神並びに規範意識の芽生えを養うこと」と規定され、幼稚園教育要領第2章「ねらい及び内容」の「人間関係」、3「内容の取扱い」には「道徳性の芽生えを培うに当たっては、基本的な生活習慣の形成を図るとともに、幼児が他の幼児とのかかわりの中で他人の存在に気付き、相手を尊重する気持ちをもって行動できるようにし、また、自然や身近な動植物に親しむなどを通して豊かな心情が育つようにすること」と述べられている。この文言は小・中学校での道徳教育の内容構成と重なるものであり、両者の相違は生涯にわたる人格形成の基礎を培うため幼児期の特性を踏まえて直接教育ではなく、環境を通して間接的に行うという方法論的な手立てだけである。もちろん、幼児教育の両輪のもう一方の役割を果たす厚生労働省所管の児童福祉施設である保育所の保育内容を定めた『保育所保育指針』(註3)においても「保育のねらい及び内容」の「人間関係」領域で同様の記述となっている。

　また、人格形成の視点においても、小学校学習指導要領に示された「自己の生き方についての考えを深め」を受け、中学校学習指導要領では「人間としての生き方についての自覚を深め」となり、さらには高等学校「倫理」では「人間としての在り方生き方についての理解と思索を深め」と一貫構造をもたせている。確かに人格的成長を遂げていくのは同一の個人であるから、その学校教

育プロセスにおいて断絶があってはならないのである。

　ここまで学習指導要領の文言を掲げながら述べてきたように、道徳教育は人間の在り方、生き方にそのままかかわる根本問題を正面から取り上げる教育活動である。よって、その授業での指導の結論めいたものを安易に求めたり、子ども個々に異なる道徳的なものの見方、感じ方、考え方に共通の教育成果を見出そうとしたりすることは全く無意味なことである。むしろ、人は誰しも日々の生活の中で様々な事態に遭遇し、喜怒哀楽といった人間としての自らの内にある自然性に翻弄され、戸惑ったり、迷ったりしながら生きている。時には有頂天になって喜びはしゃいだり、時には嘆き・悲しみの中で奈落の底に突き落とされたり、悲喜こもごもに渦巻く自らの内面的感情と対峙し、抱え悶えながら生きる存在でもある。そんな中で自らがどう生きるのかという拠りどころ、生き方の確立を知らず知らずに自らの内に求めるのである。善を志向し、その価値を日常生活場面で実現しようとするところに道徳の意味があり、そのための道徳的なものの見方、感じ方、考え方を鍛え高めることで実践化への意志力や態度を育成していくところに道徳教育が成り立つということになろう。

　また、その過程ではフランスの社会学者デュルケム（É.Durkheim、1858~1917）が著書『教育と社会学』（1922年公刊）で指摘する社会的事実としての道徳教育の側面も否定するわけにはいかない。人間が社会的存在である以上、デュルケムのいうように、「教育の目的は子どもに対して全体としての政治社会が、また子どもがとくに予定されている特殊的環境が要求する一定の肉体的、知的および道徳的状態を子ども中に発現させ、発達させることにある」[註4]という意図的かつ継続的、組織的な方法論的社会化の過程が教育であるとした側面も否定できない。子どもに社会の一員として行為し得る「人間としての在り方生き方」を自覚させるため、学校における教育活動全体を通じて包括的に指導するのが道徳教育である点からするなら、そこに求められる社会的資質・能力も緊密に結び付いてこよう。それらが、道徳的実践を基底で支える道徳的知識や判断力、態度といった要素で構成される道徳知を形成しているわけである。このような学校で身に付ける学力の総体である学校知そのものと重なりあう特質を考慮するなら、道徳教育は学校教育の究極目的である人格形成を目指して道

徳的諸価値を個々に内面化させる道徳的社会化（moral socialization）を意図した包括的な営みであると説明できよう。

（4）道徳教育の基底にある人間力の育成

　学習指導要領に示されたわが国における学校教育の目標は、そのまま道徳教育の目標と重なり合うことは既に述べた。つまり、わが国の学校教育における最重要課題は究極的に人格形成なのである。この点は、諸外国からよく指摘されるわが国教育の特質でもある。わが国教育の特質については、以下のような点がよくあげられる。
　①子どもの教育に熱心な国民性であること
　②教育の根本的な目的を知識・技能よりも人格形成に置いていること
　③教育における平等性を強く求める傾向にあること
　長い鎖国の時代から脱し、教育によって一気に近代国家の道を邁進してきたわが国の社会的・文化的背景や、それを価値あるものとして支持してきた国民性が学校教育における人格形成といった部面に高い評価を置く傾向となっているのかもしれない。事実、それを象徴するように、教育界のみならず、産業界等からも事ある毎に「人材育成」、「人間力の強化」が叫ばれるのである。このように国民がこぞって求める「人間力」とは一体どのようなものなのであろうか。この点をまず明確にしないと、それを道徳教育でどう育むのかといった理論的方略も方法論的方略も見出せないことになる。わが国の教育の特質という視点から、道徳教育における人間性の捉え方について明らかにしておきたい。
　この点を究明するためには、まず、わが国における道徳観や倫理観のルーツを辿っておく必要があろう。なぜなら、それらは日本の文化や伝統に深く根ざして今日に至っているからである。
　例えば、わが国には古来より「お山」、「お水」といったように個物へ敬語をつけて呼ぶような習慣がある。この前提となっているのは、おおよそ温帯気候に位置して豊かな自然や風土と一体になって生きてきた日本人固有の共栄・共存をよしとする共生的思想、いわば天地万物に至る一体感に根ざした自然観や人間観、社会観がある。

事実、古事記や万葉集に度々登場する「清明心(きよきあかきこころ)」という言葉も古来からの日本人の生き方を明確に象徴していると考えることができよう。この清明心は、明朗で裏表がない誠実な心を意味し、社会共同体の秩序を重んずる人間礼賛の考え方である。そして、自然や社会共同体の中で人々が調和する行為基準の前提となる寛容性と謙虚さ、さらには祭等に象徴されるような社会共同体の一員としての融和と奉仕の精神に基づいた道徳観・倫理観が精神風土となって今日まで連綿と引き継がれてきたことは否めない事実であろう。これらは、次世代を担う子どもたちに対するわが国固有の道徳教育根本原理となっていることを忘れてはならないし、人格形成に多大な影響を及ぼしていると考えられよう。

　同様な事例は枚挙に暇がない。日本古来の自然崇拝的なアニミズム（animism）、日本古来からの精神的バックボーンとしての役割を果たしてきた神道はもちろんのこと、わが国へ渡来してきた思想文化もその姿を日本の道徳観、倫理観へとその在り方を変化させながら融合してきた事実がある。習合思想と称される合理的進取の手法である。この習合思想は、物事が有する本質は別にし、その形式やそれに伴う文化や思想の必要部分を合理的に取り入れる方法論的な考え方で、律令国家の建設を目指した聖徳太子の時代からわが国の政治や文化発展に貢献してきた発想でもある。

　例えば、日本仏教の祖であり天台宗開祖である伝教大師最澄の『山家学生式（さんげがくしょうしき）』にある「一隅を照らす」といった教えや、『大般涅槃経(だいはつねはんぎょう)』の根本教理「一切衆生悉有仏性（いっさいしゅじょうしつうぶっしょう）」、「山川草木悉皆成仏(さんせんそうもくしっかいじょうぶつ)」といった教えなども、私心を戒め、人間関係を重んずる生き方としての道徳観と合致する。もちろん、その前提にあるのは自然や人間の力を超越する偉大な存在、自然崇拝的、宗教的なものを一切合切含めた大いなるもの(something great)への畏敬心、生きとし生けるものや他者との調和的な生き方を理想とした感性的人間観、つまりわが国固有の道徳観、倫理観が基底にあると考えることができよう。

　このような感性的人間観は、人間としてのありのままの姿としての自然性

(human nature)に基づいて物事を深く感じ取る心の働き、感性(sensitivity)に裏打ちされた人間理解の視点である。カント哲学的に捉えるなら、感性とは感覚的能力であり、物事を思考・判断して認識する能力としての悟性や論理的かつ統一的な認識能力としての理性からは区別される。つまり、人間誰しもが本来的にもっている自然性としてのよさが主体的に選択され、実践されるような資質・能力が「人間力」ということになる。この点では、冒頭で取り上げた内閣府の人間力戦略研究会報告書に述べられている資質・諸能力としてのコア・コンピテンシー（core competency：核となる能力）を構成している知的要素、社会・対人関係力的要素、自己制御的要素といった認知的側面や行動的側面に重きを置いた人間観とはやや趣が異なってこよう。

　道徳教育における人間力を想定した場合、そこには物事の判断・理解力といった認知的側面、目的の伴う具体的な行為としての行動的側面のみでは不十分である。さらには、心が動く、心が通い合うといった自分や他者への感性的な眼差しとしての情動に基づく理解や判断、行為への身構え等といった情意的側面が何よりも重視されよう。人間固有の道徳観、倫理観の前提には、このような感性的人間観に拠った人間理解の視点が不可欠である。もちろん、人間理解というは容易いが、それはあまりにも複雑かつ不可解である。

　例えば、文学作品等では善事を行いつつ知らぬ間に悪事を平気でやってのけたり、悪事を働きつつも知らず知らずに善事を真顔で行っていたりする人間像がよく描かれている。これが人間といえばそれまでだが、人間という存在は、悪いことをしながら善いこともするし、人に嫌われるようなことばかり重ねていても、いつも心の中では人に好かれたいと思ったりする捉えどころのない存在でもあるのである。

　このような多面的な顔をもつ存在としての人間、感性的人間観に裏打ちされた人間に内包する「人間力」としてのコア・コンピテンシー構成要素を想定するなら、以下のような3点が考えられよう。
　①人間としての自然性に根ざした自己制御的要素
　②社会的存在として調和的かつ規範的に生きるための人間関係構築的要素
　③自他存在の尊重と自律的意志に基づく価値志向的要素

人間は誰しも心の中で「明日は今日よりもよ（善）く生きたい」という本質的な願いをもっている。その点を考慮するなら、性善説にその基盤を置きながら、一見捉えどころのない存在としての人間を複眼的に理解していこうとする眼差しを豊かにすることこそ、道徳教育では何よりも大切な姿勢であるに違いない。
　また、感性的な人間理解という点では、その道徳的行動を支える個々人の規範意識、道徳的価値観をどう捉えるのかという部分も大いに考慮しなければならない。例えば、傍目には道徳的に立ち振る舞っているように見えたとしても、それを当人がどう自覚して行為しているのかという点は、それこそ本人のみしか知るよしのないことである。いや、道徳的な振る舞いをしている当人自身も本質部分では何も自覚化していないことも当然起こり得ても不思議ではない。
　この点についての検討は、米国の心理学者チュリエルの（E.Turiel,：1983年）の領域特殊理論（Domain-specific theory）という考え方が参考になる。チュリエルの主張する領域特殊理論とは、人間の社会的知識には質的に異なった独立領域（「道徳：moral」、「慣習：convention」、「個人：personal」）があり、その時々になされる様々な社会的判断や社会的行動は「道徳」、「慣習」、「個人」の各領域での知見が調整された結果であるとするものである。そして、それら各領域での知識獲得の文脈やプロセスは全く異なっているという主張が領域特殊理論の枠組みである。
　チュリエルによれば、最初の「道徳」領域は道徳的価値を土台に構成される知識で、その運用は価値基準に照らしての判断・行動となる。また、2番目の「慣習」領域の知識は家族や仲間集団、学校、会社等々の社会組織を成立させている要素への理解である。よって、「決まりがあるから」といったことが運用基準となる。3番目の「個人」領域の知識は、その判断や行為の影響が個の範疇に留まる運用基準である。いわば、個人の許容範囲といった認識である。
　例えば、「虚言」を取り上げるなら、「道徳」領域で言えば「人を欺く嘘をついてはいけない」ということになろうし、「慣習」領域で言えば「法律で罰せられたり、組織内で批判されたりするから嘘をついてはいけない」となろう。そして、「個人」領域では「周りに迷惑を及ぼさなければ個人の自由だ」というこ

とになる。もっとも、難病の告知といった人間愛の視点からの虚言もあるので安易な適用は慎まなければならないのは当然であるが、それ以上に各領域における発達的側面が重要であろうと考える。

　では、なぜこのような側面を重視しなければならないのであろうか。それは、人間の道徳的行為を可能にするや道徳性を育んでいく際にどのような方法、指導の手だてを講ずればよいのかという点と緊密に関連するからである。道徳教育で取り上げる内容は「道徳」、「慣習」、「個人」の各領域それぞれのものが混在して全体構造を形成している。ならば、その程度によって一律の指導方法では対処できないことも多かろうと考えるのは自然な成り行きである。つまり、教師が懸命に指導したとしても、その方法論に適切性が伴わなければ道徳教育の目的は達成されないのである。

　道徳教育では、「琴線に触れる」とか「心に響く」といった用語が好んで使われる。しかし、感性的人間観に基づく子ども理解の視点や、人間力育成のプロセスで求められる資質・能力を明確にしておかなければ、そのような感性的な働きかけは子どもたちの心に届いていかないのではないかと懸念するのである。教師の道徳指導に際しての盲点、そのような捉え方もできよう。

3　法と道徳そして宗教との関連性
（1）法律と道徳の関係

　望ましい社会の実現という観点からよく引き合いに出されるのが、個人の逸脱行動抑止力という面での、「法」と「道徳」との優先性の問題である。

　人々が支え合って暮らす共同社会において、犯罪等の個人の逸脱した言動は他者の安全や快適さ、利益等を侵害する許されざるものである。このような犯罪等の抑止力として法的拘束力が大きな意味をもつのか、それとも個に内面化された道徳性が大きな意味をもつのか、大いに関心のあるところである。基本的には個の外的拘束力となって機能するのが法律であり、個の内面的拘束力となって機能するのが道徳である。これら異なる性格を有する両者を単純に比較することの意味はあまりないが、他律（heteronomy）から自律（autonomy）へという発達的側面から考えさせられる面は多々あろう。ちなみに、法律と道

徳との根源的な差違をまとめると以下のようになろう。
　法律・・・個人の外面現れた行為に対して第三者がその善悪を判断し、罰則という形で適用される。
　道徳・・・個人の内面にあってその実体は見えないが、社会的行為に対する規範意識として作用する。
　法律と道徳の関係は、外面に表れた行為の規準となっている動機に占める割合でも考えられよう。例えば、交通量の全くない交差点で人が青信号に変わるのを待っている状況があったとする。横断するのに何の支障も生じないにもかかわらず赤信号で待っているといった外面的な行為について、その人はどのような動機でそうしているのかが大いに問題となる。法律に従ってのことであれば、道路交通法に違反すると自分にも他者にも危害が及ぶような場合も想定されるから信号を守るということになろう。それに対し、道徳に従ってということであれば、誰かが見ているからとか、罰せられるからといった理由ではなく、社会的な合意形成に基づくルールとして法律が存在し、そこに定められている以上は遵守するのが当然であるといった動機で信号を守ることになろう。
　以上のようなことから、法律は規制や処罰を伴う外的拘束力としての社会規範であるのに対し、道徳は個人の内的拘束力として作用する内的規範なのである。

(2) 道徳教育における宗教性の問題

　個人の内的規範として作用する道徳、言い換えるなら道徳的な傾向性としての道徳性を精査していくと、そこには不可分な要素として宗教性もかかわってこよう。古来より受け継がれてきた戒律や黄金律と呼ばれるものは、その源を辿ればほぼ相違なく宗教に由来することが多い。
　その点からすれば、特定宗教の影響力が強い社会にあっては、それが道徳教育の代替機能を果たすことになる。事実、諸外国においては「宗教」の時間が道徳教育として位置づけられている場合も少なくない。ちなみに、わが国の公立学校における道徳教育では教育基本法において政教分離の原則が示され、次のように非宗教性を貫いている。

> 教育基本法
> （宗教教育）
> 第15条　宗教に関する寛容の態度、宗教に関する一般的な教養及び宗教の社会生活における地位は、教育上尊重されなければならない。
> 2　国及び地方公共団体が設置する学校は、特定の宗教のための宗教教育その他宗教的活動をしてはならない。

　私立学校にあっては、道徳教育に替えて宗教教育を実施してもよいことになっている。だが、その実施方法によっては宗教教育がそのまま道徳教育と同様の機能を果たすとは限らない。宗教教育と一口にいっても、その実施方法や内容は広範に及び、場合によっては学習指導要領に示された道徳教育の成果が期待できないようなことも考えられよう。
　例えば、宗教教育として特定宗教の教義のみを指導するような場合、果たして道徳教育で取り上げるような内容を網羅し、目標を達成できるのか、はなはだ疑問であろう。また、高校「倫理」で取り上げる先哲の思想と同様に、宗教的知識教化であっても、やはり道徳教育で目指すような教育成果は期待できないであろう。やはり、宗教教育で道徳と振り替える場合には、宗教の教義や知識のみでなく、宗教的情操教育まで踏み込んでの人格形成を意図していく必要があろう。そのような宗教的情操育成に主眼を置いた教育で取り上げる道徳的価値、例えば生命尊重とか、他者への思いやり、社会奉仕や勤労等々は、非宗教性を原則とした道徳教育よりも宗教体験（宗教的儀式や雰囲気に連なる感性的・感覚的体験）を伴って切実性ある個々人の生き方として内面化されよう。むしろ、非宗教性を前提にした場合、その道徳教育で取り上げる指導内容に対する国民の合意形成こそが難しい面もあろう。ここに、非宗教性を貫く道徳教育の難しさと課題が残されているのである。
　要は、妄信的に特定宗教に偏することなく、教育基本法第15条に述べられているような宗教に対する寛容さ、宗教に対する理解をもって共存を図っていく姿勢が大切なのである。

4　人間力育成プロセスとしての道徳教育
(1) 人格形成における道徳教育の必要性

　民衆教育の父と称され、貧民の救済と直観教授や労作教育といった教育方法の探求に生涯を捧げ、その実践で近代教育草創期にあったわが国へ大きな影響力を及ぼしたペスタロッチ（J.H.Pestalozzi, 1746～1827）は、主著『隠者の夕暮』(1780年) の冒頭で、「玉座の上にあっても木の葉の屋根の蔭に住まっても同じ人間、その本質からみた人間、一体彼は何であるか」(註5) という名句を残している。また、「はじめに」でも登場したが、哲学者であり、教育学者でもあったドイツ観念論哲学の祖と称されているカントは、『教育学講義』(1803年) において、「人間は教育によってのみ人間となる」、「人間は教育されなければならない唯一の被造物である」(註6) と述べている。「考えれば考えるほどに新たな感激と崇敬の念をもって心を満たすものがある。それはわが頭上なる星の輝く空と、わが内なる道徳律とである（『実践理性批判』）」と墓碑に刻まれたカントらしい人間観である。これらペスタロッチやルソーに共通する前提は、人間が本来的に基本的人権として有する平等性と、人格形成の上で不可欠な後天的獲得資質・能力としての道徳性である。人は生まれながらにして道徳性を身に付けて生まれてくるわけではない。よって、どのような国や地域、どのような家庭に生まれようと、その人格的成長はその後の社会経験獲得プロセスとしての教育に左右されるのである。この人格的成長プロセス、つまり社会化（socialization）の過程において道徳教育の必然性が認められるのは疑いのないところである。同時に、その成果如何によって、個々人のその後の人生における充実感や幸福感等が左右されるのも頷けるところである。

(2) 教育的社会化における社会性と道徳性の違い

　さて、ここでいう教育的社会化とは、共同体としての社会集団の連続性や継続性を維持するために生まれた個人の共同体への適応過程である。生物学的に誕生した個人が、集団や社会が求める特定の価値規範を学んで自らの行動様式に取り入れることによって所属する集団や社会から承認され、その結果として構成員の一員となることができるのである。

この教育的社会化の基本は、個人と他者との相互交渉的な学習を意図的に構成することである。そこで個人は、他の人々とのかかわりを介しながら行動の仕方、ものの見方・感じ方・考え方、または自己感情の表出や統制の方法等を学習するのである。このような、社会的場面における学習過程としての社会化で身に付けるのは、社会性（sociality）と道徳性である。

　社会性と道徳性との差異を問う時、そこには、対象である「人間」についての視点が必要であろう。

　例えば、「人間（human）」は生物学的な「ヒト（(homo sapiens)」であり、社会的存在として人間（ジンカン）に暮らす人々（people）の一人であり、精神性や文化性を背景に時空間を跨いで生きる一個の独立した人格をもつ人間（person）でもある。「人間」存在は巨視的に捉えるなら、生物的存在、社会的存在、文化的存在といった大まかな括りで分類することができよう。ただ、教育的社会化の視点に限定するなら、そこには社会的存在として生きる人間の特質が浮かび上がってこよう。

　人間＝人の成り立ちは文字通り、人と人とが支え、支え合う関係性にある。わが国の近代倫理学の祖と称される和辻哲郎(1889～1960)は、主著『倫理学』(1937年）において、「人間とは『世の中』であるとともにその世の中における『人』である。だからそれは単なる『人』ではないとともにまた単なる『社会』でもない。ここに人間の二重性格の弁証法的統一が見られる」(註7)とその関係性を指摘した。和辻は、人間を一人の個人として意味すると同時に、人と人との「間」を意味する「人間存在」として「間柄的存在」と称したのである。つまり、個別性と全体性の両面性を有するのが「人間」であり、人間が人間であるためには個別性が全体性を否定して個別になり、ふたたび個別が自らの個別性を否定して全体性を回復するという二重否定の弁証法的な立場から社会的（世間性＝）であると同時に個人的（個人性＝私心）であるという両面性を有する人間存在を説明したのである。

　要約するなら、社会性は個人が社会的な存在として社会生活を営む上で求められる能動的な対人関係構築力や状況適応力といった素質・能力である。それに対して道徳性は、個人と社会とのかかわりの中で善悪の判断をしたり、社会

規範としての望ましさを実現したりする際に求められる資質・能力である。いわば、個人と集団・社会とのかかわりの中で、その志向性が個人から外部に向けられているのが主に社会性で、個人の内面に向けられているのが主に道徳性であるとすることができよう。いずれも個人と社会とのかかわりにおける望ましさを志向するものであることが前提ではあるが、その資質・能力の発揮のされ方については差違が生じてこよう。

例えば、他者との良好な関係をたちどころに築ける高い人間関係構築能力をもった人が、即そのまま道徳性が高い人であるとは限らないといった事例は身近な生活場面でも散見することである。このような社会性と道徳性の違いを踏まえた上での道徳教育でなければ、その本質的意義を見失い、特定の立場に偏した一貫性、普遍性に欠ける教育活動になってしまうのである。

要は、社会的存在として生きる子どもたちにどのような道徳的資質・能力を身に付けさせていくのかという、その教育的営みのスタートラインにおける前提的視点としてコンセプトが定まっていなければ、その後の教育的成果は期待できないのである。

【第1章の引用文献】
(1) 人間力戦略研究会　『人間力戦略研究会報告書』2003年　内閣府公表資料　Ⅱ.「人間力の定義」①～③より引用
(2) 村井実は、『ソクラテスの思想と教育』(1972年　玉川大学出版部　p.140)において、産婆術を「肉体における助産術と異る点は、それが魂に関するものであり、したがって、生まれるものが真実のものであるか、偽物であるかを識別する」という知識の方法、教育の方法としての対話法であると説明している。
(3) 厚生労働省編『保育所保育指針解説書』2008年　フレーベル館　pp.72～80
(4) E.デュルケム　『教育と社会学』佐々木交賢訳　1976年　誠信書房　pp.58～59
(5) J. H.ペスタロッチー『隠者の夕暮れ　シュタンツだより』長田新訳　1993年　岩波文庫　p.5
(6) Ⅰ.カント『教育学講義他』勝田守一・伊勢田耀子訳　1971年　明治図書　pp.12～15
(7) 和辻哲郎　『倫理学』(一)　2007年　岩波文庫　p.28

【第1章の参考文献】
(1) 文部科学省編　『小学校学習指導要領』 2008年
(2) 文部科学省編　『中学校学習指導要領』 2008年
(3) 文部科学省編　『高等学校学習指導要領』 2009年
(4) 文部科学省編　『幼稚園教育要領』 2008年
(5) 厚生労働省編　『保育所保育指針解説書』2008年　フレーベル館
(6) 市川伸一編　『学力から人間力へ』 2003年　教育出版
(7) 日本道徳教育学会編　『道徳教育入門』 2008年　教育開発研究所
(8) 新田孝彦　『入門講義　倫理学の視座』 2000年　世界思想社
(9) 岡本　薫　『新不思議な国の学校教育』 2003年　第一法規
(10) 日本道徳性心理学研究会編　『道徳性心理学』1992年　北大路書房
(11) 脇本　平也　『宗教学入門』1997年　講談社学術文庫
(12) 西村茂樹／尾田幸雄編訳　『品格の原点～いまなぜ「日本道徳論」なのか』2010年　小学館

第2章　人間力を育む道徳教育原理とその内容

1　わが国の道徳教育の目標
(1) 人格形成の基盤としての道徳性

　本章では、わが国の道徳教育の目標やその方策および内容等について検討し、学校教育における道徳教育の指導原理を明らかにしていくこととする。

　まず初めに、わが国の義務教育における道徳教育が目指している目標について述べたい。わが国の義務教育における道徳教育は、その内容が法的に規定されている小・中学校学習指導要領第1章「総則」第1「教育課程編成の一般方針」の2、および第3章「道徳」第1「目標」において明快に示されている。

　総則では、「教育基本法及び学校教育法に定められた教育の根本精神に基づき、人間尊重の精神と生命に対する畏敬の念を家庭、学校、その他社会における具体的な生活の中に生かし、豊かな心をもち、伝統と文化を継承し、発展させ、個性豊かな文化の創造を図るとともに、公共の精神を尊び、民主的な社会及び国家の発展に努め、進んで平和的な国際社会に貢献し未来を拓く主体性のある日本人を育成するため、その基盤としての『道徳性』を養うこと」と、わが国の道徳教育における目標が示されている。

　小・中学校学習指導要領を詳述した『学習指導要領解説　道徳編』には、この道徳教育の目標が「日本国憲法に掲げられた民主的で文化的な国家を更に発展させるとともに、世界の平和と人類の福祉の向上に貢献する国民の育成を目指す我が国の教育の在り方を示したものである（小 p.24、中 p.25）」と述べられている。そして、道徳教育の目標、つまり教育全体に通ずる固有の目標として、「その基盤としての道徳性を養うこと」が道徳教育そのものの役割であると続けている。つまり、道徳教育の目標は教育基本法第1条に定められた「教育は、人格の完成を目指し、平和で民主的な国家及び社会の形成者として必要な資質を備えた心身ともに健康な国民の育成を期して行わなければならない」と

いう規定と重なり合う内容となっているのである。
　前掲の学習指導要領解説では、この道徳教育の目標を構成している内容を、以下の7項目に分けて説明している。

［道徳教育の目標構成内容］
　①人間尊重の精神と生命に対する畏敬の念を培う。
　②豊かな心をはぐくむ。
　③伝統と文化を尊重し、それらをはぐくんできた我が国と郷土を愛し、個性豊かな文化の創造を図る人間を育成する。
　④公共の精神を尊び、民主的な社会及び国家の発展に努める人間を育成する。
　⑤他国を尊重し、国際社会の平和と発展や環境の保全に貢献する人間を育成する。
　⑥未来を拓く主体性のある日本人を育成する。
　⑦その基盤としての道徳性を養う。

　このように、道徳教育は①～⑥までに掲げられた資質を育成するため、⑦の「その基盤としての道徳性を養う」という役割を担い、その実現を目標としているのである。
　また、人間固有の特性である道徳性は、より噛み砕いて解説するなら人間としてのよ（善）さ、人間らしい人間としての人間性と言い換えることができる。人間存在の本質的な部分にかかわる要素が、道徳性そのものである。
　事実、動物の世界等では犬の道徳性、猫の道徳性といった表現は一般的に耳にしないことからも頷けよう。このように道徳教育の目標は、わが国教育の目標と重なり合って一体的に示されているのである。

（2）道徳性を構成する内容

　人間固有の特性である道徳性の育みがわが国道徳教育の目標であることは、ここまで述べてきた通りである。しかし、学校における教育的営みは具体そのものである。教材等を介して子どもと教師がかかわり合い、学びを生み出す関係にあるのが学校教育である。ならば、人間らしい人間としての人間性が道徳

性であるといわれても、それをどう具体的に捉えてその育みを実現していくのかという道筋が見えなければ、それこそ教育活動を構成できないことになってしまう。

しかし、この道徳性を構成する諸様相については必ずしも明確になっているとは言い難い。なぜなら、道徳的な事柄に対する理解や判断といった認知的側面、道徳的実践への具体的な言動等となって表れる行動的側面に比べ、情意的側面としての道徳的心情は道徳的自我体験を背景とした感情面も含めた主観的かつ内面的な内的基準であるため、外部からの把握が困難だからである。そのような特質から、道徳的な判断を促したり、道徳的行為へと導く態度を決定づけたり、道徳的実践への原動力として作用する大本が道徳的心情であると仮定的に想定している側面があるからである。

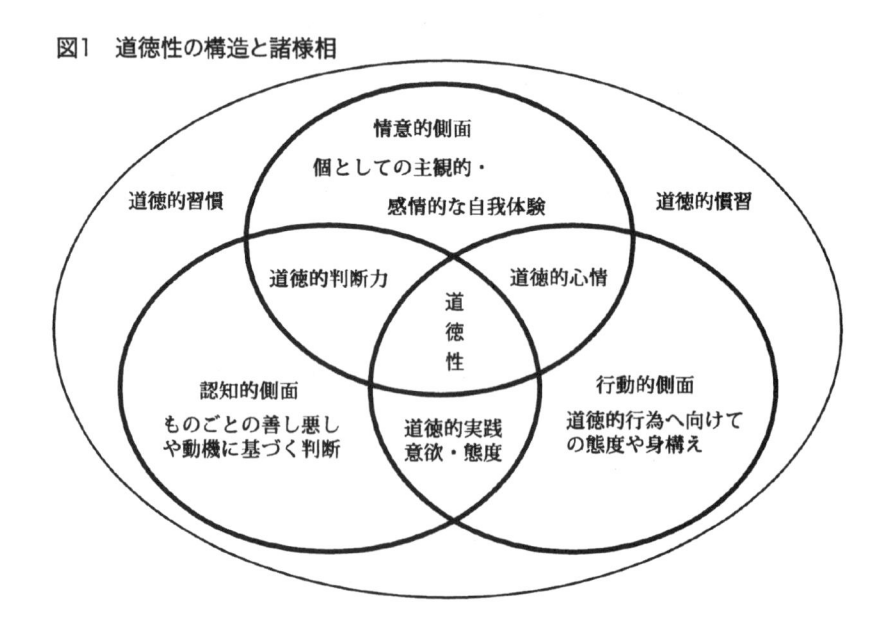

図1 道徳性の構造と諸様相

道徳性の諸様相として構成される各要素に対して見解が統一され、共通理解が図られなければ、各学校における道徳教育に一貫性ももたせることができなくなる。このような事態を回避し、共通の指導指針としての役割を果たすのが

『学習指導要領解説　道徳編』である。同書に基づいて道徳性にかかわる諸様相の構造とその構成要素の捉え方について整理しておきたい。もちろん、小学校、中学校いずれにおいても同一の捉え方であることはいうまでもない。

[道徳性の諸様相の構成]
　道徳的心情　：　道徳的価値の大切さを感じ取り、善を行うことを喜び、悪を憎む感情である。同時に、人間としてのよりよい生き方や善を志向する感情でもある。
　道徳的判断力：それぞれの場面において善悪を判断する能力であり、人間として生きるために道徳的価値が大切であることを理解しつつ、様々な状況下において人間としてどのように対処することが望まれるかを判断する力である。
　道徳的実践意欲と態度
　　　　　　　：道徳的心情や道徳的判断力によって価値があるとされた行動をとろうとする傾向性を意味している。道徳的実践意欲は、道徳的判断力を基盤とし道徳的価値を実現しようとする意志の働きであり、道徳的態度はそれらに裏付けられた具体的な道徳的行為への身構えである。

　このように、人間らしい「よ（善）さ」としての道徳的諸様相が個の内面で統合された道徳性は、人間として本来的にもっているよりよい在り方とか、よりよい生き方を実現するための道徳的行為（道徳的実践）を可能にする人格的特性である。これらは個人の在り方や生き方のみに留まらず、他者や集団・社会とのかかわりにおいても重要な役割を果たし、円滑で豊かな社会生活を支えたり、文化活動を促進したりする原動力となっている。

　なお、このような道徳性と類似した概念として同義的に用いられる道徳的習慣、道徳的慣習についても少し触れておきたい。

　道徳的習慣とは、文字通り日々の繰り返しによって習慣化した望ましい日常的行動であり、一般的には基本的な生活習慣と称されるものである。幼児期にあっては、食事・睡眠・排泄・清潔・衣類の着脱等の自分の身辺的自立を意味するが、それ以降では善悪の判断、挨拶や礼儀、時間や他者との約束の遵守と

いったルールやマナーを守るといった望ましい生活態度を指し示す用語である。学習指導要領解説編では「第二の天性」といった表現で説明されているが、幼児期から培われなければ育たないものである。

また、道徳的慣習は家族や集団、学校・地域等の組織社会内において構成された限定的ルールで、一般化という点で承認されるに至っていない内容のものも含まれる。これらは道徳的諸様相と密接に関連しながら、具体的な道徳的行為への動機となって様々な面で作用する。

道徳性は児童生徒の内面化された自律的な性格を有すると捉えられるものであるだけに、道徳的習慣や道徳的慣習と緊密に関連し合って道徳的実践への動機づけとなって作用する。

(3) 道徳的実践力の育成

道徳教育理解への妨げとなっている一要因が、その用語の難しさにある。しかし、それは道徳が個々人の内面に形成され、具体化されるまでのメカニズムとして説得性をもって説明するためには明確な区別を要するという必然的な事情によるものである。ここで取り上げる道徳的実践力とは、まさにそれらの用語を駆使して辿り着くべき道徳教育の目標具現化の帰着点ともなる用語である。

道徳教育は道徳性の育成が目的であり、その道徳性は道徳的心情、道徳的判断力、道徳的実践意欲と態度で構成され、個人の内面的資質として形成された総体が道徳的実践、つまり道徳的行為・行動への原動力となって実現されるのである。この個人の内面的資質として形成される道徳性の総体こそが、道徳的実践力と称されるものである。

前出『学習指導要領解説　道徳編』では、道徳的実践力について次のように説明している。道徳的実践力とは、「人間としてよりよく生きていく力であり、一人一人の児童（生徒）が道徳的価値の自覚及び自己の生き方についての考えを深め、将来出会うであろう様々な場面、状況においても、道徳的価値を実現するための適切な行為を主体的に選択し、実践することができるような内面的資質を意味している（小 pp.30〜31、中 p.32）」と述べられている。そして、それらは道徳的心情、道徳的判断力、道徳的実践意欲と態度を包括するものと

説明している。当然、そこには道徳的習慣や道徳的慣習が基底にあって機能していることはいうまでもない。

このようなことから、道徳的実践力は「望ましい道徳的行為を実現するための個人としての身構えである」とまとめることができよう。道徳的実践へと道徳的実践力が寄与するメカニズムを図に示せば、以下のようになる。

図2　道徳的実践力生起のメカニズム

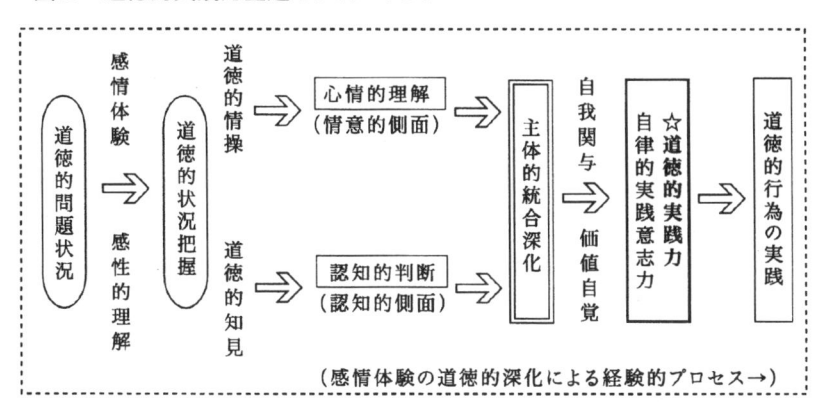

```
                道徳的情操 ⇒ 心情的理解
         感情体験          （情意的側面）              自                ☆
道徳的    ⇒  道徳的                     ⇒ 主体的  ⇒ 我  ⇒ 道徳的 ⇒  道徳的
問題状況      状況把握                     統合深化   関   自律的    行為の
         感性的理解                                与    実践意志力   実践
                道徳的知見 ⇒ 認知的判断              価
                           （認知的側面）              値
                                                    自
                                                    覚
            （感情体験の道徳的深化による経験的プロセス→）
```

道徳的な思考・判断は、具体的な道徳的状況があってそこから開始される。その道徳的状況に個人が遭遇した時、それを思考・判断する前にまず五感等を駆使して全我的体験として受け止めることとなる。その際に状況判断する材料は、喜怒哀楽といった個人に内在する人間としての自然性である。そして、その自然性を背景とした主観的な事実認識と判断で全体像を把握することとなる。しかし、それだけでは道徳的実践への身構えとなる道徳的実践力へと高まることはなかなか考えにくいであろう。なぜなら、感性的理解も含めた感情体験は個別的かつ個性的なもので、他者に承認される道徳的思考・判断としての客観性や説得性が兼ね備えられていないからである。いわば、周囲の人々や社会の道徳的規範に照らして、そのままでは一般化されにくい個人的道徳把握段階のままに置かれているからである。ならば、それらをどのようなプロセスを経ることで道徳的行為、道徳的実践へと結び付けていけるのかという点が問われる

こととなる。そこには、道徳的実践力生起メカニズムとしての「体験の経験化プロセス」が不可欠であろう。この道徳的体験の経験化による深化というプロセスが十分に機能しないと、せっかくの道徳的成長機会に遭遇しても、おざなりな知的理解に留まる道徳、個人の日常生活から遊離したままの道徳で終わることとなってしまう。この点について、もう少し言及したい。

　道徳的問題状況に遭遇したことで個の内面に生起する個人レベルでの道徳的思考・判断の前提となっているのは、感情体験によって生じた感性的道徳理解の結果である。それは主観的であり、個人的であり、説得性の乏しいものである。よって、そのまま直情的に道徳的行為へと結び付けるにはいささか不用意で、不安やためらいも生じがちである。なぜなら、道徳的行為・実践の先には、善意の結果としてのリアクション(返報性)が伴うからである。それが自らの主体的意志で躊躇なく行為・実践できるようになるためには、他者にとっても妥当であり、説得性のある客観性、普遍性の伴う道徳的価値観を自らの内的規範として構築していくことが不可欠なのである。換言すれば、個としての道徳的なものの見方、感じ方、考え方の総体である道徳的価値観を自らの羅針盤を内面に有しているか否かに尽きるのである。

　このような個人レベルでの道徳的価値観形成は、偶発的に生ずる道徳的問題状況にのみ頼っているだけではあまり期待できない。むしろ、意図的かつ組織的な不断の積み重ねによる個人の道徳的経験を拡大すること、つまり道徳教育によって初めてなし得るものである。ただ、そこには一定の方法論的な道筋が必要であろうし、その教育意図に即した因果的成果というものが予見できてこそ、その指導は充実するのである。

　では、どうすれば意図的かつ組織的に個人の道徳的経験を拡大させることができるのかという点が次に問われよう。そこで着目したいのが、個人の道徳的体験を基に、それを他者の見解や思考・判断の根拠と比較し、吟味する学びの場や機会を意図的に設定するというプロセスである。道徳的問題に対して思考・判断した結果は個人レベルにおいては当然であり、不変の結論ともいえるのである。しかし、そこに他者の存在があるとするなら、事態は大いに異なってくる。同じ道徳的問題に遭遇しても、その受け止め方は十人十色である。自

分が気づかなかった、はっとさせられるような捉え方もあろうし、自分としては到底受け入れられない捉え方もあろう。それは、互いの道徳的なものの見方、感じ方、考え方を披瀝し合ってこそできることである。そこでのやりとりは、極めて具体的な感情体験である。その感情体験のプロセスを経て相互の捉え方を補ったり、さらには発展させたりして練り上げることが可能となり、語り合いによる新たな価値観が創出されるのである。それは当初の個人的見解に客観性、普遍性を加味した、より一般化された道徳的なものの見方、感じ方、考え方として一つのまとまりをなすものである。

　もちろん、同じプロセスを経てもＡさんにはＡさんなりの主体的な道徳的価値観を創造する場として意味をもち、Ｂさんには Ｂ さんなりのこれまでの道徳的な捉え方がより膨らむ新たな価値観創造の機会となり、Ｃさんのそれも同様で、同一の道徳的問題を介した道徳的体験は、語り合いという感情体験の場を経ることで客観性、普遍性、説得性をもった道徳的経験へと高められるのである。この語り合い（換言すれば対話）という感情体験の場をくぐらせることで、個々人の新たな道徳的価値観形成を行っていくところに道徳教育の大きな意味があろうし、道徳的ものの見方、感じ方、考え方を深化させる「道徳的体験の経験化」という学びが創出されるのである。

　上述のような考え方は、ソクラテスの問答法もしくは産婆術と呼ばれるものである。問答法では、他者との対話を介して問題点を論じ合い、相手のもつ考え方に批判的検討を加えることで自らの不十分さを悟り、自らの新たな価値観創造を促進することとなる。この問答法は自分自身ではなく、相手がそれを可能にしてくれることから、産婆術（助産術）と呼ばれている。ここでいう「道徳的価値の経験化プロセス」は、ソクラテスの用いた問答法をイメージするとより納得できよう。もちろん、個人がもつ論理や価値観の矛盾を発見させ、その行き詰まりから無知の自覚を引き出すといったことは学校教育では実現させにくい側面もあるが、自らのこととして深くかかわり（自我関与）、より客観的、普遍的に道徳的問題に対するものの見方、感じ方、考え方を深める（価値自覚）なら、自律的に自らの道徳的価値を実現しようとする意志力としての道徳的実践力は間違いなく育まれるであろう。

図3　道徳的実践力形成のステップ

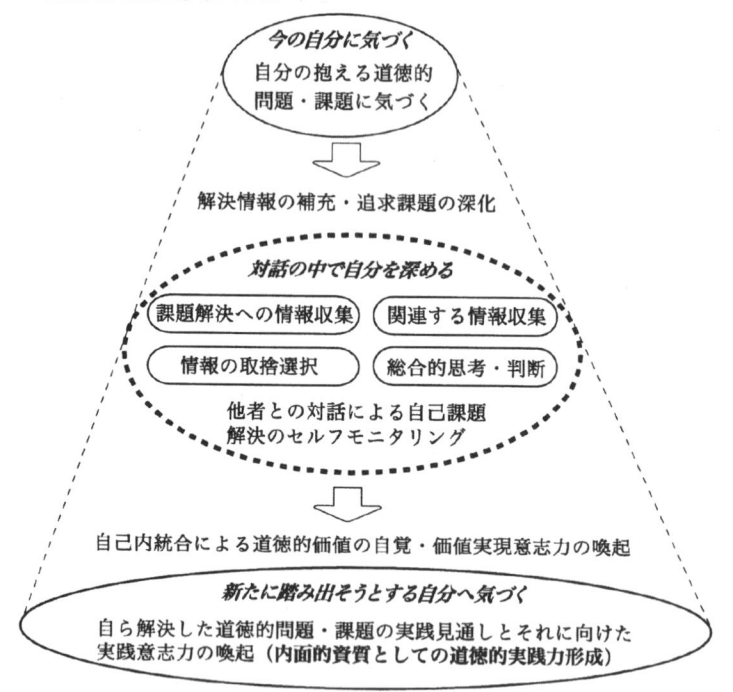

```
         今の自分に気づく
      自分の抱える道徳的
       問題・課題に気づく
              ⇩
    解決情報の補充・追求課題の深化

         対話の中で自分を深める
    課題解決への情報収集   関連する情報収集
    情報の取捨選択      総合的思考・判断
       他者との対話による自己課題
        解決のセルフモニタリング
              ⇩
  自己内統合による道徳的価値の自覚・価値実現意志力の喚起

       新たに踏み出そうとする自分へ気づく
   自ら解決した道徳的問題・課題の実践見通しとそれに向けた
   実践意志力の喚起（内面的資質としての道徳的実践力形成）
```

2　わが国の道徳教育の位置づけ

（1）学校教育における道徳教育の位置づけ

　わが国の道徳教育は、幼稚園教育要領や小学校、中学校、高等学校、特別支援学校学習指導要領によって一貫した教育体系として明文化されている。

　例えば、幼稚園教育要領第 2 章「ねらい及び内容」では、「人間関係」領域のねらいの 3 番目に、「社会生活における望ましい習慣や態度を身に付ける」と述べられ、その内容の取扱いにおいては、「道徳性の芽生えを培うに当たっては、基本的な生活習慣の形成を図るとともに、幼児が他の幼児とのかかわりの中で他人の存在に気付き、相手を尊重しようとする気持ちをもって行動できるようにし、また、自然や身近な動植物に親しむことなどを通して豊かな心情が育つようにすること。特に、人に対する信頼感や思いやりの気持ちは、葛藤や

つまずきをも体験し、それらを乗り越えることにより次第に芽生えてくることに配慮すること」と説明されている。

　就学前教育としての幼稚園教育では、環境を通して生活経験を拡大するという間接教育を施すことで幼児に望ましい発達を促し、潜在的可能性に働きかけながら人格形成の基礎を培うことが目標である。いわば、幼児の未成熟性を前提に養護（care）と教育（education）を施すことが主たる教育活動であり、この点に関しては児童養護施設として「保育所保育指針」に則って運営される保育所に関しても内容は全く同じである。その環境を通じて行われる道徳教育は、「道徳性の芽生えを培う」ものであることから、前出のペスタロッチの名言「生活が陶冶する」ことそのものなのである。

　義務教育としての小学校、中学校では、明確に道徳教育をするための時間が学校教育法施行規則第50条、第72条の規定により、小学校および中学校での教科目標や内容、指導計画等を定めた教育課程において、「道徳」が設置されるようになっている。その授業時数は、入学当初の事情を配慮して34時間と定めた小学校第1学年以外は、中学校第3学年まですべて年間35時間を標準授業時数として配当するようになっている。ちなみに、小学校での1単位時間は45分であり、中学校は50分である。よって、小学校に入学してから義務教育を終えるまでの9年間で、わが国のすべての子どもたちが標準314時間の道徳授業を受けることとなっているのである。確かに他教科等と比較すると配当授業時数は決して多いとはいえないが、人格形成のための時間として相当部分を配当している事実を踏まえると、わが国の学校教育が目指す目的性とその特質が垣間見られるのである。

　なお、高等学校では生徒の発達段階を踏まえ、各教科等の特質に応じて適切な指導を行うことが学習指導要領第1章「総則」第1款「教育課程編成の一般方針」2に示されている。また、公民科目「倫理」においては、青年期における自己形成の場として機能させることが目標に明記されている。

　さらに、特別支援学校においては、各発達期に応じて各々の学校種学習指導要領に準じて実施されることとなっている。

(2) 道徳教育と道徳の時間の関係

　小学校、中学校における道徳教育は、それぞれの学習指導要領第3章「道徳」の第1「目標」に以下のように述べられている。

> 道徳教育の目標は、第1章総則の第1の2に示すところにより、学校の教育活動全体を通じて、道徳的な心情、判断力、実践意欲と態度などの道徳性を養うこととする。
> 　道徳の時間においては、以上の道徳教育の目標に基づき、各教科、外国語活動（小学校のみ）、総合的な学習の時間及び特別活動における道徳教育と密接な関連を図りながら、計画的、発展的な指導によってこれを補充、深化、統合し、道徳的価値の自覚及び自己の生き方についての考えを深め（＊中学校：道徳的価値及びそれに基づいた人間としての生き方についての自覚を深め）、道徳的実践力を育成するものとする。

　この目標から、わが国の道徳教育は「学校の教育活動全体を通じて」行う道徳教育と、「道徳的実践力を育成する」道徳の時間とによって構成されていることが一目瞭然で理解されよう。

　また、学校の道徳教育において、道徳的心情や道徳的判断力、道徳的実践意欲と態度の総体である道徳性を養うため、各教科等における道徳教育と密接に関連づけながら行うべきものであることも同時に理解されよう。この点に関しては、留意すべきことが2点ある。

　まず1点目は、各教科等で行う教育活動には、情操的側面、認知的側面、行動的側面において道徳教育と重なり合う内容が多分に含まれていることを自覚しながら指導しなければならないことである。各教科の特質に応じた道徳教育とは、そのような意味である。一見すると、道徳教育と全く関連性が見出せないと思われるような教科であっても、その具体的な学習場面では友だちと助け合って課題解決したり、向上心をもって根気強く取り組んだり、創意工夫しながら合理的に物事へ対処したり等々、数え切れない接点を見出せる筈である。各教科の学習内容および用いる教材等をきちんと踏まえながら、意図的に指導

するかどうかでその特質に応じた道徳教育の成果も自ずと変わってこよう。

次に、各教科等と道徳教育との接点を見出せても、それだけでは画餅(がへい)である。大切なのは、その教科等での指導内容とそこでの道徳指導との関連性を明確な形で年間指導計画に位置づけることである。その時々に教師が意図的に指導するという計画性、今後への発展性をもたせた指導でなければ、学校の教育活動全体を通じての道徳性の培いは実現されないのである。

この点については、学校における教育活動全体で行う道徳教育と道徳の時間との相互補完性という側面から述べていきたい。

道徳の時間は、ただ単独で実施してもその用をなさない。道徳の時間では、「補充、深化、統合」という用語がよく用いられるが、それは道徳の時間の特質を端的に表したものである。

道徳の時間における子どもたちの道徳的な学びは、突然そこから始まるわけではない。子どもたちは学校生活のみならず、日常生活の様々な道徳的場面に遭遇し、体験し、学んでいる。しかし、それはあくまでも個人の域を出ないもので、偏っていたり、主観的であったり、自ら納得できる論理的整合性が伴わなかったりといった段階で留まっていることも少なくない。これらの個別な日常的学びを土台にしながら、共に学ぶために同一の方向性を指し示す特定された道徳的価値という学びの切り口をもって取り出し、授業というフィルターを通して増幅させ、そこで高まったものをまた元の個々人の日常へと戻してあげるところに教育的意義が見出せるのである。

もちろん、各時間の授業で到達すべき具体的な内容的目標が設定されている各教科とは大いに異なり、そこでの学びのスタートは個々人の道徳的経験によってまちまちである。そして、そこでの学びの成果も個々人によってまちまちなのである。人間の在り方や生き方という、共通のスタートラインもゴールラインも決められない方向的な目標設定にせざるを得ない道徳の時間にあっては、互いに学び合うための共通思考基盤となる道徳教材(一般的に道徳資料と称される)によって補充しなければ、子どもたちが個々に自分自身の抱える道徳的問題・課題に気づいたり、深めたり、自ら感得したりできるものの見方、感じ方、考え方(道徳的価値観)へと高めたりすることができないのである。道徳

の時間は、スタートフリー、ゴールフリーな個々の道徳的学び（道徳学習）を道徳教材(文章のみでなく実体験も含めた人、こと、ものにかかわるあらゆる素材)によって「補充」し、共同・共創的学びへと意図的に発展させて「深化」し、再び個々人にそこでの学びを差し戻して調和的に自らの内面で「統合」させていく時間なのである。

その点で、教材を介して子どもと教師、子どもと子どもが互いに学び合い、高め合う関係づくりのための指導時間であるので、道徳の時間での指導は一般的に道徳授業と称されるのである。

では、なぜ道徳授業ではこれまで個別に培ってきた個々人の道徳的なものの見方、感じ方、考え方を道徳教材という共通媒介物を介してのみしか深められないのであろうか。それは、自らのものの見方、感じ方、考え方といったもの、つまり個人の価値観というのはそれを問い直す様々な客観的要素が付加されない限り、堂々巡りをくり返すだけだからである。ところが、そこにこれまで自分では思いもつかなかったような考え方に触れたり、自分と同じような考え方に触れて励まされることで確信したりといった機会が得られれば、その認識は一変する。個人で得られるものの見方、感じ方、考え方というのは、とても狭く、とても限定的で、とても偏りやすいものである。それを他者との意図的かつ合目的的なかかわり合いとして実現していこうとするところに人格形成を究極目標とする学校教育の意味があり、その中心的役割を担う道徳教育の存在理由があるのである。

ここまでのことを道徳授業に当てはめて考えるなら、これまで当然だと思っていた自分の道徳的なものの見方、感じ方、考え方を他者の価値観に触れる機会を意図的に設定することで、より客観的、より感得的、より普遍的に変容させることを可能にできるのである。そして、そのための手段は、やはり他者との交流を効果的に促進する対話（dialogue）である。他者との対話をきっかけに自らのものの見方、感じ方、考え方を問い直し、それを手がかりに自己内対話（monologue）を重ねて深め、拡げ、感得していくのである。

ここまでを要約するなら、道徳授業は他者との語らいによって自己内対話を可能とし、自らの人格内交流としての自己内対話を深めた結果がコミュニケー

ションとして発展して再び他者対話へと立ち返っていく（feedback）関係なのである。個々人の道徳的価値観を深めるためにはこのような自己と他者との相互交流的かつ相互補完的な過程を経ることが必須で、これなくして個々人の道徳的価値観を深める手段は見出せないのである。

　個々人の道徳的なものの見方、感じ方、考え方というのは、そのまま放置していたのでは変容することがない。それが変容する契機となるのは、自分の思考・判断・表現の結果として表に表れた言動に対する他者の反応によってである。あまり自信がもてなかった自らの道徳的価値観が他者に支持されれば自己肯定感は高まり、より自己の価値観を前進させる誘因となる。また、自分では当然だと思っていたことが他の道徳的価値観に触れて揺らいだり、再吟味しなくてはならなくなったりといった事態も必然的に発生し、さらなる問い直しとしての一段高い学びへと誘うのである。

　道徳授業では教科教育での指導のように共通のスタートライン、ゴールラインを設定するのではなく、スタートフリー、ゴールフリーを前提にした道徳的な学びを実現するため、道徳教材等でバラバラな道徳的体験を補充してやる。そして、共通の道徳的体験から共同・共創的学びを生み出して深化させ、最終的に個々価値観へと統合させることで、道徳的価値への自覚や人間として生きる自分自身の生き方への自覚を深め、望ましさを選択し、実践するための内面的資質としての道徳的実践力を育成するのである。

（3）道徳教育の要としての道徳の時間

　小・中学校学習指導要領「道徳」では、「道徳の時間を要(かなめ)として学校の教育活動全体を通じて行う道徳教育」と述べられている。これは、道徳教育の目標を達成するために、各教科、外国語活動(小学校のみ)、総合的な学習の時間及び特別活動における道徳教育と密接な関連を図りながら、計画的、発展的な指導を行うのが道徳の時間であることを表したものである。

　この道徳の時間においては、子ども一人一人が一定の道徳的価値を含んだ授業のねらいとかかわって自己を見つめ、発達段階に即して道徳的価値を自覚したり、自分自身の生き方について考えたりすることを通して、内面的資質とし

ての道徳的実践力を主体的に身に付けさせることが目的となる。

　ここでいうところの「補充、深化、統合」とは、子どもの道徳的学びに寄り添う深まりの過程を表している。例えば、子どもたちは学校も含めた日常生活の中で様々な道徳的体験、道徳的学びの機会に遭遇するが、その無意図的、偶発的な機会で、それだけでは道徳的価値の自覚や人間としての自己の生き方について自覚にまでは至りにくい。そこで子どもたちは、道徳教材によって第三者の道徳的追体験をしながら一貫性の不足する日常的道徳体験を補充するのである。そして、共通の道徳的追体験によって語り合いながら道徳的問題を掘り下げ、道徳的価値に照らし自らの道徳的ものの見方、感じ方、考え方を深化させ、そこで主体的に見出したものを個の内面で調和的に統合して意味づけ、感得することで自らの価値観形成を図るのである。

　また、このような深まりのプロセスを意図的、計画的に実施することで、善なる生き方を志向し、実践する上で不可欠な内面的資質・能力としての道徳的実践力をバランスよく子どもの内面に培うことができるのである。

図4　道徳教育の要（かなめ）としての道徳の時間

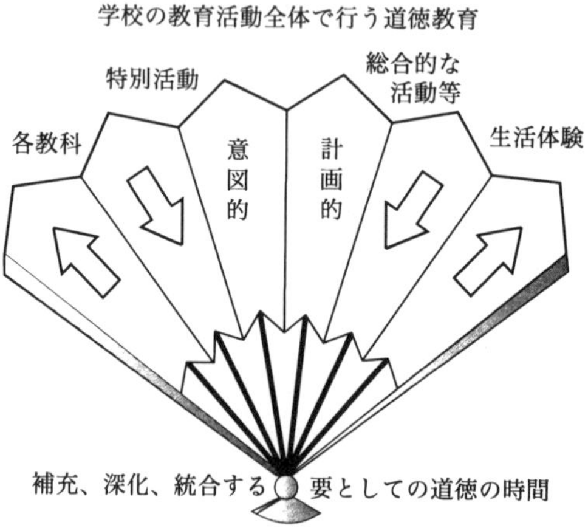

　このような豊かな人間性を支える基盤としての道徳性は、学校における様々な教育活動と関連し合って、各々の特質に応じて培われるものである。また、

道徳の時間で培った道徳性が各教科等での特質の中でより磨かれたり、道徳的実践の場として相互補完的に機能したりするのである。そのような道徳教育の構造面から道徳の時間を捉えると、それは正しく道徳教育の要として位置づけられるのである。

3 道徳教育の指導内容
(1) 学習指導要領における指導内容の構成

　昭和33(1958)年に道徳の時間が特設されてから、学習指導要領は現在までほぼ10年ごとに5回(昭和43年＊中は44年、昭和52年、平成元年、平成10年、平成20年)にわたって改訂されてきた。また、その都度、指導すべき目安としての内容項目の構成や項目数の見直しがなされてきた。いわば、内容項目とは、人間社会においてより善く生きるために必要とされる価値あるものを道徳教育で取り扱いやすいように具体的なまとまりあるものとして象徴的に配置したものである。よって、その構成は時々の学校教育が置かれている社会状況や子どもの発達特性等によって常に検討が加えられるもので、普遍性を意味するものではない。

　今次学習指導要領では、道徳教育の目標達成するために小、中学校いずれにおいても4つの視点で内容を分類し、相互関連性と発展性をもたせている。

4つの視点による内容構成
1. 主として自分自身に関すること。
　＊望ましい自己形成を図ることに関するもの
2. 主として他の人とのかかわりに関すること。
　＊望ましい人間関係の育成を図ることに関するもの
3. 主として自然や崇高なものとのかかわりに関すること。
　＊人間としての自覚を深めることに関するもの
4. 主として集団や社会とのかかわりに関すること。
　＊社会・国家の一員として求められる道徳性の育成に関するもの

これらの視点は、相互に深い関連をもっている。例えば、自律的に生きるためには1の視点が基盤となって他の視点内容にかかわり、再び1の視点へ戻ることが必要になる。また、2の視点が基盤となって4の視点内容に発展したり、1および2の視点から自己の在り方、生き方を深く自覚すると3の視点が重要になったりする。さらには、3から4の視点を問い直すことで、その内容理解は一段と深められる。よって、各学年段階における道徳指導にあっては、このような視点相互の関連を考慮して適切な指導をすることが大切なのである。

[学習指導要領「道徳」の視点別内容項目数]　＊平成20年告示学習指導要領

視点別項目数	小学校1,2年	小学校3,4年	小学校5,6年	中学校全学年
1の視点	4	5	6	5
2の視点	4	4	5	6
3の視点	3	3	3	3
4の視点	5	6	8	10
内容項目数	16	18	22	24

なお、学年段階毎の内容項目の構成は、以下のような発展性をもたせていることに留意して指導する必要がある。
　①最初の段階から継続的、発展的に取り上げられるもの。
　②学年段階が上がるにつれて新たに加えられるもの。
　③学年段階が上がるにつれて統合・分化されていくもの。
　このような内容構成上の工夫を踏まえ、子どもの学年発達段階を考慮した指導、内容項目を相互に関連づけた指導を考えていくことが重要である。また、学年段階に示されてはいない内容でも指導の必要があれば、それを付け加えて指導してもよいこととなっている。

（2）道徳の内容項目の捉え方
　毎時間の道徳の時間における目標は、各教科等での到達すべきゴールが設定されている内容的目標ではなく、ゴールフリーな方向的目標であることは既に

述べた。このよう道徳授業の特質を損ねることのないよう、内容項目の捉え方にはくれぐれも留意する必要がある。このような指導者の誤解を懸念し、学習指導要領解説「道徳」には以下のように述べられている。

> 学習指導要領「第3章　道徳」の「第2　内容」は、教師と児童（生徒）とが人間としてのよりよい生き方を求め、共に考え、共に語り合い、その実行に努めるための共通の課題である。学校の教育活動全体の中で、様々な場や機会をとらえ、多様な方法によって進められる学習を通して、児童（生徒）自らが調和的な道徳性をはぐくむためのものである。
> ＊小学校「解説」p. 34、同中学校「解説」p. 36

　学習指導要領「道徳」の内容は、人間としてのより望ましい生き方を求めて共に考え、語り合い、その実行に努めるための共通の課題なのである。よって、内容項目をそのまま到達すべき目標として設定したり、指導の結果として内容項目に示されたものを即効的に求めるようなことがあってはならないのである。例え現在の自分には実現できなくても、そこで培った道徳的実践力がいずれの日にか開花し、道徳的実践へと発展するならば、それ自体に意味があることなのである。即時性、即効性を求めない方向的目標の設定こそ、子ども自らが自己の内面に調和的に道徳性を育む契機となるのである。

　また、前章でも触れたが、道徳の内容項目を丁寧に見ていくと、人間にとって普遍的な道徳原理とも考えられるような内容（徳を細目的に表した徳目と称される正義、勇気、親切、友情、家族愛、公正・公平、公徳心等々）、身の回りの整頓や挨拶といった日常的なくり返しによって身に付ける基本的な生活習慣、望ましい習慣としての道徳的習慣に関する内容、特定の集団や社会内において望ましいとされるルールや規範といった道徳的慣習に関する内容等が混在している。それは個人の調和的な人格形成において、いずれも必要だからである。また、発達特性的に捉えれば、依存的で他律的な児童期前期で指導する内容項目と、自律的であっても思春期特有の心の揺らぎを抱える生徒に指導する内容項目とでは、その構成には自ずと差異が生じよう。

もちろん、小学校高学年児童であっても、または中学生であっても、基本的生活習慣にかかわる指導等はくり返すことによって定着し、その内容項目のもつ意味が実感を伴って内面化される点も見逃してはならない。

また、学習指導要領に示された内容項目は子どもたちの具体的な生活場面と深くかかわったものばかりであり、偏りなく指導することが原則である。

(3) 道徳教育における重点的指導

道徳教育は道徳の時間を要としながら、学校における全教育活動を通じて行われるべきものである。当然、そこには各学校の実態を踏まえた学校教育目標が掲げられ、その実現に向けて教育計画が策定されるのである。もちろん、学校教育の目標と表裏一体となってかかわり合う道徳教育では、子どもたちの道徳性にかかわる実態、家庭や地域の道徳的実態や学校への期待、社会的な要請等を踏まえた教育推進が求められるのである。

平成20（2008）年改訂の学習指導要領「道徳」では、新たに「道徳教育推進教師」が各学校に位置づけられるようになった。その道徳教育推進教師の役割は、各学校の道徳教育課題に基づいて校長が示した指導方針を受け、全教師が協力して道徳教育を展開できるようにすることである。主な役割は以下の通りである。

〈道徳教育推進教師に期待される役割〉
①道徳教育の指導計画の作成に関すること。
②全教育活動における道徳教育の推進、充実に関すること。
③道徳の時間の充実と指導体制に関すること。
④道徳用教材の整備・充実・活用に関すること。
⑤道徳教育の情報提供や情報交換に関すること。
⑥授業の公開など家庭や地域社会との連携に関すること。
⑦道徳教育の研修の充実に関すること。
⑧道徳教育における評価に関することなど。

ここで特に重視されなければならないのは、学校教育目標とのかかわりにおいて推進する道徳教育の基本的な方針とその実施計画の明確化である。そして、それを画餅に終わらせないためには、全教師が道徳教育の重要性について認識を深め、その指導の重点や推進すべき方向について共通理解し、協力して学校の道徳教育諸計画を作成・展開し、不断の充実・改善を図っていくことである。ここに、各学校における重点的指導が求められるのである。

各学校における重点的指導とは、子どもの実態や発達特性等を踏まえるとともに、学校の実態や課題、保護者・地域の願いに応じて学校全体もしくは各学年での特定指導内容について重点化を図ることである。もちろん、人権や福祉・健康、環境、情報モラル、国際理解といった社会的要請に基づく今日的道徳課題についても考慮し、指導計画に反映していくことが大切である。その重点化に際して、配慮すべきのポイントが4点ほど見出せるので以下に示したい。

1点目は、子どもの発達特性を考慮するということである。小学校低学年では基本的な生活習慣、規則の尊重、善悪の判断等の基本要件が求められよう。中学年では集団や社会の一員として自覚、協力し助け合う望ましさの実現等が重点的に指導すべき課題となろう。また、高学年や中学生では、この時期特有の悩みや葛藤、心の揺らぎ等を踏まえた自己理解、他者理解、自らの生き方への自覚化等が重点的課題となろう。

2点目は、学校や子どもの道徳的実態および地域性を考慮した重点化である。規範意識低下や地域内での人間関係の希薄化を背景に、他者や集団・社会とのかかわりに関する内容項目を重点的に取り上げることも考えられようし、地域の伝統文化、自然保護等を中心に重点化することも考えられよう。

3点目は、学校や地域の伝統に基づく校訓や教育目標等を活かした重点化を図ることである。例えば、礼儀を重んずる地域の学校では、子どもたちが登下校の際に必ず地域の人々に挨拶することが習慣化されている事例もある。このような地域の子どもたちは地域に対して、そこで共に学ぶ友だちに対して、反社会的な行為に及ぶであろうか。伝統を受け継ぐことでの重点化、伝統を新たに創り上げることでの重点化、両面での取り組みが可能であろう。

4点目は、現代課題への対応としての重点化である。例えば、情報社会の進

展に伴ってインターネットや携帯電話等が日常生活の中へ急速に浸透する中で、子どもたちがトラブルに巻き込まれる事件も多発している。また、インターネットの掲示板や携帯メールによる「ネットいじめ」等の新たな問題も発生している。このような状況を踏まえ、学校における情報モラル教育充実策として道徳教育の重点的指導課題に掲げることも大いに考えられよう。また、生命軽視の風潮を踏まえた生命尊重教育の推進等も課題となろう。

　各学校における道徳教育の重点的指導は、その実態や課題等に応じて多様に考えられるが、大切なのは学校として推進すべき事項を明らかにした上で、全教師が自らの課題として役割意識をもちながら取り組んでいくことである。特に近年は学校の公開性が高められ、その取り組みは家庭や地域にも浸透しやすくなっている。学校、家庭、地域というトライアングルの連携協力関係の中で子どもの道徳性を涵養することは道徳教育の理想であり、そのキーパーソンとしての学校も大いに評価され、信頼を得られるであろう。

4　人間力を育む道徳教育の基本構想
(1) 道徳教育における人間力の捉え方

　前章でも述べた通り、「人間力」というのは特殊な知識・スキルといったものではなく、人間としてのよ（善）さ、人間らしく自律的によく生きるための内面的資質であると考えている。よって、その人間力の主体は個々人であって、そのよさとして発揮される力は、人間誰もが内面にもっている「生きる力」である。よって、変化する社会にあって自分で考え、判断し、行動し、他者と調和しつつよりよい生き方を選択する力としての生きる力は、「人間味」、「人間性」、「人間らしさ」とも称されて、個性的な個人の資質・能力、人間としてのよさを発揮するための力であると説明できるのである。

　このような人間力を育むための道徳教育では、人間誰しもが自らの内に秘めている夢や願いの実現に向け、これまで気づかないでいた潜在的な自分のよさや可能性を知ったり、そこに至る道筋を自分らしいスタイルで導き出すための主体性や意志力を鼓舞したりできるような学びの場を設定しなければならない。しかし、それは何も特別なことではなく、小・中学校学習指導要領第1章「総

則」に述べられている通り、学びの主体である子どもが人間としての自らの生き方についての自覚を深め、内面に根ざした道徳性を培うという道徳教育本来の目的を果たすことに他ならないのである。いわば、道徳教育の特質を踏まえた教育活動を志向・推進した結果として、子ども自身が自らの内に人間力を培うことになると捉えるのである。

では、道徳教育においてこれらをバランスよく育んでいくためにはどのような視点が重要なのかを以下に述べたい。

この点も前章と重なるが、道徳教育における人間力の育みを想定した場合、物事の判断力・理解力といった認知的側面、目的の伴う具体的な行為としての行動的側面のみでは不十分である。そこには、心が動く、心が通い合うといった自分や他者への感性的な眼差しとしての情動に基づく理解や判断、行為への身構え等といった情意的側面が不可欠なのである。個々の子どもの情意的側面を何よりも尊重しつつ、認知的側面、行動的側面を鍛え励ましながら個別な道徳的価値観形成を目指していくところに主眼を置いた道徳教育を構想するなら、「人間力」としてのコア・コンピテンシー構成要素としての以下の3視点が浮かび上がってこよう。

①人間としての自然性に根ざした自己制御力
②社会的存在として調和的かつ規範的に生きるための人間関係構築力
③自他存在の尊重と自律的意志に基づく価値志向意志力

人間は誰しも、本質的な願いとして「善に対する志向性」をもっている。しかし、捉えどころのない多面性を併せもっているのも、やはり人間である。自他の間柄的存在である人間を巨視的かつ複眼的に理解しようとする眼差しをもつこと、その眼差しを豊かにしていくことこそ、道徳教育では何よりも大切な姿勢であろうと考える。それを実現するためには、自らをセルフコントロールする自己制御力、自分と他者との調和的で創造的な人間関係構築力、互いが尊重し合いながら価値志向的な生き方を目指そうとする価値志向意志力、これらの資質・能力が個々人の内面で開花していく必要があろう。

感性的な人間理解という視点から、その道徳的行動を支える個々人の規範意識、道徳的価値観をどう培っていくのかという道徳教育の方法論を構想する時、

人間力形成の基となるコア・コンピテンシーを抜きにしては語れない。

(2) 人間力育成に向けた指導計画の構想

　子どもの人間力に根ざした道徳教育を視座する時、そこには方法論としての道徳教育指導計画が必要となってくる。道徳教育推進においては、その目標を達成するための方策を総合的に示した「道徳教育の全体計画」が必要となる。また、その全体計画に基づいた「道徳の時間の年間指導計画」も日々の道徳の時間の指導、つまり道徳授業では必須なものである。さらには、学校や学年共通の方針を踏まえながら、よりよく生きようとする子どもを下支えする支持的母集団としての学級においてどう指導を充実させていくのかという見通しをまとめた「学級における指導計画」も不可欠である。子どもたちの人間力形成と各々の指導計画がどう有機的に関連し合い、機能し合って意図的かつ発展的な指導に結び付いていくのかというイメージを全教師が共有しておくことが、やはり何よりも大切である。その際の目安となるのが、人間力育成のためのイメージモデル図である。

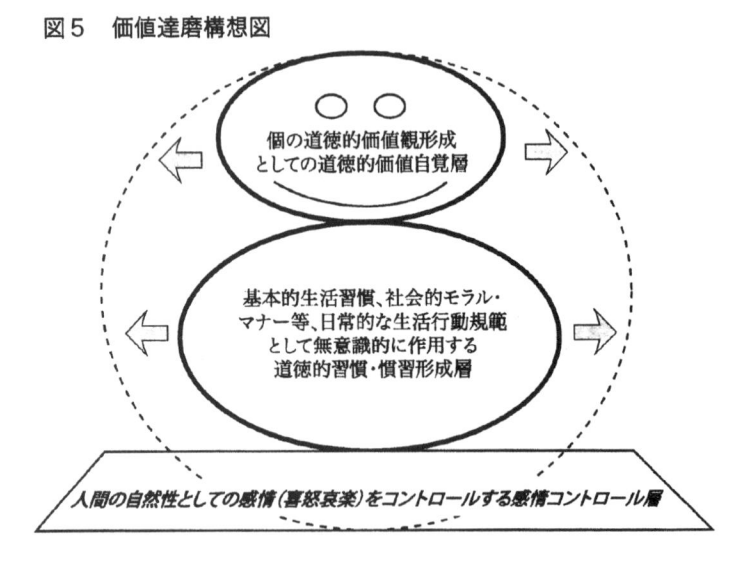

図5　価値達磨構想図

人格的成長としての価値達磨形成を目指す道徳教育モデル型

図5「価値達磨構想図」は、子どもたちが道徳的行為のための道徳的実践力を自らの内面的資質として形成する際のイメージモデル図である。道徳的実践への身構えとしての道徳的実践力は、情意的側面、認知的側面、行動的側面が個々人の内面において調和的に形成されなければ意味をなさない。いずれかの部分が偏っても、人間らしいよさとしての道徳性、つまり人間力は望ましい状態で形成されないのである。いわば、人間力が形成されないという事態は、すなわち個としての人格的成長に寄与しないことを意味するのである。よって、人間力形成を視座した道徳教育においては、指導計画作成段階からの意図的、計画的、発展的な指導イメージモデル図を教師一人一人が各々に描いておく必要があるのである。以下、価値達磨構想図の構造について解説したい。

　ここで述べる「価値達磨構想」とは、学校における重点的指導内容の中心となる道徳的価値（中心価値）、例えば生命尊重とか友愛といった内容を軸に、そこから連なる様々な価値ある項目（関連価値）、例えば友愛を軸にして考えるなら思いやり、向上心、個性伸長、公平さ等々の関連する道徳的価値をも同時に踏まえながら指導することで、個々の子どもの内面にバランスよく道徳的価値観を形成していこうとするホリスティック（holistic：全体的）な考え方に基づく道徳教育方法論的アプローチの構想である。

　この方法論的アプローチの特徴は、子どもの道徳的な学び、道徳的な育ちを部分的に捉えるのではなく、子どもの人格全体から包括的に捉えていこうとするところにある。その価値達磨構想では、個々の子どもの道徳的なものの見方、感じ方、考え方を「感情コントロール層」、「道徳的慣習形成層」、「道徳的価値自覚層」という3層で捉えている。そして、個々人の内面における各層のバランスをイメージするとちょうど図に示したような土台の上に鎮座した達磨（ダルマ）のような形になる。その達磨にあやかり、ここでは価値達磨構想と称しているのである。

　その名称に関しては、もう一つの道徳的な理由がある。ここでいう達磨とは、全26章構成423の真理詩句で構成される原始仏典「ダンマパダ」の中心概念である「ダンマ（漢訳で法）」、「ダルマ（梵語で真理）」と称されるサンスクリット語での「理法」を表す用語に依拠していることも付け加えておきたい。

価値達磨の構造は、大まかに3層でイメージすると理解しやすい。

［感情コントロール層］

　個の価値観形成の土台となる人間の自然性にかかわる「感情コントロール層」である。子どもが自らの内面に道徳的価値観を構築していく過程では、人間としての喜怒哀楽といった感情部分をコントロールする力が同時に育っていなければならない。このような人間としての感情や欲望といった自然性をセルフコントロールするための力を形成する層が、「感情コントロール層」である。

［道徳的慣習形成層］

　達磨の上層円部分を支える下層円部分となるのが「道徳的慣習形成層」である。子どもが自らの感情コントロールをすることができたとしても、その先の道徳的価値観形成にすぐ至るには無理がある。

　例えば、道徳的価値を実現するための人間関係構築力や、自らを律していこうといった基本的生活習慣形成力、さらには、特定の集団・社会の規律やルールに従って生きることの望ましさを「快」とする基本姿勢も不可欠である。このような道徳的価値というよりも、日常生活の中で習慣化され、血肉化されて無意識的に行動できる道徳的基礎能力としての「道徳的慣習形成層」が大きく育っていてこそ、道徳的価値を進んで受け入れ、さらにその自覚に基づく自律的道徳実践が可能になる。その点で、道徳的価値自覚に基づく個々の価値観形成を促進するためには、この「道徳的慣習形成層」を他の層と同時並列的に育み膨らませていく必要がある。

［道徳的価値自覚層］

　道徳的価値を肯定的に受け入れ、積極的にそれを具体的な生活場面へ拡げようとするための道徳的実践力を形成する層が、達磨最上段としての「道徳的価値自覚層」である。自明なことではあるが、土台より達磨本体が、あるいは達磨下層円より上層円が歪に膨張するなら、自然体としての達磨の自立はあり得ないのである。よって、道徳的価値自覚層は他の2層部分が望ましい形で膨らんでいることが前提となるのである。

　ここに挙げた「価値達磨構想」の基本的な考え方は、子ども一人一人の内面

において調和的に個としての道徳的価値観形成が促されることである。望ましさの体現としての道徳的実践を可能にする個々人の内面的資質である道徳的実践力を育成するためには、ただ感性的な部分のみを膨らませても、ただ道徳的習慣面を教化しても、もちろん知的理解・判断といった認知的部分のみに限定して教授しても、それだけでは偏った不完全なものでしかない。子どもたちにとって、学校での道徳教育が真に生きて働く力を育む場として機能していくためには、その前提となる教育計画が何よりも重要になるのである。意図的かつ発展的な道徳教育計画が作成されることで、子どもの道徳的な学びは一貫性と感得をもって統合され、自覚化されることで生きて働く力となって血肉化するのである。

学校における道徳教育の指導計画作成の意図、手順等については、『小・中学校学習指導要領解説　道徳編』に詳述されているので指針としたい。

① 道徳教育全体計画

学校における道徳教育の全体計画は、校長の方針の下に道徳教育推進教師が中心となり、全教師の参加と協力を得て作成されるものである。全体計画作成の目的は、各学校で子どもたちの道徳性に関する実態、家庭や地域の期待や願い、学校教育目標に凝縮された教師の願いを実現するための指針としての役割を明確にすることである。よって、全教師が協働・共創して全体計画を作成することで、各学校における道徳教育推進の重点や指導についての共通理解を促進し、不断の充実・改善へとつながるのである。

［道徳教育の全体計画に含まれる内容］

全体計画作成に際しては、教育関係諸法規や所轄する教育行政機関の重点施策、教育を取り巻く社会のニーズや課題、保護者・教職員・地域の願い、子どもたちの道徳性にかかわる実態と課題等を考慮しながら以下の事項を踏まえ、具体的に人間力形成に寄与するような計画にすることが大切である。

> a．学校教育目標、道徳教育重点目標、各学年重点目標等。
> b．道徳の時間の指導の方針（重点目標、指導の工夫と協力体制等）。
> c．各教科等における道徳教育の方針と方策、指導計画作成の観点等。
> d．特色ある教育活動や豊かな体験活動における指導の方針や内容。
> e．校内の人間関係づくり、環境整備や生活全般における指導方針等。
> f．家庭、地域社会、近隣諸学校、諸機関等との連携やその方策等。
> g．校内における道徳教育推進体制構築の方針とその組織。
> h．指導計画評価の方針や改善の手立て、校内研修計画等。
> ＊全体計画は図にしたものと文章による解説で構成すると分かりやすい。

［全体計画の作成手続き］
　道徳教育は人格形成の基盤となる道徳性の育成が目的である点を踏まえ、校長の方針の下で全体計画作成に全教師がかかわれることが重要である。

> a．学校の実態を踏まえた校長の方針決定と道徳教育推進教師を中心とした指導協力体制を構築する。
> b．全教師による道徳教育の特質理解と主体的な指導関与意欲を喚起する。
> c．学校としての特色ある取り組みの洗い出しと重点指導内容の確認をする。
> d．学校における全教育活動と道徳教育との相互関連性の明確化を図る。
> e．家庭や地域、近隣諸学校、関係諸機関との連携体制を確立する。
> f．上記事項を踏まえ、全教師で指導計画作成（全体計画の公開方法と改善のための評価や具体方策も踏まえて）にあたる。

　② 道徳の時間の年間指導計画
　道徳の時間の年間指導計画は、道徳教育全体計画に基づいて毎時間の道徳授業が計画的、発展的に展開されるための道標（みちしるべ）でもある。各学年の発達段階や道徳的実態を踏まえ、どのような主題（指導する内容項目と用いる道徳教材を考慮して設定する授業テーマ）をどのような順序で設定し、他の教育活動と関連づけながらどのような指導方法でねらいに迫っていくのかという

道筋を示したものである。

　この年間指導計画には、各学校での在学期間を見通した指導を可能にできる点、各学級での学習指導案（教師がどのようにその時間の授業を展開していくかを示した学習指導計画書）立案の拠りどころにできる点、学級相互・学年相互における指導の共通性を高めることができる点等のメリットがある。

［道徳の時間の年間指導計画作成の意義］

　道徳教育においては人格形成の基盤としての道徳性を培い、その要の時間である道徳授業では道徳的実践力を育成すると目標に掲げても、それは日々展開される学校での教育活動として具体化されてこそ有意味なものとなる。

　道徳の時間の年間指導計画は、全体計画に基づいて策定された各学年の道徳教育基本計画であり、毎時間の指導を具体化する年間学習指導計画案でもある。よって、各時間の指導にかかわる以下のような事項が年間計画に網羅されていなければならない。

> a．指導時期（授業の実施予定月、週等を明記する）
> b．主題名（ねらいと道徳資料で構成した授業テーマを設定する）
> c．ねらい（その授業で子どもたちが語らい、深め合う方向性を示す）
> d．資料（教材）名（道徳的学びを引き出す素材、これを教材化して用いる）
> e．主題設定理由（なぜこの授業を行うのかの理由を簡潔に示す）
> f．本時の大要と指導法（どのような手順で進めるのかを簡潔に示す）
> g．各教科等の関連（他の教育活動における道徳教育との関連を示す）
> h．協力指導体制（校長はじめ他教師、外部講師等との協力指導の計画）
> ＊観点別評価項目を設定しておくことで、次年度への改善ができるようなカリキュラムマネジメントの視点を盛り込むようにしたい。特に複数時間配当での重点的指導内容等については評価活動を重視したい。

　道徳の時間の年間指導計画は、道徳教育の全体計画に基づいて具体的な授業時数配当が伴う学習計画であり、その計画には学習内容としてのスコープ（scope：学びの範囲）と学びの順序性としてのシークエンス（sequence：学

びの体系）によって構成される。その点からも、指導計画改善のためのカリキュラムマネジメント（curriculum management）としての評価活動を常に念頭に置いて実践するというカリキュラム論的な視点は不可欠である。

　このような視点に立つなら、以下のようなカリキュラム評価の観点が考えられよう。その際に重要なことは指導計画を部分的に捉えるのではなく、人間力形成という子どもの連続的かつ発展的成長の視点から評価し、改善を図っていくことである。当然、そのためには自校での人間力形成の視点での基本方針、重点目標、各教科等における特質に応じた道徳指導の具体的な方策等が明確になっていなければならないことはいうまでもない。

a．年間授業時数の確保（小学校第1学年34時間、他学年は35時間）。
b．主題設定と配列の整合性、妥当性の検討。
c．主題配列に伴う内容相互の関連性、学年段階的な発展性の確認。
d．子どもの道徳的実態や各学年の発達的特性を踏まえた重点的指導の在り方についての実践的検証。
e．本主題と他教育活動との相互補完性が機能しているかどうかの検証。
f．複数時間配当も含め、弾力的な指導計画の取扱いの余地が残されているかどうかの検討。
g．子ども、教職員、保護者、第三者等との連携協力による指導計画評価体制の検討。

③ 学級における指導計画

　道徳教育の全体計画があり、年間指導計画があるのに、なぜ学級における指導計画まで作成しなければならないのであろうか。まず、その意義について言及しておきたい。

　全教師による協力指導体制の下で創意工夫しながら作成される道徳教育全体計画が実践される場は、多くの場合、学級を中心とした指導単位である。そこでの指導が効果的に実施されるようにしていくためには、学校・学年指導方針を踏まえながら学級における指導を充実させることが不可欠である。そのためには、学級担任教師が全体計画や年間指導計画を踏まえ、学級における指導を

どのように行うのかというを具体的な指導イメージや見通しをもって当たることがとても重要なのである。

学級における指導計画とは、全体計画を学級の道徳的実態や子どもと教師の個性等を踏まえた道徳教育実践とするための指針となるものである。

［学級における指導計画の作成手順および留意事項］
　a．計画作成のための基本的事項を押さえる

- 学級における子どもの道徳的実態。
- 学級における子どもの願い、保護者の願い、教師の願い。
- 学級における道徳教育経営の基本方針。

　b．具体的事項を指導計画に位置づける

- 学級内の信頼関係、望ましい人間関係構築方策。
- 各教科、教科外教育における道徳教育推進の方策。
- 学級における豊かな体験活動具現化の方策。
- 学級における道徳教育推進環境整備の方針と方策。
- 基本的な生活習慣、重点的指導等に関する具体方針。
- 他学年、他学級等との連携方法とその実施内容。
- 家庭・地域との連携および開かれた学級づくりの方策。

　c．日常的な活用ができるようにする

- 担任の個性が発揮される学級経営の基盤として役立つよう心掛ける。
- 教師間で相互に閲覧し合うとともに、保護者にも示して理解を得られるようにする。
- 他の教師や保護者の声を反映し、継続的に改善していく。
- 形骸化した計画とならないよう具体的な記述を心がける。
- 簡潔にし、学級や家庭で日常的に活用できるようにする。

④ 開かれた道徳教育計画にするための視点

　学校における道徳教育全体計画、道徳の時間の年間指導計画、学級における指導計画も、その目的は子ども一人一人の人間らしいよさとしての道徳性を引き出し、育み伸ばし、将来にわたって自らのよりよい在り方や生き方を志向する上で必要とされる資質・能力としての道徳的実践力の培い、つまり未来展望的な人間力を培うために作成するものである。よって、それが形骸化したり、改善もされずに放置されたりすることのないよう、カリキュラムマネジメントを行っていく必要があるのである。

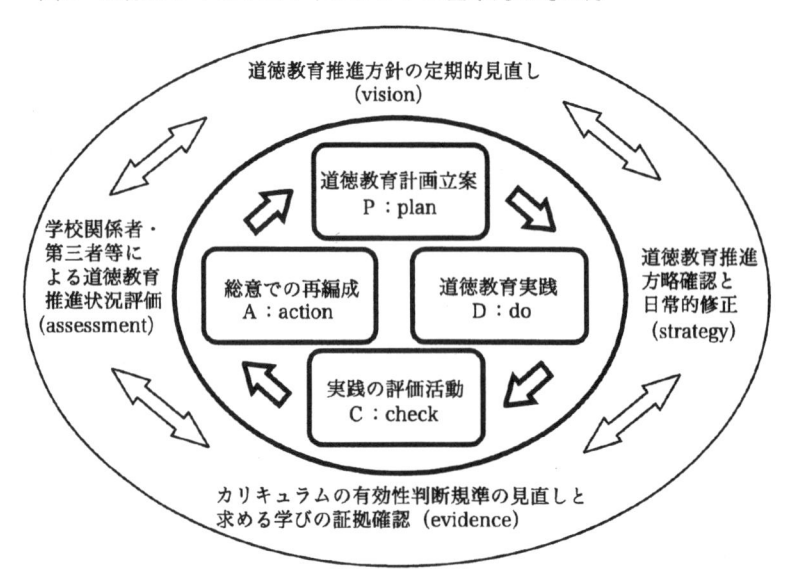

図6　道徳カリキュラムマネジメントの基本的な考え方

- 道徳教育推進方針の定期的見直し (vision)
- 道徳教育計画立案　P：plan
- 道徳教育実践　D：do
- 実践の評価活動　C：check
- 総意での再編成　A：action
- 学校関係者・第三者等による道徳教育推進状況評価 (assessment)
- 道徳教育推進方略確認と日常的修正 (strategy)
- カリキュラムの有効性判断規準の見直しと求める学びの証拠確認 (evidence)

　各学校で目指す子ども像の具現化が日常的に促進されるためには、各々の計画を具体性の伴う教育計画として機能させていくことが必要であり、それを担保していくのがカリキュラムマネジメントである。

　このカリキュラムマネジメントの目的は、あくまでも日々の道徳実践の充実に向けた改善である。全教職員で改善を進めるためには、その手順が常に明確

化されるようにすることが重要である。

なお、外円の方針決定（Vision）、方略（Strategy）、証拠（Evidence）、評価（Assessment）は、内円の①計画立案（Plan）→②教育実践（Do）→③評価活動（Check）→④計画再編成（Action）というＰＤＣＡサイクルの日常的実施に連動して、どこからでも必要に応じて実施すべき要素である。

学校における全教育活動を通じて行う道徳教育を視座すると、心に響き、心を揺り動かす豊かな体験活動は意図的かつ多様に展開することが可能である。特に、道徳的成長に寄与する学校行事や集団宿泊体験、ボランティア活動、自然体験活動等の道徳的実践と深くかかわる特別活動、総合的な学習の時間等との緊密な関連性に配慮した道徳教育の年間指導計画作成は必須であり、日常的かつ組織的な評価活動に基づく不断の見直しが必要であろう。

(3) 人間力育成を視座した指導計画の考え方

道徳教育では人格形成にかかわる基盤としての道徳性、さらにいうなら個々人の道徳的実践への原動力となる内面的資質としての道徳的実践力をバランスよく育んでいくことが大切である。そのためには、道徳授業において学習指導要領に示された内容を教科学習と同様に教え込んだり、特定の指導内容に固執して子どもの内にある多様でこだわりの伴う道徳的なものの見方、感じ方、考え方を切り捨てるような授業展開をしたのでは、指導計画そのものが画餅となってしまうのである。

学びの主人公である子どもの立場に立つなら、例え見かけはシャープな切り口とならなくても、その授業の中で子どもたちに気づかせるべき道徳的価値の方向性（共通課題）が一貫し、なおかつ個々人がその時間のねらいにかかわって抱く個別な道徳課題（関連的価値）をも多面的かつ複合的な視点から同時追求できることが理想なのである。限られた時間の中で自らの道徳的見通しや将来展望（perspective）をすぐに拡げるのは容易いことではないが、重点的指導の発想から他の教育活動との関連性をもたせたり、複数時間での指導（小単元的なショートプログラム）での指導計画としたりすることで、より有効で効果的な道徳授業の展開が可能となろう。以下は、そんなトータルな道徳授業の指

導計画立案プロセスを表している。この授業プロセスの特徴は個々の子どもの主体的な道徳的学びを軸に一定の共通した価値指向性をもたせることで、先に示した価値達磨構想の「感情コントロール層」、「道徳的慣習形成層」、「道徳的価値自覚層」という3層をバランス善く拡げることを意図したものである。

［個のパースペクティブを拡げる道徳授業プロセス］

ステップⅠ：道徳教材（資料）を介した道徳的価値との出会い、感情面での受容も踏まえた個人としての道徳的課題を確認する。

⇩

ステップⅡ：互いの道徳的課題を確認・整理し、他者との語り合いによる共同思考をするための共通課題を設定する。

⇩

ステップⅢ：個人の道徳的課題解決につながる共通課題の追求という前提に立った共同・共創思考（語り合い）をする。

⇩

ステップⅣ：語り合いによる共通課題追求の結果を踏まえ、個人の道徳的課題を再検討する〈個別追求でも、課題別小集団追求でもよい〉。

⇩

ステップⅤ：共通課題追求での結果と照らし合わせながら、個人の道徳的課題を確認し合う。（個人の課題追求結果を全体で共有し合う）

　子どものトータルな人間力としての道徳性の育みは、その発達段階や道徳的実態等を考慮しながら行われなければならない。同時に、そこから派生する様々な課題を整理し、重点的指導を要する道徳的課題として多面的な視点からじっくりと取り組ませていく必要があろう。僅か年間35時間（小学校第1学年は34時間）の道徳の時間ではあるが、1主題1単位時間での指導にこだわらず、複数時間での小単元的なショートプログラムを構成して実施することは、子どもの幅広い人格形成の見地に立てば大いに教育的意味のあることである。子ど

も個々の人格に対して調和的に道徳的価値への自覚を促そうとするところに価値達磨構想という方法論的な妥当性があり、方向的目標設定としての道徳授業の特質を踏まえた指導法としての有効性が今後ますます期待されるのである。

　また、このような子どもの道徳的学びに寄り添う授業を可能にできるのは、道徳教育全体計画や各学年年間指導計画、さらには学級における指導計画が明確に機能していればこそである。道徳教育におけるカリキュラムマネジメントの視点を抜きに子どもの道徳的実践力形成は不可能であり、道徳教材および指導法の開発・工夫、道徳的学びの評価といった教育方法論的な充実・発展は図れないことを肝に銘ずるべきであろう。

【第2章の参考文献】
(1) 文部科学省編　『小学校学習指導要領解説　道徳編』　2008年
(2) 文部科学省編　『中学校学習指導要領解説　道徳編』　2008年
(3) 青木孝頼他編　『新道徳教育事典』　1980年　第一法規
(4) 大西文行編　『道徳性と規範意識の発達』　1991年　金子書房
(5) 瀬戸　真編　『自己を見つめる道徳の時間』　1989年　文溪堂
(6) 遠藤昭彦編　『人間性を育む道徳教育』　1986年　ぎょうせい
(7) 遠藤昭彦編　『道徳的行為の指導』　1989年　文溪堂
(8) 押谷慶昭　『道徳の授業理論』　1989年　教育開発研究所
(9) 勝部真長他編　『新しい道徳教育の探求』　1987年　東信堂
(10) 村田　昇編　『道徳の指導法』　2003年　玉川大学出版部

第3章　人間力形成から見たわが国道徳教育の歩み

1　教育史に見る近代以降の道徳教育
(1) 近代教育制度の確立と修身科

　わが国において今日のような学校教育制度が整備され、その枠組みの中で道徳教育が開始されたのは、明治5 (1872) 年8月に明治新政府の下で実施された学制頒布以降のことである。その精神は学制に先立って前日に発せられた太政官布告「学事奨励に関する被仰出書(おおせいだされしょ)」にある「邑(むら)に不学の戸なく家に不学の人なからしめんことを期す」という一文に象徴されているといっても過言ではないであろう。それまでの武家支配による幕藩体制下にあっては、各藩の師弟を対象とした藩校や郷学校、一般庶民を対象とした寺子屋等々が地域の実情に即した教育として施されていた。その拠りどころとなる教育内容も一様ではなかった。それが学制によって、全国的な拡がりをもった均質な教育制度へと転換を遂げることとなったのである。

　学制とは、全国を8大学区にし、1大学区に32中学区を置き、1中学区に210の小学区を配置することで全国に53,760校の小学校を設立しようとする壮大な教育制度の布達である。当時の新政府では学制実施の順序を大学、中学校の設置よりも、まずは全国津々浦々まで小学校を設立させることが最優先課題であった。事実、3年後の明治8 (1875) 年には小学校数が全国で24,303校、児童数は193万人余りに達している。その急速な普及を支えたのはそれまでの旧時代の教育を担った寺子屋の師匠、私塾や藩校教師、神官、僧侶、武士等である。その人たちが教師となり、急場しのぎに寺院、民家を転用して開校したから一気に学校が普及したのである。

　小学については、尋常小学の他に女児小学、村落小学といった種類を規定しているが、教科の教授要旨や使用する教科書について「小学教則」で定めてあるのは尋常小学のみで、下等学校 (6歳〜9歳まで) と上等小学 (10歳〜13歳

まで)の2段階構成で実施された。そこでの教科構成は、綴字、習字、単語、会話、読本、修身、書牘(しょとく:手紙文)、文法、算術、養生法、地学大意、理学大意、体術、唱歌(当分は欠いても可)の14教科であり、今日の道徳の時間に相当する修身科は6番目に置かれていた。なお、この修身科は政府制定の小学教則では「修身口授(ギョウギノサトシ)」となっており、教師が談話によって生徒に必要な倫理道徳を授けるものであった。修身口授は第1学年前期の第8級から第2学年後期の第5級までの2年間において週1～2時間程度の位置づけで、あまり重要視されてはいない。上級での教科書としては欧米の倫理道徳を主とした翻訳書が用いられ、修身科として独立させずに読本の一部として実施された。当時の教科書としてはフランスの小学校教科書を翻訳した箕作麟祥(みつくり りんしょう)の『西泰　勧善訓蒙』、イギリスのチャンブルの教訓的寓話集を翻訳した福沢諭吉の『童蒙教草』、アメリカのウェーランドの倫理書を翻訳した阿部泰蔵の『修身論』等はよく知られたところである。

　ただ、それらは西洋でギリシャ哲学から培われてきた道徳思想であり、わが国の神道や仏教、儒教を拠りどころとした道徳思想と根本部分で異なるものである。これら教科書の未整備もあるが、人格形成といった人間力陶冶が重要視されていないまま混乱期が続いたわが国の学校教育制度の実情が浮かび上がってくる。それは欧米列強の中で近代化を急がなければならなかったわが国において、まず最優先すべきは近代諸科学の導入を前提とした知育偏重教育であったからである。

　しかし、明治10年代になると西洋の知識を取り入れることで急激な近代化を推し進めようとする文教政策への批判が噴出することとなる。それは、学校に就学させることで子弟の立身出世や治産昌業につながるという理想が破綻をきたしたからである。また、重い税負担と厳しい就学督促に対する不満ばかりでなく、わが国の伝統的な国学や儒教思想と結び付いた皇国思想も台頭してきたからである。明治12(1879)年、学制に代わって制定された教育令(画一的な学制の中央集権化を改めて財源も含めて地方へ権限を委譲しようとしたため自由教育令と称される)への反発から明治天皇の侍講であった儒学者の元田永孚(もとだ ながざね)(1818～1891)が起草した「教学聖旨(きょうがくせい

し）」が国民教育の根本方針として示される。この教学聖旨は明治天皇が各地を巡幸して教育の実情を視察したことを受け、国民教育の根本方針を示すという形式を取っており、後の「教育ニ関スル勅語（教育勅語）」の前段階をなすものである。教学聖旨は「教学大旨」と「小学条目二件」とから構成され、前者においてはわが国教育の根本精神は「仁義忠孝」を説く儒教の教えを中心とし、それから西洋の知識・技術を学ぶべきである旨が述べられている。そして、後者では小学校の幼少期には「仁義忠孝」の道徳観を明確に教え込み、それが長じてそれらを実用に即した実際的な教育として行うべきであると述べている。それらは古典や中国、日本の逸話を中心に「仁義忠孝」を核とする徳目にまとめられ、『幼学綱要』として宮内省から全国の学校に頒布されたのである。いわゆる、徳目を教授するという徳目主義道徳の開始である。

　この教学聖旨を受け、明治 13（1880）年に政府は改正教育令を公布した。この改正教育令の特色は学校の設立や運営、就学義務等を厳しく規定したことである。翌年には「小学校教則綱領」も定められ、小学校教則や教科書、就学督促、教員の資格・免許状、学校管理の詳細な規定に基づいた国、各府県という学校教育の組織化が行われたのである。その根幹にあるものは、西洋崇拝から儒教主義を基本とする皇国思想への転換である。当然、修身科は筆頭教科となり、「小学校教員心得（明治 14（1881）年）」や「学校教員品行検定規則（翌 14（1881）年」では、「尊皇愛国ノ志気」を喚起すべきと道徳教育の重要性を鼓舞したのである。ここでの道徳教育の主眼は個々人の人格的成長ではなく、国家意識の涵養であったことはいうまでもない。

(2) 修身科と「教育ニ関スル勅語」

　わが国の学校教育制度の基礎が固まったのは、明治 18（1885）年に内閣制度が設けられ、文部省が設置されてからである。初代文部大臣となった森有礼（もり ありのり 1847～1889）は、帝国大学令、師範学校令、中学校令、小学校令（諸学校令）を次々に公布した。小学校は尋常小学校 4 年、高等小学校 4 年の二段階と定められ、尋常小学校就学が義務化された。

　明治 23（1890）年に公布された「小学校令」の第 1 条には、「小学校ハ児童

身体ノ発達ニ留意シテ道徳教育及国民教育ノ基礎並ニ其生活ニ必須ナル普通ノ知識技能ヲ授クルヲ以テ本旨トス」と記されている。この規定は、アジア・太平洋戦争が勃発した昭和16（1941）年の国民学校令公布まで続くものである。ここに国家道徳を大義としたわが国の戦前道徳教育の礎が確立されたのである。その際、学校における徳育の大本となり、教育の基本方針となるべく天皇から国民に下賜(かし)されたのが「教育に関する勅語」、いわゆる「教育勅語(きょういくちょくご)」である。明治24（1891）年制定の「小学校教則大綱」では、「修身ハ教育ニ関スル勅語ノ旨趣ニ基キ」児童ノ良心ヲ啓培シテ其徳性ヲ涵養シ人道実践ノ方法ヲ授クルヲ以テ要旨トス」と述べられている。

教育ニ関スル勅語（原文）

朕惟フニ我カ皇祖皇宗國ヲ肇ムルコト宏遠ニ徳ヲ樹ツルコト深厚ナリ我カ臣民克ク忠ニ克ク孝ニ億兆心ヲ一ニシテ世世厥ノ美ヲ濟セルハ此レ我カ國體ノ精華ニシテ教育ノ淵源亦實ニ此ニ存ス爾臣民父母ニ孝ニ兄弟ニ友ニ夫婦相和シ朋友相信シ恭儉己レヲ持シ博愛衆ニ及ホシ學ヲ修メ業ヲ習ヒ以テ智能ヲ啓發シ徳器ヲ成就シ進テ公益ヲ廣メ世務ヲ開キ常ニ國憲ヲ重シ國法ニ遵ヒ一旦緩急アレハ義勇公ニ奉シ以テ天壌無窮ノ皇運ヲ扶翼スヘシ是ノ如キハ獨リ朕カ忠良ノ臣民タルノミナラス又以テ爾祖先ノ遺風ヲ顯彰スルニ足ラン斯ノ道ハ實ニ我カ皇祖皇宗ノ遺訓ニシテ子孫臣民ノ倶ニ遵守スヘキ所之ヲ古今ニ通シテ謬ラス之ヲ中外ニ施シテ悖ラス朕爾臣民ト倶ニ拳々服膺シテ咸其徳ヲ一ニセンコトヲ庶幾フ

明治二十三年十月三十日

御名御璽

> 教育に関する勅語（靖国神社　国民道徳協会訳による）
>
> 　私は私達の祖先が、遠大な理想のもとに、道義国家の実現を目指して、日本の国をおはじめになったものと信じます。そして、国民は忠孝両全の道を全うして、全国民が心を合わせて努力した結果、今日に至るまで、美事な成果をあげてまいりましたことは、もとより日本のすぐれた国柄の賜物といわねばなりませんが、私は教育の根本もまた、道義立国の達成にあると信じます。
> 　国民の皆さんは、子は親に孝養をつくし、兄弟・姉妹は互いに力を合わせて助け合い、夫婦は仲むつまじく解け合い、友人は胸襟を開いて信じあい、そして自分の言動をつつしみ、すべての人々に愛の手をさしのべ、学問を怠らず、職業に専念し、知識を養い、人格をみがき、さらに進んで、社会公共のために貢献し、また法律や、秩序を守ることは勿論のこと、非常事態の発生の場合は、真心をささげて、国の平和と安全に奉仕しなければなりません。そして、これらのことは、善良な国民としての当然のつとめであるばかりでなく、また、私たちの祖先が、今日まで身をもって示し残された伝統的美風を、さらにいっそう明らかにすることでもあります。
> 　このような国民の歩むべき道は、祖先の教訓として、私たち子孫の守らなければならないところであると共に、このおしえは、昔も今も変わらぬ正しい道であり、また日本ばかりでなく、外国に行っても、間違いのない道でありますから、私もまた国民の皆さんと共に、父祖の教えを胸に抱いて、立派な日本人となるように、心から念願するものであります。
>
> 明治二十三年十月三十日
> 明治天皇の名前と印鑑

　教育勅語は315文字で構成され、主な徳目（評価が定まった道徳的価値）が12項目含まれている。教育勅語の功罪を巡っては今でも根深い賛否両論があり、ここではあまり踏み入らず、徳目のみを列挙するに留めたい。

[教育勅語12の徳目]
 1. 孝行：親に孝養をつくしましょう。
 2. 友愛：兄弟・姉妹は仲良くしましょう。
 3. 夫婦の和：夫婦はいつも仲むつまじくしましょう。
 4. 朋友の信：友だちはお互いに信じあって付き合いましょう。
 5. 謙遜：自分の言動をつつしみましょう。
 6. 博愛： 広く全ての人に愛の手をさしのべましょう。
 7. 修学習業：勉学に励み職業を身につけましょう。
 8. 智能啓発：知識を養い才能を伸ばしましょう。
 9. 徳器成就：人格の向上につとめましょう。
10.公益世務：広く世の人々や社会のためになる仕事に励みましょう。
11.遵法：法律や規則を守り社会の秩序に従いましょう。
12.義勇：正しい勇気をもって国のため真心を尽くしましょう。
 ＊その他「一旦緩急アレハ義勇公ニ奉シ」：国難に際しての国民の務め

　わが国の徳育教育および学校教育の根本としての教育勅語が教育界に与えた影響力の大きさは、天皇から示された国民への教育方針として、文部大臣へ下賜されるという手続きをとったことにある。国民は必然的に「奉戴(ほうたい)」されたという事実に基づいて強制されることとなり、文部大臣の「勅語奉承に関する訓示」を受けて各学校では印刷謄本(とうほん)が下賜され、奉読式を執り行うこととなったのである。以降、祝祭日には奉読し、訓告する儀式が制度化されたのである。もちろん、当時の検定教科書制度に及ぼした影響も計り知れない。

　わが国では明治36（1903）年以降、国が指導内容を定めた教科書国定制度が確立するが、それまでは検定教科書制度となっていた。その検定教科書期は、およそ3期に分けられる。検定教科書期における特色は、学年別に編纂(へんさん)されていたこと、つまり、子どもの発達的視点をもった近代教科書であり、均質な教育内容を全国津々浦々まであまねく効率的に普及させる役割を果たしたのである。

第1期（初期）・・・明治19（1886）年の小学校令公布期の教科書で、学年設定および教育内容の標準化が図られた。

第2期（中期）・・・明治23（1890）年の小学校令、翌年の小学校教則大綱に準拠し、「教育勅語」の精神が盛り込まれた。

第3期（後期）・・・明治33（1900）年の小学校令改正・小学校令施行規則に基づく教科書記載内容の統一化（かなづかい、漢字使用範囲等）が図られた。

⇩

明治34（1901）年、各地で採択教科書を巡る疑獄（贈収賄）事件発生。
明治36（1903）年、「小学校教科用図書翻刻発行規則」を制定し、翌年より国定教科書が使用開始された。

　教育というと思い浮かべるのが、教師と子ども、それと主たる教育内容としての教科書（教材）である。教科書の内容が統一され、子どもの発達段階、発達特性に応じて編纂(へんさん)されるということは、教育制度上の大きな変革である。かつての寺子屋や手習い塾等に見られた教育関係は、教師が対面する生徒に往来物といった庶民的教材を教育内容（社会生活で求められる知識や立ち振る舞い）として対話や所作によって伝達（問答：dialogue）していくという「滲(し)み込み型」の形式が主であった。また、その前提は子どもの学びの状況に合わせた師弟の関係を前提に成立したのである。それが近代教育制度の下で教科書が発達すると様相が一変する。教師と子どもの関係は教科書を介した教師から大勢の子どもへの一斉伝達（教師対複数のとりたて指導：mass-logue）へと転換するのである。当然、修身科による道徳教育においても例話による修身口授（ギョウギノサトシ）から徳目（予め定められた内容）をあまねく効率的に刷り込むためのカリキュラムに基づいた教え込み型指導スタイルへと変化をもたらすのである。教育勅語の渙発(かんぱつ：詔勅発布)や検定教科書制度がわが国の戦前道徳教育に与えた影響は計り知れない。

（3）修身科と国定教科書

　国定教科書制度への移行の発端は、修身科にあるといってよい。検定教科書制度下での修身科は、当初、教科書を用いない方針であった。しかし、教育勅語の渙発によって、その浸透を図るために方針転換したものである。そこでの修身科教科書は教育勅語に基づいて編纂され、毎学年そこに示された徳目をくり返して学ぶという「徳目主義」に則った内容構成であった。それも明治30年代になると、当時のわが国で主流をなしていたヘルバルト主義（ドイツの教育学者 J.F.Herbart に連なる学派人々が提唱した「予備」→「提示」→「比較」→「総括」→「応用」といった段階教授説）に基づく模範的な人物の逸話を中心に編纂した「人物主義」へと変化し始める。

　国民の就学率が93%に達した明治36（1903）年からの修身科国定教科書は国民思想の基本となる教科書であるため、文部省は修身教科書調査委員会を設置し、3年余りを費やして徳目主義と人物主義とを併用するかたちで編纂し、翌年から使用が開始された。以降、国定教科書は国内・外の社会情勢を踏まえ、4度改訂されてアジア・太平洋戦争以降の民主主義教育へと引き継がれていくこととなる。国定教科書の各時期の特色は以下のようにまとめられる。

第1期国定教科書期：明治37（1904）年4月　折衷型教科書
　＊検定教科書時代の徳目主義。内容は人物主義との折衷型で、各課の題目は学校、個人、家庭、社会、国民の各領域に分けられた徳目主義、内容は人物主義で近代的市民倫理も取り入れられている。

第2期国定教科書期：明治43（1910）年4月　家族国家観型教科書
　＊義務教育が6ヶ年に延長されたこの時期、国家主義的色彩が濃く、皇室及び国家に対する徳性の涵養、前近代的な家族倫理が強調され、国家道徳・国民道徳が基調となっている。また、取り上げる人物も外国人は極力排除され、第1期の13人から5人へと激減している。徳目主義と人物主義の折衷調和が特徴である。

第3期国定教科書期：大正7（1918）年4月～　国際協調型教科書
　＊第1次世界大戦後の大正民本主義、児童中心主義を基底にした新教育運動の最中に改訂された国定教科書である。その社会的背景が反映さ

れ、国際協調色が色濃くなっている。第2期の儒教的な国家主義、家族主義的な内容が削減された反面、公益や共同といった社会倫理的な内容、諸外国の事例が大幅に増加している。

第4期国定教科書期：昭和9（1934）年4月～　超国家主義型教科書
　＊世界恐慌、労働運動弾圧、満州事変勃発という世相の中で、一気にファシズムが台頭した時期である。当然、第4期教科書は子どもの生活や心理を重視したり、カラー化を図ったりするなど、形式や方法論の面で第3期を引き継いでいる。しかし、内容は忠君愛国、天皇の神格化が全面に押し出された構成となっている。

第5期国定教科書期：昭和16（1941）年4月～　臨戦教育型教科書
　＊戦時下版教科書である。この年に国民学校令が公布され、尋常小学校は国民学校へとその姿を変えた。修身科は皇国思想や戦時下の臣民の心構えを思想統制する重要な科目である。昭和16年には、小学校1、2年用「ヨイコドモ」、翌年には3、4年用「初等科修身」、翌々年には5、6年用同名書が使用された。内容面では軍国主義一色で、神話が歴史的事実であるとして取り扱ったり、戦争を神国日本の聖戦と位置づけたりと、極端かつ異常な編纂方針であった。

　この5期に及ぶ改訂をみた国定教科書の時代も、昭和20（1945）年8月15日のアジア・太平洋戦争敗戦をもって終了する。連合国軍の占領下にあって、修身科も昭和20年12月31日にGHQ（General Headquarters：連合国軍最高司令官総司令部）指令「修身、日本歴史及ビ地理停止ニ関スル件」をもって正式に教科としての役割を終えたのである。
　修身科の果たした役割については様々な評価があって見解も分かれるが、最大の問題点は道徳的行動様式を知識として教授するという方法論にある。個々人への内面化という点で、道徳的知見と日常的道徳実践との乖離(かいり)があったことは事実である。

2 民主主義教育としての道徳教育の歩み

(1) 道徳教育と社会科教育

　アジア・太平洋戦争敗戦によるわが国の政治、経済、教育等における社会制度の抜本的改革は多くの困難と課題を露呈することとなった。教育においては教育勅語と修身科の取扱いがGHQ、日本政府いずれにおいても大きな課題となった。

　教育勅語を最高理念とする修身科による道徳教育からの転換は、昭和21 (1946) 年3月にアメリカ教育使節団がGHQ最高司令官に提出した報告書である。その報告書では、「近年の日本の諸学校において教授される修身の課程は、従順なる公民たらしめることをその目的とした。忠義心を通して秩序を保たうとするこの努力は、周知の如く社会の重要な人物に支持されて、非常に効果的であったのでやがてこの手段は不正な目的と結びついた」と修身科停止理由を述べると共に、民主主義を永続させるためには倫理が必要であり、その民主主義は価値の多様性を表すものであるからそのための教育手段も多様である必要性を指摘し、「公民教育」を提案している。

　文部省はこれを受けて同年6月に「新教育方針」を策定し、翌年2月まで5冊に分けて発表している。特に「新日本教育の重点」では、「個性尊重の教育」、「女子教育の向上」と共に「公民教育の振興」を掲げ、「社会を構成している一員として、社会の共同生活をりっぱにいとなむために必要な知識や技能や性格を身につけさせるのが公民教育の目的である」と述べている。

　しかし、旧教育制度の枠組みの下での公民科構想は、「国民学校公民教師用書」(昭和21年9月)、「中等学校・青年学校公民教師用書」(同年10月) まで刊行したのであるが、同年11月3日日本国憲法制定、翌年5月3日日本国憲法施行に併せて制定公布された教育基本法、学校教育法に伴う新教育制度の実施で日の目を見ずに短い役割を終えたのである。

　文部省は昭和22 (1947) 年3月、新学校教育制度下での教育課程、教育内容、指導方法を取りまとめた「学習指導要領一般編」(試案) を公表し、同年5月の学校教育法施行規則をもって各学校における教育課程編成の基準としたのである。この一般編の後に示された社会科編 (試案) の目標として掲げられた

15項目の中に公民教育、道徳教育の目標を含ませ、小・中学校での道徳教育としたのである。また、昭和25（1950）年8月に来日した第2次アメリカ教育使節団が翌月にGHQ総司令官に提出した報告書では、道徳教育について「道徳教育は、ただ社会科だけからくるものだと考えるのはまったく無意味である。道徳教育は、全教育活動を通じて、力説されなければならない」と述べられ、学校における教育活動全体を通じて行ういわゆる「全面主義」の道徳教育方策が打ち出されたのである。

しかし、全面主義道徳教育の理論的妥当性はまさにその通りなのであるが、その最大の欠陥は計画的、発展的な見通しをもった道徳指導ができないことにある。いわば、子ども個々の内面で価値を調和的に統合させて道徳的実践への意欲を喚起する指導の「要（かなめ）」をもたないのである。

終戦直後にわが国が進めていた公民科構想が頓挫し、GHQの影響下でアメリカのソーシャル・スタディーズをモデルにした社会科へと道徳教育が誘導されたことで、修身科教育の功罪に関する検証と戦後新教育下での道徳教育の方向性検討が十分になされないまま過ぎてしまったことが課題として残った。

また、それ以上に不幸だったのは戦前の天皇制国家主義と本来的な意味での道徳教育とを意図的に同一視して指弾するといった政争の具に利用されたことである。例えば、昭和21（1946）年8月に戦後教育について検討するために設けられた教育刷新委員会での教育勅語を巡る激しい議論の結末は、教育基本法制定によって法的な拘束力を失うものの孔孟思想やモーゼの戒律のように存在すればよいといったようなものであった。むしろ、イデオロギーを背景にした世論が教育勅語や修身科を必要以上に指弾したのである。事実、時の文部大臣であった天野貞祐（あまの　ていゆう）が提起した修身科復活と「国民実践要領」は、昭和26（1951）年1月の「道徳教育を主体とする教科あるいは科目を設けることは望ましくない」とする教育課程審議会答申によって葬り去られたのである。この答申を受けた文部省は同年2月に道徳教育振興方策を発表し、4〜5月に通達として「道徳教育のための手引書要綱」を作成し、社会科をはじめとした各教科、特別教育活動といった学校教育全般での道徳教育を訴えるしかなかったのである。

それが大きく変革したのは、55年体制と呼ばれる自由党と民主党とによる保守合同によってである。昭和31（1956）年、絶対安定多数を背景に清瀬一郎文部大臣は教育課程審議会に対して「小学校中学校教育課程ならびに高等学校通信教育の改善について」を諮問し、具体的な道徳教育の検討を求めるに至ったのである。翌年に文部大臣となった松永東(まつなが とう)はよりいっそう道徳教育の積極方策を働きかけ、教育課程審議会は昭和32（1957）年11月の中間発表で「道徳の時間」特設を公にし、翌年3月の答申「小学校・中学校教育課程の改善について」において正式に「道徳の時間」特設を明示したのである。そこには、毎学年毎週1時間以上道徳教育のための時間を特設すること、従来のような徳目内容を教え込むといった意味での教科としては取り扱わないことが明記され、戦後13年に及ぶ道徳教育混乱の空白時代が解消されることとなったのである。

(2)「道徳の時間」特設以降の道徳教育

今日に至る道徳の時間が小学校、中学校の教育課程に位置づけられ、実施されたのは昭和33年9月からである。同年3月の教育課程審議会答申を受けて8月に学校教育法施行規則一部改正が実施され、道徳の時間は各教科、特別教育活動、学校行事と並ぶ領域としてようやく市民権を得た結果である。

ただ、当時は労働運動が隆盛を極めた時期でもあり、文部省の行政施策に日本教職員組合がことごとく対立するという教育不毛の時代でもあった。そのため、道徳の時間特設に向けて全国5会場で実施された都道府県道徳教育講習会が大混乱に陥ったり、学校教育の場での指導そのものを無視したりといった状況が発生し、その根深い対立の余波は半世紀を経た今日にまで深い陰を落としている。

特設「道徳の時間」の時間を巡る論点は、おおよそ以下のようなことである。1点目は、国家が道徳教育によって国民の良心にどこまで関与できるかという問題、2点目は道徳教育は全教育活動において実施すべきであるという特設主義に対する反対論、3点目は生活指導によってこそ道徳生活に対する確かな認識や豊かな情操が育つという立場からの反対論であった。その前提にあるのは

戦前の修身科批判論であり、生活指導による道徳的習慣化という道徳教育過信論であった。このような道徳の時間を巡る不毛な論争は、半世紀を経てもわが国の道徳教育振興を妨げる要因として作用している。

　道徳の時間が特設された昭和33（1968）年以降のわが国の道徳教育は、5度の学習指導要領改訂を経て内容項目の構成こそ適宜再構成されたものの、その基本方針や指導目標、指導方法等は一貫して現在に至っている。学習指導要領の変遷は、以下の通りである。

［昭和33年の学習指導要領「道徳」］

　学習指導要領「総則」において、「学校における道徳教育は、本来、学校の教育活動全体を通じて行うことを基本とする」という現在までの一貫した立場が明記されている。また、「道徳教育の目標は、教育基本法および学校教育法に定められた教育の根本方針に基づく」ことや、「道徳的実践力の向上を図るように指導するものとする」といった記述も現在まで踏襲されている基本方針である。

　内容構成面では、小学校では「日常生活の基本的行動様式」に関する内容、「道徳的心情・道徳的判断力」に関する内容、「個性の伸長・創造的な生活態度」に関する内容、「民主的な国家・社会の成員としての道徳的態度と実践意欲」に関する内容、これら4つの柱の下に36の下位内容項目を配置している。また、その内の26項目については各学年段階に即した指導内容を示している。中学校では「日常生活の基本的な行動様式」に関する内容、「道徳的な判断力と心情・豊かな個性と創造的な生活態度」に関する内容、「民主的な社会および国家の成員として必要な道徳性」に関する内容、これらの3つの柱の下に21の下位内容項目を配置している。

［昭和43年（小学校）、44年（中学校）改訂の学習指導要領「道徳」］

　学習指導要領「総則」での学校教育全般での道徳教育の目標と、第3章「道徳」での道徳の時間の目標を区別して示している。前者では、「進んで平和的な国際社会に貢献できる日本人を育成するため、その基盤としての道徳性を養うことを目標とする」と述べ、後者では「計画的、発展的な指導を通して、これを補充し、深化し、統合して、（中：人間についての理解を深めるとともに、）児童の道徳的判断力を高め、道徳的心情を豊かにし、道徳的態度（中：道徳的

態度における自律性の確立）と実践意欲の向上を図るものとする」と明記するようになった。

また、内容構成も柱（小学校は4つの柱、中学校は3つ柱）を削除し、小学校では発達特性についての括弧書き付きの32項目、中学校は各項目指導の着眼点となる2観点付きの13項目に改変された。

[昭和52年改訂の学習指導要領「道徳」]

学習指導要領「総則」での道徳教育の目標が第3章「道徳」へすべて集約され、小学校では目標に「教師と児童及び児童相互の人間関係を深める」こと、「家庭や地域社会との連携を図る」こと、「道徳的実践の指導を徹底する」こと、「道徳的実践力を育成するものとする」ことが追加された。内容項目についても一部整理・統合して、32項目から28項目へと精選された。中学校についても、「教師と生徒及び生徒相互の人間関係を深める」こと、「家庭や地域社会との連携を図る」こと、「道徳的実践の指導を徹底する」ことが新たに追加され、目標の末尾に「道徳的態度と実践意欲の向上を図ることによって、人間の生き方についての自覚を深め、道徳的実践力を育成するものとする」と改められた。また、指導内容項目についても従来の13項目から16項目へと再構成され、各項目指導上の配慮事項が括弧書きで示された。

[平成元年改訂の学習指導要領「道徳」]

総則においては「豊かな体験を通して内面に根ざした道徳性の育成が図られるよう考慮しなければならない」ことや、「望ましい人間関係の育成」が小学校、中学校いずれにおいても図られなければならないことが付け加えられた。また、この改訂の最大の特徴として、第3章「道徳」の目標に「生命に対する畏敬の念」が加えられた。生命尊重は道徳教育のみならず、学校教育の根本精神であり、それが明記されたことの意味は限りなく大きい。さらに、「主体性のある日本人の育成」が強調された点も特色である。そして、道徳の時間の目標にあった「道徳的判断力、道徳的心情、道徳的態度と実践意欲」という順序を改め、「道徳的心情を豊かにし、道徳的判断力を高め、道徳的実践意欲と態度の向上を図る」ことを強調している点も大きな変更点である。

内容については、小学校、中学校共通の4視点（1　主として自分自身に関

すること、2 主として他者とのかかわりに関すること、3 主として自然や崇高なものとのかかわりに関すること、4 主として集団や社会とのかかわりに関すること）の下に数項目ずつ下位項目が構成されるように改められた。小学校低学年14項目、同中学年18項目、同高学年22項目、中学校22項目となったが、これまで小・中学校間の整合性という面で不統一だった内容構成に一貫性をもたせたことも特筆すべき事柄である。併せて、「道徳教育の全体計画と道徳の時間の年間指導計画を作成するものとする」ことが明示されたのも、この改訂においてである。それがもつ意味は大きい。

[平成10年改訂の学習指導要領「道徳」]

　学校における教育活動全体を通じて行う道徳教育の趣旨を学習指導要領「総則」で明確にするとともに、「豊かな心」、「未来を拓く」といった社会情勢の変化に伴う道徳教育の課題を明確にしたこと、ボランティア体験や自然活動体験などの豊かな体験、道徳的実践を充実させることでの児童生徒の内面に根ざした道徳性の育成が強調されたこと等に改訂の特色が見られる。　また、内容項目の構成についても、小学校低学年では基本的生活習慣や善悪の判断、社会のルール遵守等が見直されて15項目に、同中学年では18項目そのままで自主性や協力・助け合い等が重視、同高学年では22項目そのままで自立心や国家・社会の一員としての自覚等の重視、中学校は自他の権利や義務の履行および社会秩序と規律の重視が打ち出されて23項目となった。さらに、道徳の時間を道徳教育の「要（かなめ）」と位置づけ、子どもの心に響く指導法の工夫、心に響く資料開発と活用の工夫が強調されている。その点から、校長等の授業参加、地域人材等の活用等も積極的に推進することが求められるようになった。

[平成20年改訂の学習指導要領「道徳」]

　平成18（2006）年12月に改正された教育基本法の精神を受け、「生きる力」という理念を共有する中での豊かな心の育成に向けた指導の充実が謳われた。学習指導要領「総則」においては、「学校における道徳教育は、道徳の時間を要として」、各教科等の「それぞれの特質に応じて」適切な指導を行われなければならないことが明記された。よって、道徳の時間の明確な位置づけが鮮明にされるとともに、各教科等においても指導計画計画作成等において道徳教育との

関連を明確にすることが求められることとなった。

　また、第3章「道徳」においては、一人の人間の育ちという視点から小学校の目標の中に「自己の生き方についての考えを深め」が新たに付け加えられ、中学校目標にある「人間としての生き方についての自覚」への一貫性が求められた。

　内容項目の構成も、小学校低学年で勤労に関する項目が追加されて16項目へ、中学年は18項目そのままであるが個性伸長が強調され、高学年でも22項目のままであるが規則の尊重や公徳心を中心に再構成された。また、中学校では感謝の項目が追加されたり、再構成されたりして24項目となった。

　今次改訂で特に特徴的であったのは、道徳教育推進教師を各学校に置くことになったことである。「指導計画の作成と内容の取扱い」の1項目目に「各学校においては、校長の方針の下に、道徳教育の推進を主に担当する教師」を置くこと、つまり、道徳教育推進教師を配置することがが明記されたのである。これまでの歴史的経緯をふり返るなら、学校全体で道徳教育へ取り組む体制が整えられたことのもつ意味は大きい。

　昭和33年に道徳の時間が特設されて以降、5度にわたる学習指導要領改訂を経てその充実が図られてきた道徳教育ではあるが、それに併せて旧文部省時代から取り組まれてきた道徳教育振興施策も今日の充実・発展に寄与してきたことを忘れてはならない。

　例えば、文部省は昭和39（1964）年から各学年毎に『道徳の指導資料』、『道徳の指導資料とその利用』、『読み物資料とその活用』等々の道徳教材集を刊行して各学校に配布してきた。その他に『道徳指導の諸問題』、『学校における道徳教育』、『道徳教育の実践と考察』、『心に響き、共に未来を拓く道徳教育の展開』といった道徳教育指導研修にかかわる事例集、『郷土を愛する心を育てる指導』、『生命を尊ぶ心を育てる指導』、『文化や伝統を大切にする心を育てる』等のエポックメーキングな指導資料集も順次刊行してきた。

　しかし、何といってもその影響力という点で教師や保護者にアピールしたのは、平成14（2002）年から全国の児童生徒に無償配布された『心のノート』

であろう。『心のノート』は教科書を使用しないために見えにくかった道徳の時間での指導内容を具体的に保護者へ知らせたり、教師の継続的な道徳指導を促したりするという点で画期的な役割を果たしたのである。ややもするとそれまでは道徳授業に熱心でなかった教師も、『心のノート』の配布によって積極的に取り組まざるを得ない道徳教育推進環境を醸成したことも事実であり、大きな貢献と評価すべきであろう。

3 道徳性発達の視点と道徳教育
(1) 道徳教育における道徳性発達の意味

人間の本来的な在り方やよりよ（善）い生き方を目指して具体的な道徳的行為を可能にするのが、人格的特性としての道徳性である。この道徳性は人間らしいよさであると同時に、道徳的諸価値が個々人の内面において統合された人格の基盤をなすものである。この道徳性は、個々人が「人・こと・もの」との様々なかかわりを通して後天的に自らの内面に形成していくものであり、個人の生き方のみならず、社会生活やあらゆる文化的活動を根底で支える力として発揮される性質のものである。

この道徳性の発達が促されるためには、様々な要素がかかわり合って具体化されるが、特に以下の点に留意する必要があろう。

①子どもの心身にかかわる諸能力の発達に寄り添って道徳性発達を促す。
②子どもの豊かな社会体験を拡大・充実させることで道徳性発達を促す。
③道徳的価値への自覚を深めることを通して道徳性発達を促す。

このような働きかけを通して子どもの道徳性発達を促すことになるが、そこには一定の道筋が見られる。道徳性発達は、個の人格的成長という点で基本的に他律的段階から自律的段階へという過程を辿ることとなる。

認知的側面から見れば、物事の結果だけで判断する見方から動機をも重視する見方へと変わってくる、また、自分の主観的な見方から視野を広げて客観性を重視した見方、一面的な見方から多面的な見方へと変化を見せるようになる。いわば、このような道徳性発達の特徴は、子どもが内なる目で自分自身を見つめる能力（自己モニタリング力：self-monitoring ability）、相手の立場で物事

を考えたり思いやったりする能力（役割取得能力：role-taking ability)、さらには個々の自然性に裏打ちされた情意的側面としての感性や情操の発達、行動的側面にかかわる社会的経験の拡大や実践能力の発達、社会的役割や期待への自覚といったこと等とも密接に関係している。

　道徳性発達については、おおよそ以下のような法則性が指摘されているが、誰しもが同一の発達過程を経るわけでもなければ、到達すべきゴールも定まっているわけではない。

［道徳性発達に見られる一般的な法則性］
　①道徳性発達は他律的段階から自律的段階へと一定の方向性を辿る。
　②道徳性発達は個別的であり、辿る段階は個々人によって異なる。
　③発達した道徳性は、その後の道徳的環境の変化（個人的な事情による停滞要因で傍目には低次段階の道徳的言動と映るようなこと）があっても、そのもの自体は低下することはない。
　④停滞阻止要因が解決できれば、道徳性は生涯にわたって発達し続ける。

　道徳性は、人間らしさの総体として個々人の内面にあって道徳的価値とのかかわりにおいて道徳的心情や判断力、実践意欲と態度等の高まりを促し、それらが個の生き方として統合されていくことで発達していくものである。
　これらの特質を踏まえ、子どもの発達に即した道徳性の育成を視野に置くと、各学年段階での留意事項が見えてこよう。

［小学校低学年］
　この時期は幼児期特有の自己中心性（自己中心思考：egocentrism）がまだ残ってはいるが、相手を受容したり、理解したりすることができるようになってくる。また、生活経験の拡大によって基本的生活習慣の獲得、善悪の判断、物事の意味理解等の能力が育ってくる。諸能力の発達とともに人間関係の広がりや主体性も少しずつ育ってくるこの時期、温かく見守りながら、よりよく生きようとする力を引き出し、育んでいくことが大切である。

［中学年］
　この時期は、いわゆるギャング・エイジ（gang age：徒党時代）と呼ばれる

年代である。身体的成長に伴って運動能力のみならず知的能力、共感能力等も大きく発達する。それらに併せて社会的集団活動への興味・関心が広がったり、身近な問題解決を自力で図ったりする能力や先見性、計画性も身に付いてくる。よって、子ども一人一人の個性や自主性を尊重しつつ、集団での協同活動の方法や良好な人間関係の在り方、社会規範の遵守等について具体的な日常的体験を重ねながら道徳的価値に気づき、実践できるよう配慮していくことが大切である。

［高学年］

　心身の発達に伴って児童期（学童期：childhood）から青年期前期（思春期：adolescence）へと変貌するこの時期の子どもは、知的能力、抽象的。論理的思考力、自己洞察力、共感的他者理解力が大きく育ってくる。よって、道徳性にかかわる思いやり行動や自律的行動ができるようになり、よりよく生きるための諸能力が形成されてくる。ただ、理想主義的な傾向が強かったり、自分の考え方に固執したりするような面もあるので、他者との積極的な交流活動を通して自己修正できるような配慮も必要である。特に、性差や個人差が顕著に表れてくる時期でもあるので、集団や社会との多様かつ豊かなかかわり体験を通して協同的な態度を育成していくことも重要である。

［中学生］

　青年期前期のこの時期は、「嵐の時代」とも称される程に情緒面での不安定さが特徴である。しかし、道徳性の発達という面では大きな可能性を秘めた時期でもある。人間関係や社会経験の広がりが一気に拡大するこの時期、自分自身の生き方への関心が高まるとともに理想自己と現実自己とのズレの狭間で揺れ動くことも少なくない。しかし、その過程で自己探求、自己肯定、自己信頼といった面での自己認識が促進される。また、知的能力の高まりとともに個人と社会の関係、集団の一員としての役割やその自覚、人間の力を超える大いなる存在への気づきといった内面的な成長が顕著になってくるので、道徳的価値への自覚もいっそう深まるのが中学生のこの時期である。より深いところで自己とのかかわりをもって道徳的課題と向き合えるような指導が望まれよう。

　ここまで道徳性発達という視点から義務教育段階の児童生徒の一般的な傾向

的特徴を概観してきた。この点に関しては様々な立場からの諸理論が知られているが、その発達要因や方向性が不可逆的であるか否かの論点は異なるが、一般的に他律から自律的な段階へと移行することで個々人の道徳的なものの見方、感じ方、考え方がより高次な段階へ辿ると指摘されることでおおよその共通点が見出される。

今日では認知発達論的な視点からの捉え方が支配的であるが、特定理論に偏しない立場から、ここでは以下に道徳性発達理論として知られる精神分析学的な発達理論、社会的学習理論的な発達理論、認知発達論的な発達理論について概観してみたい。

(2) 精神分析学的な発達理論

この精神分析理論を代表するのは、オーストリアの精神医学者フロイト（Sigmund Freud：1923年他）である。フロイトは道徳性を情緒的側面から捉えようとし、その特質を自我理想としての良心の働きであると説明した。そして、良心は対象リビドー（他者に向けられた愛情）や自我リビドー（自己への愛情）から派生すると考えた。

フロイトの道徳性獲得理論は、神経症の要因究明の過程としての心的領域を無意識、前意識、意識という精神活動に分類して捉えたところに特徴がある。

フロイトは、エス（イド）、自我、超自我という三層の精神構造から人間の諸欲求と願望という視点で道徳性を分析する。そして、人は道徳的であればあるほど良心に敏感であり、エスが強く抑圧されると良心は活発になるとした。いわば、抑圧される衝動抑制が多ければ多いほど、その衝動に対する防衛としての超自我が強くなるという考え方である。換言すれば、人は不幸が起きると魂の救済を求め、原罪を意識して良心の要請を高めるのと同じ理屈である。エスという快楽原理（無道徳）から、自我や超自我の形成という現実原理（道徳的であること）に基づく人格形成過程において、子どもは親への同一視（identification）とエディプス・コンプレックス（男児は同性の父親を憎み、母親へ無意識的にもつ性的思慕感情：Oedipus complex）の克服（親の背後にある超自我を同一視することでの望ましいリビドーの昇華）が重要な課題とな

ってくる。このように、フロイトが無意識（原我）→自我→超自我という良心（道徳性）形成の道筋を意味づけた功績は大きい。

［フロイトの道徳性発達過程］

　エス（das Es）・・・アノミーな状態（善悪の判断が不能な無道徳状態）
　　　　　　●快楽原理に従って欲求を満足させようとする動きの段階
　　　　　　⇕
　自我（ego）・・・・自己の欲求に対する理性と分別による統御段階
　　　　　　●エスの欲求に対する神経症的不安、外界に対しては現実的不安、超自我に対しては良心に対する断罪不安の段階
　　　　　　⇕
　超自我（super-ego）・自己の行為や思考に対する道徳的罪障感と自我理想を目指す段階
　　　　　　●自我の完全な姿として超自我は自我に自我理想を示し、その要求の達成を目指す段階

(3) 社会的学習理論的な発達理論

　カナダ出身の心理学者で多年アメリカ心理学会長も務めたバンデューラ（Albert Bandura：1979、1985年他）は、学習が学び手の経験の積み重ねのみで成立するだけでなく、他者の行動観察によっても成り立つことを実験的に証明してモデリング（modeling）による学習という社会的学習理論を提唱した。モデリングとは、模倣のことである。バンデューラは子どもを検証群と統制群に分け、一方には攻撃的な遊びのモデルを提示し、もう一方には普通の遊びのモデルを提示した。実験で検証群の子どもは、その後の遊びが統制群の子どもの遊びより攻撃的なものになることを明らかにした。そして、それは報酬や罰といった強化によるものではなく、学習者自身のモデリングによる自発的な模倣であることを証明したのである。このように、何らかの見本（モデル）による動作や行動を見て、同じように振る舞うことを学ぶのがモデリングである。

　子どもは、成長過程におけるモデリングによって多くのことを学習をするとされている。道徳性もその例外ではない。子どもの成長発達過程では、様々な

モデリングによって社会的行動の変容が見られるが、道徳的行動変容も同様である。道徳性の発達は道徳的行動変容の過程であり、主観的判断から客観的判断へと質的に異なる非可逆的な発達段階の道筋を辿るという捉え方ではなく、社会的経験としてのモデリングによって道徳的行動が学習されるとするのが社会的学習理論の基本的な考え方である。

バンデューラは、5歳から11歳までの男女児165名を対象に道徳判断にかかわる二つの例話に基づいて3実験群（判断に対するモデルと被験者への言語的強化群、判断に対するモデルへの代理強化群、判断に対する被験者のみへの言語的強化群）を設定し、その変容を検討した。その道徳判断を迫る例話の一つ目は、善意から生じた行為が結果的に大きなよくない結果しかもたらさなかったモデルのストーリーである。そして、二つ目の例話は悪意から生じた行為が結果的にはあまり悪い結果をもたらさなかったモデルのストーリーである。

およそ2週間のスパンを経て事後調査したところ、判断に対するモデルによる示範と被験者への言語的強化を与えられた群と、判断に対するモデルによる示範への代理強化を与えられた群は道徳判断に関する観察学習の変容効果が確認できた。しかし、モデルによる示範が与えられないまま最初の被験者による判断と逆の道徳判断をした場合に言語的強化を与えられた群では、期待する道徳変容が効果として認められなかったのである。

バンデューラの社会的学習理論に基づく一連の主張は、モデリングと条件付け強化によって子どもの道徳性を変容させることができるのであって、子どもの主観的判断から客観的判断へという発達的変数もモデリングを媒介とするものであるという考え方である。よって、他律から自律への不可逆的な発達の道筋を辿るとする認知発達論的主張とは異なる立場を取っている。

(4) 認知発達論的な発達理論
① ピアジェの発達理論

ジュネーブのルソー研究所等で認知発達の研究に没頭したスイスの心理学者ピアジェ（Jean Piaget：1932年）の認知的な道徳性発達理論は、物事の結果に基づいて判断する道徳から物事の動機や善悪に基づいて判断する道徳への発

達変化として要約されることが一般的である。

　ピアジェの発達理論は、人間の認識をシェマ(schema：認知構成枠組み)、同化(assimilation)、調節(accommodation)、均衡化(equilibration) という内的世界と外的世界の相互的作用を中核として構成されている。外的世界の刺激は、その枠組みに取り入れる同化によって認識されるが、それを超えてしまう場合はシェマそのものを変化させて調節する。この同化と調節を繰り返しながら安定した外界認識を生み出し、さらに次の段階の外界認識へと均衡化によって発達させる。このピアジェの発達理論は、カント (I. Kant,) の「他律」と「自律」という用語を用いながら、内的世界と外的世界との同化・調節作用による均衡化という過程における道徳性の発達を段階という概念で理論づけた。

　ピアジェは、当時の子どもたちの一般的な遊びであったマーブル・ゲーム(おはじきのようなものを用いた遊び) への参加の仕方を取り上げて、子どもの規則に対する知識、その規則の運用、規則に対する認識変化に着目して道徳性発達の道筋を解明した。その根底にあるのは、道徳性発達が個人の内面のみで引き起こされるのではなく、他者や社会との接点を保つことで可能となることへの視点である。ピアジェは4歳から4～14歳までの子どもを対象に、ゲームでの規則認識、「過失」、「盗み」、「虚言」という例話に基づく道徳判断を大人の拘束による道徳から相互性と協同による道徳への移行といった面、正義の観念の獲得といった面から研究し、『児童道徳判断の発達』(1932年)としてその成果をまとめた。

　同書第1章「ゲームの規則」では、子どもがゲームの規則を実行するには純粋に自動的で個人的な第1段階、できあがっている規則の例を模倣するが自分流に利用するだけの自己中心的な第2段階、互いが仲間に勝とうとして相互に抑制したり規則を統一したりするすることに関心を示し始める初期協同の第3段階、ゲームにおけるあらゆる手続きが精緻(せいち)に規定されるだけでなく真に規則を尊重しようとする第4段階があることを述べている。そして、そこには初期段階における「拘束の道徳(他律の道徳)」と高次段階の「協同の道徳(自律の道徳)」があり、拘束の道徳が発展して協同の道徳に進化することを明らかにしたのである。

ピアジェは前掲書において、子どものゲーム分析に基づく規則に対する意識分析とともに、例話（コップを割った話：食堂の椅子に載せてあったコップを部屋に入ろうとして扉を開けたことで 15 個割ってしまった子と、お母さんが留守の時にジャムを盗もうとしてコップを 1 個割った子のどっちをきつく叱るか等）による過失に対する道徳判断の発達についても分析した。また、懲罰、共同責任、内在的正義、平等的正義、平等と権威、相互的な正義という問題（例話：お使いをさぼった男の子、病気で宿題がやれなかったと嘘をついた男の子、父親にいわれたのにボール投げをして窓ガラスを割ってしまった男の子、弟の玩具を壊してしまった男の子、廊下でボール投げをして植木鉢を割った男の子、お父さんの本を不注意で汚してしまった子、窃盗団の仲間を裏切った男等）について、子どもの発達的傾向を道徳判断から分析的に調査した結果についても臨床的に論述している。そして、認知発達的側面から道徳性においても他律から自律へ向かう法則性を解明したのである。

［ピアジェの道徳性発達段階］

規則の実行・適用段階	規則の意識段階	道徳性発達
a．純粋に運動的、個人的な段階	a．運動的・個人的段階	拘束の道徳 他律的段階
↓	↓	
b．自己中心的段階	b．他律の段階	↓
↓	↓	
c．初期協同の段階	c．自律の段階	協同の道徳 自律的段階
↓		
d．規則制定化の段階		

＊被験者は 4 歳〜14 歳までの幼児・児童。

② コールバーグの発達理論

　ピアジェの認知発達理論を発展させたアメリカの心理学者コールバーグ（Lawrence Kohlberg：1969,1971 年他）の道徳性発達理論は、認知的過程に見られる認知構造の質的変化を一つの段階として捉えようとするものである。

そして、この発達段階は「段階間の質的相違」、「個人の発達における一定の順序性と不可逆性」、「各段階における構造化された全体性」、「段階間の階層的統合」を満たすことが基本的枠組みとなっている。

コールバーグは、10〜16歳までの被験者について3年毎に15年間縦断的に追跡調査した。調査方法は、どちらを選択したらよいのか分からなくなるような道徳的ジレンマを提示し、被験者がどのように反応するのかという点に着目する方法である。調査は異なる地域、異なる民族についても行われ、各々の選択判断とその理由付けに焦点化して整理することで以下のような普遍的な3水準6段階の道徳性発達段階を導き出したのである。

なお、この道徳性発達段階説については、コールバーグ自身の弟子でもある女性心理学者ギリガン（Carol Gilligan：1982年）から異議申し立てが行われている。その根拠は、中核に据えられている正義推論（公正の原理）による倫理観は男性中心の発想であり、女性は責任とケアの倫理に従って行動するというものである。また、道徳性発達における第7段階の問題、つまり、宗教がもつ倫理的性格（宗教的思考と経験）を道徳教育の拠りどころとする「義務と公正」を超えた「義務以上の善（アガペー）」という第6段階以上の存在についての検討も、ほどなくコールバーグが物故したため、それらは未解決のままになっている。

［コールバーグの道徳性発達段階］
　【レベルⅠ　前慣習的水準】★自己中心性と他律的
　　第1段階：罰と服従への志向
　　　　　　罰の回避と力への絶対的服従がそれだけで価値あるものとなり、罰せられるか褒められるかという行為の結果のみが善悪を決定する。
　　第2段階：道具的相対主義志向
　　　　　　正しい行為は自分自身の、または自己と他者相互の欲求や利益を満たすものとして捉えられる。具体的な物・行為の交換に際して公正であることが問題とされはするが、それは単に物理的な相互有用性という点から考えられてのことである。

【レベルⅡ　慣習的水準】★他律から自律的へ
　　第3段階：対人的同調「よい子」志向
　　　　　　よい行為とは他者を喜ばせたり助けたりするものであって、他者によいと認められる行為である。多数意見や一般的な普通の行為について紋切り型のイメージで従うことが多い。行為はその動機によって判断されるが、「善意」が重要となる。
　　第4段階：法と秩序志向
　　　　　　正しい行為とは社会的権威や定められた規則を尊重し、それに従うことである。そして大切なのは、既にある社会秩序を秩序そのもののために維持することである。

【レベルⅢ　脱慣習的水準】★自律的、原理的
　　第5段階：社会契約的な法律志向
　　　　　　規則は固定的なものでも、権威によって押し付けられるものではなく、自分たちのためにあるのだから変更可能なものとして理解される。また、正しいことは、社会には様々な価値観や見解が存在することを認めた上で、社会契約的合意に従って行為するということである。
　　第6段階：普遍的倫理的原則志向
　　　　　　正しい行為とは、「良心」に則った行いである。良心は論理的包括性、普遍性ある立場の互換性といった視点から構成される「倫理的原理」に従って何が正しいかが判断される。この段階では、この原理に則って法を超えて行為することができる。

〈例話の一例：「ハインツのジレンマ」〉
　ヨーロッパで、一人の女性がたいへん重い病気のために死にかけていた。その病気は特殊な癌だった。しかし、彼女が助かるかもしれないと医者が考えるある薬があった。それは同じ町にある薬屋が最近発見したラジウムの一種だった。その薬の製造費は高かったが、薬屋はその薬を製造するための費用の十倍もの値段をつけていた。彼は、ラジウムに2百ドル払い、わずか1回分の薬に

1千ドルの値段をつけたのである。病気の女性の夫であるハインツは、あらゆる知人にお金を借りた。しかし、薬の値段の半分の千ドルしかお金を集めることができなかった。彼は薬屋に妻が死にかけていることを話し、薬をもっと安くしてくれるか、でなければ後払いにしてくれるよう頼んだ。だが、薬屋は「だめだ。私がその薬を発見したんだし、それで金儲けをするつもりだから」といった。ハインツは思いつめ、妻のために薬を盗みに薬局に押し入った。

③ ブルの発達理論

　イギリスの南西地方の7歳から17歳までの子どもを対象に、倫理学、教育学、心理学、社会学等の学際領域における複眼的視点から調査した宗教教育学者ブル（Norman J.Bull、: 1969年）の道徳性発達理論は、人為的な習慣、規律・規範（ノモス：nomos）がどのように形成されるかという点で特徴づけられている。

　ブルは、ピアジェの認知発達理論に基づく道徳性発達段階論を基礎としながらも、道徳判断の根源にあるものを認知的側面のみで捉えるのではなく、その欲求的なもの（orectic）に深くかかわっているとしている。そしてブルは、子どもが自律的な道徳的行為を行うのは、道徳生活の中心部分にある道徳的態度の要求と現実要求の葛藤において、受容され、内面化された理想を道徳的状況へ適用することだと主張するのである。いわば、ブルの道徳性発達理論は、道徳的行為が予め特定された道徳的原理に則ってあらゆる道徳的状況に援用することではなく、その時々の具体的な道徳的状況に自らの内に内面化された道徳原理を適用させ、応用させていくものであると考えたのである。特にブルの段階過程において特徴づけられるのは、アノミー段階→他律段階→＊社会律段階→自律段階としたことである。つまり、他律段階からそのまま自律段階へ移行するのでなく、道徳的行為の抑制が社会的賞賛と社会的非難との相互性によって決定づけられる社会律段階をその中間に設定したことである。これらの相互性は、宗教的な自己犠牲や愛他精神に基づく宗教的黄金律に則った道徳的行為を可能にする態度の形成まではできないとし、社会律段階は他律段階での反道徳的行為への処罰への恐怖、罪障感情を引きずった段階と見なしたのである。

[ブルの道徳性発達段階]
【第1段階　無道徳段階】：アノミーな段階状態で、内面化された道徳感情は認められない。
　　　　　　↓
【第2段階　外的道徳段階】：外部から与えられる規制等に従う。他からの賞賛で自らの行為を判断する。
　　　　　　↓
【第3段階　内－外的道徳、社会律段階】：所属する集団の社会的賞賛、非難が道徳的行為の基準となる。
　　　　　　◆青年期前期に多く見られる段階でもある。
　　　　　　↓
【第4段階　内的道徳、自律段階】：外的権威から自律的に独立し、個人の内面化された理性と判断で行為する。

＊ブルは、7〜17歳までの被験者を対象に、生命価値、ごまかし、盗み、嘘の状況判断について調査した。

4　これからの道徳教育展開の課題

(1) 子どもの実態に即した重点的指導の必要性

　道徳教育は、日々眼前で刻々と道徳的生活を送っている子どもたちの内面に働きかけ、十人十色の個性的な道徳性の発達を促しつつ、人間的なよ（善）さの総体としての道徳性を高めて人格的成長を支えていくことにある。その点からすると、道徳教育の出発点は、やはり子どもの道徳的実態に置かなければならない。

　この点について、昭和33（1958）年の「道徳の時間」特設当時より指導的な立場にいた勝部真長（かつべ　みたけ：1967年）は、「道徳の展開は、要するに子どもの身近な生活経験の掘り起こしをやって、子どもの人間的な要求を提出させ、その自我の心理的な開放を企てるというところに、大きなねらいがある」(註1)と述べ、堅い土のようになった子どもの生活という地面を掘り起こして生活経験を思い起こさせることの必要性を説いている。そして、その地面を

耕すスコップ代わりが道徳教材であるとしている。

　また、勝部と同様に道徳の時間の定着・充実に向けて多年指導的立場にいた村田昇（1992年）も、「道徳的価値が単なる観念でなく、生活そのものの中に存在し、生きて働くものであるかぎり、道徳指導が、児童・生徒の生活に縁のない高遠な道徳的体系を上から教えこむものではけっしてなく、まず、児童・生徒の現実の生活から出発し、そしてまた児童・生徒みずからの生活に帰っていくものでなければならない」(註2) と、子どもの道徳的生活の拡大・深化の必要性を説いている。

　以上のことから、道徳授業での学びは道徳的価値の注入（宗教的教義のように教え込むこと：indoctrination）では成立せず、その学びの根っ子は子ども自身の日常生活を足場に展開されるものであることが明白になろう。よって、そこでは1章でも触れたチュリエルの（E.Turiel,）の唱える領域特殊理論的な考え方、つまり人間の社会的知識には質的に異なった道徳（moral）、慣習（convention）、個人（personal）という独立領域があり、その時々の様々な社会的判断や行動は各領域での知見が調整された結果であるとする主張とも大いに重なり合うということへの頷きである。特に、各領域での知識獲得の文脈やプロセスが全く異なっているという領域特殊理論の枠組み（道徳的価値を土台に構成される道徳領域、家族や仲間集団、学校、会社等々の社会組織を成立させている要素への理解である慣習領域、その判断や行為の影響が個の範疇に留まる運用基準としての個人領域）は、子ども一人一人の日常生活における道徳的生活の視点から捉えれば、相応の説明がつこう。特に、子どもの道徳性発達の視点や道徳的実態を踏まえぬ道徳授業であってはその意図をはき違えることとなるのである。その点からも、重点的指導の必然性についてしっかりと着目していきたい。

　小・中学校学習指導要領第3章「道徳」の第3「指導計画の作成と内容の取扱い」1の(2)では、「各学年段階ごとの内容項目について、児童（生徒）や学校の実態に応じ、2(3)学年間を見通した重点的な指導や内容項目間の関連を密にした指導を行うよう工夫すること」とあり、(3)では「児童（生徒）の発達の段階や特性等を踏まえ、指導内容の重点化を図ること」と述べられてい

る。この記述には、二つの視点が含まれていよう。

　つまり、一つ目は児童生徒の情意的側面、認知的側面、行動的側面から道徳性発達を捉えた時、それぞれの諸能力の高まりや社会認識の広がり、生活スキルの習熟度等の段階的発達特性を踏まえながら内容項目を精選し、重点的指導が必要なものについては義務教育9ヶ年間全体を見通して計画するという発展性に基づく考え方である。例えば、小学校低学年では挨拶等の基本的生活習慣、社会生活上のきまりを身に付けること、善悪の判断ができること等が考えられ、中学年では集団や社会のきまりを守り、身近な人々と協力し助け合う態度を身に付けること、高学年では法やきまりの意義を理解すること、相手の立場を理解し支え合う態度を身に付けること、集団における役割と責任を果たすこと、国家・社会の一員としての自覚をもつこと等がそれに該当しよう。また、中学校では自他の生命を尊重し、規律ある生活ができ、自分の将来を考え、法やきまりの意義の理解を深め、主体的に社会の形成に参画し、国際社会に生きる日本人としての自覚を身に付ける等が子どもの発達段階における特性を踏まえた指導の重点化の視点となる。

　次に、二つ目の視点であるが、これは子どもたちが置かれた道徳的生活における実態を踏まえた子ども自身の道徳性の育みの問題である。子どもは様々な社会環境の中で道徳的生活を過ごしている。それを規定しているのは、子どもを取り巻く人、こと、もの、文化、気候風土や地理的環境も含めた自然環境である。それは子どもの道徳性発達促進の視点から見るなら、決してバランスの取れた理想的道徳環境ということではないだろう。むしろ、学校教育目標や校訓・校是、校歌等に盛り込まれた文言は人格形成の視点からの理想を謳いあげたもので、裏返せば、地域に暮らす子どもたちの生活実態を理想的環境に到達せしめようとするための現実的実態を踏まえた努力目標としての意味を有している。ならば、学校における道徳教育は各教科等すべての教育活動を通じて地域的特性を最大限活用しつつも、不足する道徳環境を補うため、道徳の時間を要とした指導における重点化を図っていく必要があるのである。

　例えば、自然豊かで長い歴史に裏打ちされながら培ってきた地域文化の色濃い落ち着いた道徳環境に置かれた子どもたちは、進取の精神や個性伸長、向上

心といった面で他地域より意識が乏しいと感じられるような傾向が見られるかもしれない。また、人口移動が激しい都市部に暮らす子どもたちの道徳環境という面で捉えれば、自然愛護や環境保全、社会連帯や公徳心、愛校心や郷土愛等の面において他地域より意識が乏しい傾向が見られるかもしれない。それら、子どもの日常的道徳生活における負の道徳的実態は心して意図的かつ計画的に指導していく必要があろう。

　道徳教育における全体計画、年間指導計画、学級における指導計画は、ただ形式的に作成するのではなく、このような子どもの道徳的実態を踏まえた重点的指導のためのものでなくてはならない。学習指導要領「道徳」では、各学年に示された内容項目を年間指導計画の中で万遍なく取り上げることとなっている。義務教育全体の中で子どもの一般的な発達特性を踏まえるなら、これは当然なことである。しかし、年間35時間（小学校第1学年は34時間）分の指導計画作成において、すべての項目を配分してもかなりの余剰時間（小学校2学年なら19時間、中学校なら11時間）が生ずる筈である。これをどう各学校の子どもたちが置かれた道徳的実態を踏まえて計画できるかが、指導内容の重点化を図ることの意味であり、それによってその先にある人格形成におけるバランスのよい道徳性発達を促すことにつながってくるのである。

（2）多様なアプローチによる道徳授業の必然性

　学校における道徳教育の要となる道徳の時間の指導、つまり道徳授業は具体的な教育的営みである。よって、たとえどんなに立派な全体計画、年間指導計画、学級における指導計画が作成されたとしても、それが具体的な授業において指導効果が伴わなければ意味をなさないのである。いわば、どんなに美味しそうに見えても、絵として描かれた餅では食べることができないという画餅に過ぎないのである。道徳教育をどう効果的に実践指導していくのかという課題は、道徳教育充実のキーワードでもある。

　わが国の道徳授業方法論は、戦前の修身科時代から連綿と引き継がれ、発展してきた道徳教化の方法（インカルケーション：inculcation）、主にアメリカ心理学、教育学の知見に基づく臨床心理学的な道徳指導手法、認知発達論に基

づく道徳指導手法をわが国の道徳授業形態にアレンジして導入した方法、この二大思潮によって形成されてきた。もちろん、前者の考え方による教育思潮はアメリカにおいても本質主義的教育（essentialism）として主流をなし、キャラクター・エデュケーション（品性教育：character education）等の道徳教育方法論は代表的なものとしてよく知られたところである。また、もう一方の教育思潮である進歩主義（progressivism）は、フロイトの精神分析理論に端を発するグループカウンセリング手法を道徳授業方法論へと援用した価値の明確化（values clarification）、ピアジェやコールバーグの道徳性発達理論に端を発した認知発達論的アプローチ（cognitive developmental approach）がわが国でもよく実践された指導方法論である。

　ここで留意したいのは、諸外国で開発された指導方法を安易にそのまま取り入れたのではないということである。わが国には聖徳太子が国家の安寧を願って仏教を導入しつつ、併せて大陸の進んだ文化・技術も吸収してしまった飛鳥時代以降の習合思想の歴史がある。また、キリスト教伝来と共にヨーロッパの高度な文化、技術力を取り入れた安土・桃山時代には鉄砲の導入で戦術は一変させてしまった。さらには、文明開化と同時に欧米の高度な文化や科学技術を本質部分から丸ごとではなく、必要な部分だけわが国流にアレンジし、短期間に全て取り入れて近代国家の礎を形成した歴史がある。

　このように、わが国においては習合思想によって新たな状況を創造してきた伝統がある。道徳教育の指導方法論においても、そのような発想は遺憾なく発揮されていると捉えるべきであろう。

　では、諸外国での優れた道徳教育手法が、なぜそのままわが国に導入できないのであろうか。その主たる理由は、道徳教育と一口にいっても、それぞれの背景をもつ各国で求める道徳教育は異なるということである。政治的な思想教育を優先したり、市民性教育を重視したり、宗教教育を前提にしたり等々、国によって一様ではない。

　以上のような背景の違いから、各国が目指す道徳教育の目的が異なるのは必然的であると同時に、その教育制度が異なればその方法論も同一には語れないということである。

以降、わが国で道徳の時間特設以降の授業方法論として影響力を及ぼしてきたインカルケーション・アプローチ、価値の明確化アプローチ、モラルジレンマ・アプローチについて概要を触れておきたい。

① 伝統的なインカルケーション・アプローチ

価値教化あるいは価値伝達という目的をシンプルに行うのがインカルケーションの道徳授業方法論である。わが国でも戦前の修身科や今日の道徳授業における一般的な指導法として普及している。要は、道徳教材（資料）や道徳体験そのもので道徳的価値に触れさせ、気づかせ、必要性を自覚させ、進んで生活に活かそうとする情意的側面、認知的側面、行動的側面の強化を促す方法論である。しかし、このような授業が行き過ぎると、教師の道徳信条や態度を押し付け、信じ込ませる価値の教え込み（indoctrination）に陥る危険性も併せもっている方法論であることを十分に留意する必要があろう。

ただ、戦前の修身科といった場合、教師が一方的に子どもたちへ教え込む説教的な堅苦しい授業イメージのみが脳裏をかすめるが、決してそればかりではない。軍靴の足音がすぐ傍まで迫る昭和初期に奈良女子高等師範学校訓導岩瀬六郎は『生活修身原論』（1932年）の中で、「徳目修身或は教科書修身とは徳目或は教科書を中心として道徳を説き、間接にその実践を指導せんとするものであるけれども、生活修身とは生活を中心として直接に道徳の実践を指導し、道徳的知情意を錬磨し、以て道徳的人格の完成を企図しようとするものである」

(註3) と述べている。そして、その生活修身実践は生活体験による指導と準体験（教科書および補充教材による追体験）による指導で展開されている。その時代性を考慮するなら、方法論的な斬新さは明白である。しかし、価値教化あるいは価値伝達という目的性から分類するなら、それは他の修身科指導同様にインカルケーションの範疇に含まれるものであろう。この生活修身の事例を援用するなら、今日の学校で行っている戦前の修身科とは全く目標や教育課程上の性格を異にする道徳授業にあっても、それらの多くはインカルケーションの方法論によって実践されているとすることができよう。

インカルケーションによる道徳授業の特徴は、子どもの心情面に働きかけな

がら道徳的価値の自覚を促すことができ、教師の思いも伝わりやすいことである。いわゆる道徳授業の基本型で、わが国ではもっとも重視される心情面に訴えかけることで価値の伝達を促すという、極めて取り組みやすい指導方法でもある。その指導展開過程は、導入、展開、終末という3段階のステップを辿る。なお、展開部分は前段と後段に区分されることが多い。

図7　インカルケーションによる授業基本型

指導展開過程		主 な 学 習 活 動
導　入		ねらいとする価値について方向づけをする段階であり、子どもたちの日常経験を引き出したり、取り上げる価値へのかかわりをもたせたりする。
展開	前　段	道徳教材（道徳資料あるいは道徳的体験）にかかわらせ、教材に含まれたを道徳的課題を追求する過程を通じて道徳的価値に気づかせる。
	後　段	道徳教材を介した価値追求から離れ、そこで気づいた道徳的価値に照らして自分の生き方を振り返らせ、主体的に価値自覚をさせる。
終　末		本時でねらいとする道徳的価値について整理し、まとめる。そして、これからの日常生活における実践意欲を喚起する。

②　臨床的な価値の明確化によるアプローチ

伝統的なインカルケーションによる道徳教育に対し、子どもの自主的な価値決定能力の育成を目指した人間中心主義教育（humanistic education）の立場をとっているのが、価値の明確化（values clarification）によるアプローチである。価値教育の混乱が見られた1970年代のアメリカにおいて、ラス（L, E.Rathes）、ハーミン（M.Harmin）、サイモン（S.B.Simon）等によって提唱された指導方法で、価値観が多様化した社会においては個人の主体的な価値選択を重視しなければならないという基本的な考え方である。もちろん、感情的な側面に着目したそこでの価値選択は必ずしも道徳的価値ばかりではない。むしろ目指すのは、自分が自分らしくなっていくこと、自分への気づき

(awareness) による自己実現である。

　その方法論的な枠組みは、わが国においては構成的グループエンカウンター（SGE＝Structurud Group Encounter）と呼ばれるもので、子ども相互が心と心のふれあいを通して自己肯定感を感じたり、人間関係構築力を培っていったりできるような場を授業として意図的に設定することにある。

　SGEの基本的な流れは、学習者の緊張をほぐし、心を解放するアイスブレイクとしてのウォーミングアップ（場の雰囲気づくり）→エクササイズ（例題等に基づく実習）→シェアリング（感想等に基づく分かち合い）という過程である。よってこのSGEによる価値の明確化方式での道徳授業では、一般的な道徳教材を使うこともあれば、使わないでエクササイズのみで行う場合もある。ただ基本型に共通しているのは、「価値シート」と呼ばれるワークシートを用いることである。それを使いながら、子ども一人一人がじっくりと自分と向き合って自己内対話し、さらに小グループでの語り合い・聴き合い、分かち合いへと広げて、最後にまた自己内対話へと立ち返るパターンである。そこでの子どもは自らものの見方、感じ方、考え方を自由に表明でき、押し付けによらない学びの主体性や自主性が保障されるのである。

　もちろん、この手法による問題点も少なくない。個人の価値選択に根ざして形成された価値観というのは、あくまでも個人的なものでしかない。よって、その中核となる道徳的価値観については倫理的原理という共有する部分がなければ社会秩序が維持できないという倫理的価値相対主義（倫理的真理の絶対的妥当性を認めない立場）に陥る危険性が大きいという問題を抱えている。ただ、インカルケーションの道徳授業では十分に保障しにくい。「書いて自己内対話すること」、「他者とじっくり語り合い、聴き合うこと」、「互いの感じ方を十分に分かち合うこと」といった個としての学びの充足を可能にする点では、極めて効果的な指導方法である。

　この価値の明確化アプローチの指導方法論としては、選択力や自分の価値づけ、他者とかかわるための人間関係力、自己肯定感といった側面での「自分づくり」に重きを置いた支援アプローチと、問題を発見したり、解決したりする力の育成に重きを置いた「問題解決型」支援アプローチとに大別できる。

図8−1 価値の明確化による授業基本型

指導展開過程	主 な 学 習 活 動
導　　　入	子どもの思考を刺戟する道徳教材（読み物資料、社会的事物・事象を表した図や写真、映像、統計、実物等）を提示し、主題への関心を向けさせる。
展　開　Ⅰ	提示された道徳教材を基に、価値シートを用いながら個々にじっくりと自問させ、自分や自分の価値についての気づきを深めさせる。
展　開　Ⅱ	小グループでの語り合い、聴き合いを通して、相互にその考え方を認め合い、理解し合うことで相互理解を深める。結論は求めない。
展　開　Ⅲ	小グループで出た考え方、意見をクラス全体で共有（シェアリング）し、多様な価値観に触れることで個々の思考を刺戟（しげき）し、視野を広げさせる。
展　開　Ⅳ	再度子ども個々に価値シートへ取り組ませ、自分が選択した価値とそれを選んだ理由を改めてじっくりと自己内対話させる。
終　　　末	本時の授業で気付いたこと、考えたこと、知ったこと、これから実践しようとすること等を振り返りシートに記入させたり、発表させたりする。

　また、この方法論で用いられる教材の特徴は、その時間での指導で達成すべきねらいが何であるのか、どう意識して授業に臨めばよいのかが明確になるものを前提にしていることである。そうでないと、子どもの意識がねらいから逸れた方向に向かうことで授業の目的を失うことになるからである。よって、その点をクリアできるなら用いる資料は読み物資料でも、映像資料でも何でもよいのである。むしろ、本時のねらいへの方向づけとなるエクササイズを行った後、次の感情体験を可能にする教材としての指導資料へどう円滑につなげるかがより重要になってくるのである。

(図8-2　価値の明確化授業で用いる価値シート自作例　田沼作成)

それぞれの悲しみ　（　）年（　）組　氏名（　　　　　）

（事例：2010/08/02　毎日新聞新潟版日刊「ニュース24時」欄より）

　8月1日午前9時45分頃、N県N市の県道脇で用事を足して帰宅した自営業Tさん（39歳　男性）が自宅前に軽自動車を駐車し、運転席のドアを開けたところ、後ろから自転車で通りかかった県立N高校1年のJさん（16歳　男性）が衝突して車道中央側に転倒。その際、後ろから来た同市介護福祉士Mさん（36歳　女性）運転の乗用車にはねられ、Jさんは頭の骨を折るなどしてまもなく死亡した。

【質問1】この記事を読んで、どんなことを感じましたか。

と感じた。

【質問2】3人の人物の誰の立場でどんなことを考えましたか。

（　）さんの立場で、

と考えた。

【質問3】他の（　）さんと（　）さんは、どんな気持ちだと思いますか。

（　）さんの立場なら、

と思う。

（　）さんの立場なら、

と思う。

★自分の考えをもとに、グループの人と語り合ってみましょう。

メンバー	考えや意見	自分のコメント
① ② ③ ④ ⑤		

★クラス全体で交流し、感じたことを書いてみましょう。

★授業の中で気づいたこと、感じたこと、考えたことをまとめましょう。

③ 認知発達論に基づくモラルジレンマ・アプローチ

　この方法論的アプローチは、コールバーグ理論と呼ばれることも多い。コールバーグ（L.Kohlberg）は、その発達させるべき子どもの道徳性を①「公正さの普遍的原理（すべての道徳的価値の根本としての公平さ）」、②「役割取得原理」（他者の視点で判断する能力）、③「人間尊重原理」（すべての人は同様に扱われなければならないという原則）という前提に基づいて捉えた。そして、子どもが具体的場面でどちらが正しいかという価値選択の伴う道徳的葛藤（価値対価値のモラルジレンマ）に身を置くことで、個の認知構造における同化と調節の結果としてのシェマの増大をもたらす道徳判断の質的変化、つまり道徳性の段階的上昇を討論（ソクラテスの問答法的な）によって導き出そうとしたのである。それは、他律的な道徳性発達段階（「～である」）から自律的な道徳性発達段階（「～すべきである」）への規範性に関する質的に高次な認知構造の獲得を意味するものであり、そのための手立てとして、子どもを不均衡な状態、つまりモラルジレンマの中に置き、自らの道徳判断を基にしたディスカッション過程を通し、最終的に人間としてのより（善）い在り方・生き方の視点から主体的な問題解決を図れるような場（道徳授業）の構築を目指したのである。わが国では1980年代ごろから方法論的改善研究が進められ、多くの学校で様々な実践が重ねられてきた。

　このモラルジレンマ・ディスカッションが抱える問題点は、本来的な意味での価値葛藤（価値と価値との狭間での主体的価値選択）と心理葛藤（望ましい価値選択だが困難が伴う場合、それを回避しようとする選択といった心理的価値選択・反価値的選択）とが混同されやすい点、特に小学校段階ではここでいう価値葛藤のテーブルに就かせる状況づくりが大きなポイントとなる。また、ややもすると個別的な道徳性をもったすべての子どもが同様に段階上昇を目指さなければならないという心理学的な誤謬（ごびゅう：思い込みによる誤り）に教師が陥りやすい面も指摘される問題点である。そして、最後に指摘しなければならないのは、わが国の学習指導要領に示された道徳の内容項目は多岐にわたり、この方法論的アプローチではすべてが網羅できないことである。ただ、教師の側からすれば、手応えのある授業づくりが可能であろう。

図9　モラルジレンマ・アプローチによる授業基本型＊2時間扱い事例

次	指導展開過程	主な学習活動
第1次	モラルジレンマの提示（モラルジレンマの共通理解）	子どもに価値判断を促すモラルジレンマ（読み物資料等）を提示し、主人公の道徳的状況理解と役割取得をしながら論点を明確に把握させる。
	第1次判断とその理由づけ	ジレンマの中で主人公はどうすべきかを判断させ、その判断理由をワークシートに書き込ませる。
	価値判断とその理由づけを整理（発達段階の同定）する	個々の子どもの価値判断とその判断理由について整理・分類する。そして、その判断結果や理由づけに相互のズレが生じていることを確認させ、次の学習過程へとつなげる。
第2次	ジレンマの確認と第1次判断での結果を確認する。	再度主人公の葛藤状況を確認し、第1次判断での結果およびその理由づけについての個々のズレを明確にしておく。
	モラルディスカッションを行う。（論点→自己判断）	異なる立場からの意見交流を行わせ、その判断や理由づけについての対立点（論点）をより焦点化させる。そして、それらの討論結果を踏まえながら自分の主体的な考え方を明確化させる。
	第2次判断とその理由づけ	モラルジレンマの中で主人公はどうすべきかを再度判断させ、自分が納得できるその判断の理由づけをワークシートに書き込ませる。 （授業はオープンエンドで終了）

　このモラルジレンマ・ディスカッションアプローチによる授業手法では、小学校45分、中学校50分の道徳授業にすべて納めることが難しいことも少なくない。そのような場合は、2週続けての授業となるが、第1次から第2次へのつなぎの段階で、子どもが学習内容を鮮明に記憶に留めておけるようツァイガルニク効果（Zeigarnik effect：ズレが生じたままの未完了課題に関する記憶は

完了課題の記憶よりも残りやすく、想起されやすい）の活用が有効である。また、授業終末は個の主体性重視でオープンエンドとなる。

(3) 発達的視点からの人間力形成アプローチの検討
① 価値達磨構想が求められる背景

　先にも述べてきたが、わが国の道徳教育の方針やその要(かなめ)としての道徳の時間の目的、方法論は他国同様にその国情を背景にした独自なものである。そして、わが国の道徳教育は学校教育法施行規則によって学校の教育課程に位置づけられ、その指導すべき内容も学習指導要領によって明確に定められている。また、具体的な道徳指導の時間である「道徳の時間」については、昭和33（1958）年に特設されてから半世紀の歴史を刻んできている。そして、その時々の社会状況を背景に、多くの研究者や教育実践者によって様々な指導方法論、指導資料論等が提唱されてきた。それにもかかわらず、残念なことにその道徳指導の教育的効果、教育的実効性については保護者を始めとした多くの国民の理解を得るに至っていないのが実情である。

　その要因は何かと問うなら、複合的な事由が考えられよう。例えば、時代の変化にその指導法が対応できていないとか、指導する教師の側の思想を背景としたためらいが影を落としているとか、教員養成段階で道徳教育（半期2単位科目が圧倒的で、その内容面での片寄りも大きく学校教育の実情を反映していない）について全く何も学んできていないことに起因する教師の無理解が最大の理由であるとか、その責任転嫁論も様々である。ただ明確なのは、教育基本法第1条に定められている学校教育の目的「人格の完成を目指す営み」は、つまり、人間としてのよりよい在り方、生き方を追求する上で不可欠な道徳性の育成を目指す道徳教育と全く重なり合う事実である。

　換言すれば、学校の道徳教育が円滑に実施されていなければ、人格形成を目指す学校教育の何らかの部分で様々な問題点を抱えているとも指摘できるわけである。また、逆説的に捉えるなら、学校における教育活動全体を通じて行う道徳教育と密接な関連を図りながら計画的、発展的な指導によって補充、深化、統合する道徳の時間の指導（道徳授業）を充実させる方法論が各学校において

確立できるなら、その波及効果として学校で抱える様々な諸問題が緩和されることも疑いのないところであろう。このような視点から、人間力形成を念頭に置いた「価値達磨構想」の基本的アプローチについて以下に述べていきたい。

② 価値達磨構想という人間力形成アプローチの考え方

道徳教育でもっとも重要なのは、幼児教育の段階から青年期後期に至るまで、一人の人間の継続的育ちという視点で捉えていくことである。人間は生まれ落ちてから様々な周囲の支えを得てその生命を維持し、様々な人・こと・ものとのかかわりを保ちながら社会性や道徳性を発達させ、身体的にも、社会的にも、精神的にも自立（independence）し、他律的段階（heteronomy）から自律的段階（autonomy）へと自らの人格を形成し、高めていく。その継続的なつながり、深まり、拡がりが必須の道徳教育において、子どもに直接働きかける機会となる道徳授業の位置づけの重要性は今さら繰り返すまでもないであろう。

上述のことから考えると、わが国の道徳授業方法論的ベースとなるのは、戦前の修身科時代から連綿と引き継がれ、発展してきた道徳教化という一般的に用いられる方法（インカルケーション）であろう。ただ、子どもが児童期から青年期へ発達する過程ではこのインカルケーション的アプローチより、価値の明確化アプローチやモラルジレンマ・アプローチの方が個々の道徳性発達、道徳的価値観形成を促すという面でより効果的に機能するであろうことは推測できるところでもある。よって、一人の子どもの育ちという視点をもって小学校入学から中学校卒業までの9ヶ年間314時間におよぶ道徳指導計画の見通し、さらにいうなら、道徳性の芽生えを培う幼児教育段階から見据えた一貫プログラムを念頭に、それぞれの育ちの段階に応じた道徳指導方法を多様に組み合わせていく視点が不可欠なのである。

例えば、どんな感性が豊かで洞察力が優れている子どもであっても、やはり幼児期や児童期においては基本的生活習慣や道徳的慣習といった部分では道徳教化が必要である。やがてギャングエイジ期から思春期にさしかかり、個々の内面が嵐の時代（内面に抱える不安や怒り、自尊心、傷つきやすさ、強がり、性と暴力の衝動等々、この発達期特有の精神状態）を迎えたなら、そこでの道

徳教化は疎ましい存在でしかないであろう。そのような発達期の道徳授業アプローチは子どもの主体的な価値選択、価値創造欲求に基づくような展開がより効果的であるのは言を待たないであろう。換言するなら、道徳の種を蒔かなければ個々人の内面的資質としての道徳性は決して開花することはないのである。個々人に有する道徳の種が生長し、開花する過程では様々な道徳的葛藤、道徳的選択が必然的に伴う。それは、子どもの成長の道程に置かれた「つまずき石（道徳的感情体験の場）」である。何もなければただ通り過ぎる道程に石があるなら、それを目視して避けても通ろう、また、気づかずにつまずいて初めてその存在を認識することもあろう。感情体験の伴うつまずき石は、個々人の道徳的成長を促す「糧」でもある。ならば、道徳授業にあってもそのような機能を意図的に実現できるように、個々の子どもにとって「つまずき石」となるような道徳的感情体験の場を創出できるよう、複眼的な視点から心理学的アプローチ、教育学的アプローチと、わが国の道徳授業形態にアレンジして積極的に導入すべきであろう。

　ここで述べている発達的視点からの人間力形成アプローチとは、方法論ベースはわが国で広く浸透しているインカルケーション的アプローチに置きながら、子どもの発達的視点、子どもの成長過程を加味した方法論的視点を支えにした複眼的指導方法論である。よって、すべてこの方法論でといった発想はなく、むしろ、眼前の子どもの道徳的実態、道徳的育ちを正面から見据えた重点的指導の方法論としてその教育効果を期待するものである。

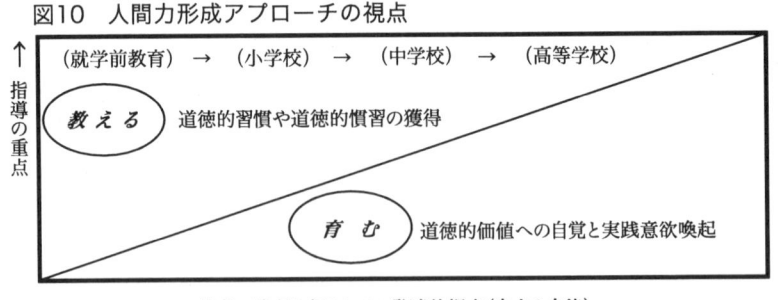

図10　人間力形成アプローチの視点

↑指導の重点

（就学前教育）→（小学校）→（中学校）→（高等学校）

教える　道徳的習慣や道徳的慣習の獲得

育む　道徳的価値への自覚と実践意欲喚起

学年の進行と個としての発達的視点（自立&自律）　→

③ 価値達磨構想で創る道徳授業

　今日においても、子どもの人格的成長を視座した方向的な目標設定のはずの道徳授業が、教科指導同様に教えるべき内容があることを前提に指導するといった内容的目標設定さながらに行われたり、道徳教材（道徳資料）の筋を順番に追いながら一問一答式に発問をくり返すような形式化した授業展開であったりする現状を打破できない現実があることも事実である。

　平成20（2010）年1月に中央教育審議会初等中等教育分科会教育課程部会より示された答申「幼稚園、小学校、中学校、高等学校及び特別支援学校の学習指導要領等の改善について」においては、道徳の時間の特質に配慮した道徳的学びの質的な深まりという視点での喫緊の課題が2点あげられている。

　a．道徳教材に頼りきったマンネリ型指導（形式化）の限界。
　b．学年段階進行に伴う道徳授業意欲の低下（子どもの実態と教師の指導観との齟齬）。

　これらの道徳授業阻止要因を打破するためには、本来的な子どもの道徳的学びを大切にする道徳授業展開が不可欠なのは疑う余地のないところである。特に問題視しなければならないのは、子どもの道徳的問題に対する自然性（人間としての喜怒哀楽感情に裏打ちされた道徳的なものの見方・感じ方・考え方）に基づく学びの構築必要性についてである。

　自然性とは、子どもの道徳的問題に対する感情である。いわば、十人十色の子どもたちが道徳教材として提示した道徳的問題をどう自己課題として受け止めたのか、そして、個々の主体性の発露である道徳的学びの芽としての自己課題を摘むことなく道徳授業をどう構築していけるのか、ここが要諦である。子どもが自らの感情の吐瀉(としゃ)として見出した道徳的学びの芽が教師に受け止められることなく、一方的に教師側の視点で授業展開されるなら、子どもは自らの主体的思考回路のシャッターを閉じ、教師の期待する答えを追い求める他律的推量ゲームに興ずるだけである。

　この大きな要因は、道徳教材（道徳資料）に対する過信である。かつて、デューイ（1902年）は「学習の質と量を共に決定するのは、他ならぬ子どもであって、教材ではないのである」(註4)と安易な教材過信を戒めている。特にわが

国の道徳教育の指導観、方法論、教材論についてはそれにかかわる研究者の学問的背景が哲学、倫理学、心理学、社会学、教育学等々の複合的に混在化した複合的学問体系（transpersonal discipline）となっているため観念論や心情論に流されやすく、カリキュラム、指導法、教材分析、教育評価といった科学的な視点からの理論研究が脆弱である。子ども個々の課題意識を出発点に道徳的な学びを創出しようとするなら、そこで重視されるべきは個別な道徳的体験＝道徳的学びの感情体験から道徳的経験へという「体験の経験化」プロセスが重要なのである。

　個々の道徳的体験とは、その身体ごと全我的に受け止めて意識化された生の感情が伴う直接認識である。それを整理し、他者のものの見方、感じ方、考え方等の客観的事実も踏まえながら抽象的認識へと知的加工したものが道徳的経験である。よって、道徳資料を教材化し、授業の俎上(そじょう)に載せるための教材分析過程で科学的視点がなかったら、このような体験から経験へという「体験の経験化プロセス」は実現しないことになるのである。例えば、読み物資料であれば、場面展開での登場人物の心情理解に終始したり、教材の特定部分から強引に道徳的価値を引き出して教化したりするようなことである。道徳教材から得た道徳的体験をそれで終わらせず、道徳的経験へと導くための子どもの主体的な学びを可能にする授業過程の創造は不可欠である。

　価値達磨構想での道徳授業では、その主題の核（コア）となる中心価値を追求する過程において、そこに連なる様々な関連価値をも同時に取扱いながら個々のこだわりや疑念を晴らしつつ、個の内面においてバランスよく道徳的価値観を形成していこうとするホリスティック（holistic：人格形成において全体包括的な）な道徳授業アプローチを意図している。つまり、多くの道徳授業で陥りがちな達磨最上部での道徳的学びのみではなく、その前段階として達磨の土台となる部分、達磨最上部をがっちり支える本体の部分もきちんと扱って、その道徳的問題と学ぶ子どもとの実感の伴う具体的接点を強固に保ちながら自我関与させる中で価値追求していけるようにと最大の配慮をしていくところに授業構想としての方法論的なポイントがある。

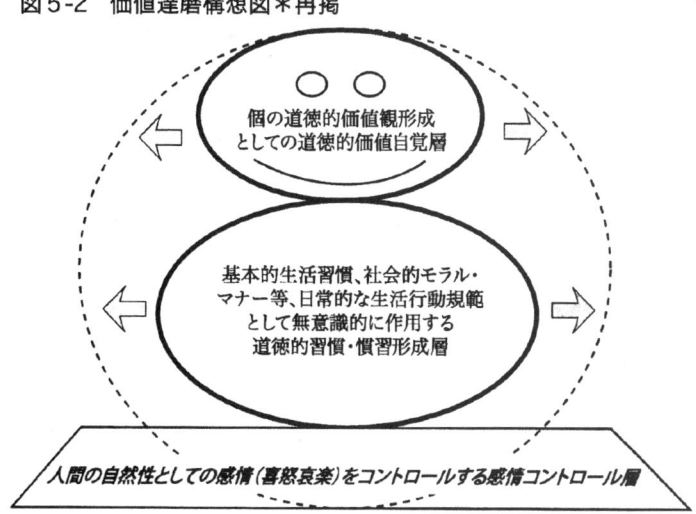

図5-2 価値達磨構想図＊再掲

```
   個の道徳的価値観形成
   としての道徳的価値自覚層

   基本的生活習慣、社会的モラル・
   マナー等、日常的な生活行動規範
   として無意識的に作用する
   道徳的習慣・慣習形成層

人間の自然性としての感情（喜怒哀楽）をコントロールする感情コントロール層
```

人格的成長としての価値達磨形成を目指す道徳教育モデル型

　価値達磨構想という３層構造（達磨の土台、達磨下段部、達磨最上部）の各部位を全体包括的に膨らます方法論的な枠組みは、子ども個々の道徳的なものの見方、感じ方、考え方を「感情コントロール層」（達磨の土台）、「道徳的慣習形成層」（達磨下段部）、「道徳的価値自覚層」（達磨最上部）の各層でまず受け止めるという考え方である。そして、その３層で構成される各層に配慮しながら片寄りなく個々の子どもの必然性に応じて課題追求させる中で、個人としての道徳課題、共同思考すべき共通課題（いわゆる主題にかかわる中心価値）への道徳的気づきを促すよう「課題意識に基づいて授業構想する」ところに方法論的なオリジナリティがあるのである。このような価値達磨構想では、これまで道徳授業の問題点として指摘されてきた以下のような改善課題をかなり解消できる有効な手立てであると確信している。

a．教師主導型の道徳授業から子ども主体の学びへの転換

　　個の内面において複合的かつ不可分な道徳的要素を伴って生ずる問題意識を、ただ効率性の視点から特定価値に限定して意図的な発問をくり出しながら価値自覚を迫るような、教師主導による画一的かつ紋切り型の道徳

授業を問い直すことができる。
  b．**個人課題と共通課題との両面での複眼的学びの促進**
    個々が道徳教材から捉えた自らの追求課題の解決を保障しつつも、同時にコアとなる集団的学びとしての共通課題（中心価値）も並行的に追求することで子ども個々のパースペクティブをより拡大する契機にできる。
  c．**重点的指導というパッケージ型ショートプログラムの構成**
    子どもの発達の視点、子どもを取り巻く日常的道徳生活実態を十分に考慮し、子どもの道徳的学びの主体性をきちんと受け止められるようなゆとりある重点的指導が可能になる。単時間扱いではまとまりに欠ける授業展開に陥る危険があっても、複数価値多時間追求というパッケージ型の授業プログラムであれば、子どもの切実な思いをしっかり受け止め、包括した余裕ある指導をすることができる。

　子どもが自らのこととして道徳的な学びをする時、そこには学び手の必然的動機と主体性がなくてはならない。価値達磨構想による授業では、子どもに気づかせるべきコア（主題を構成する共通課題）を一貫させつつ、なおかつ個が主題にかかわって抱く個別道徳課題（関連的価値）をも多面的かつ複合的な視点から同時追求させることで自らのパースペクティブを拡げていけるような道徳学習の場の創造を目指している。したがって、複数時間をかけてじっくりと取り組むことを可能にする重点的な指導という視点での授業構想が重要なポイントとなってくるのである。
　ここでいう重点的な指導とは、以下のような意味である。年間 35 時間（小学校第 1 学年は 34 時間）の道徳授業では、学習指導要領で示された内容項目を万遍なく指導することになっている。各学年段階によってその内容項目数（小学校低学年 16 項目、同中学年 18 項目、同高学年 22 項目、中学校 24 項目）は異なるが、すべて 1 時間ずつ取り上げたとしても、年間総時数から項目数を差し引けば、その余剰部分では子どもたちにとって必要とされる道徳指導にじっくり取り組むことが可能なはずである。それが重点的な指導である。
　重点的な指導の進め方は、大きく分けて 2 通りの方針が考えられる。この点

については前項でも触れたが、まず1点目は子どもの発達段階を考慮して重点化を図る方法である。例えば、小学校低学年なら幼児教育との接続に配慮し、基本的生活習慣の確立や善悪判断、規則遵守の態度を育成することが重要である。中学校段階であれば、人間としての生き方や社会とのかかわりといった観点から法や社会的ルールへの自覚化といった内容の指導が重点化されなければならないであろう。

あともう一つの視点は、子どもの道徳性発達と不可分な関係にある日常的道徳環境に配慮した重点的指導の在り方である。各学校の教育課程に基づく公式カリキュラム（formal curriculum：顕在的カリキュラム）にすら影響を及ぼす子ども同士や教師と子どもとの人間関係、教室や学習集団の雰囲気、学校風土や伝統、学校が置かれた地域の風土や環境等々の潜在的カリキュラム（hidden curriculum：見えないカリキュラム）に配慮した重点的指導が道徳教育では各教科指導に比べてより重要である。

潜在的カリキュラムは公式カリキュラムと密接に絡み合いながら、子どもの価値観や情操面といった様々な人格形成部面にまで影響力を及ぼす。そのような道徳環境を的確に把握しながら、子どものより健全な道徳性発達が促されるよう重点的な指導を行っていくことは極めて重要な方法論的視点である。その際、1単位時間毎に指導する指導方法も考えられるが、より効果的に指導するため複数時間によるショートカリキュラムを構成したり、幾つかの内容項目を関連づけながら連続的に指導するパッケージ型カリキュラムを構成したりすることで、より子どもの道徳的学びに寄り添った重点指導を実現しやすいのはいうまでもないことである。

④ 複数価値多時間同時追求型道徳授業の基本的な枠組み

その授業の中で子どもに気づかせるべきコア（共通課題）を一貫させつつ、なおかつ個が主題にかかわって抱く個別道徳課題（関連的価値）をも多面的かつ複合的な視点から同時追求させることで自らのパースペクティブを拡げていこうとする道徳学習の場の創造は、学習指導要領に規定される日本型道徳教育方途の理念に照らしても妥当なものであると考える。

図11　価値達磨構想による人間力形成アプローチの授業基本型

段階	指導展開過程	主な学習活動
導入	道徳的価値との出会いと自己課題の発見	道徳教材を介した価値との出合いを通して、感情面も踏まえた全我的かかわりの中で自分のこだわりとしての個人課題を設定させる。
展開Ⅰ	自己課題の発表と整理から共通課題の設定	個人課題の発表を通して個々の課題を分類・整理し、その核となる共通課題を設定することで、自ら追求すべき自己課題の意味づけ、中心価値への見通しをもたせる。
展開Ⅱ	共同思考活動による共通課題の追求	全体での語り合いによる共通課題追求を通して、自ら追求すべき課題との共通性を見出しながら、自己課題解決への見通しをもたせる。
展開Ⅲ	共通課題追求結果を基に個人課題を再吟味	共通課題追求過程で触れたものの見方、感じ方、考え方を基に、その価値と連なる自己課題を再度吟味・検討させる。
展開Ⅳ	個人課題追求結果の発表と価値情報の共有化	個人課題追求によって導かれた多様な価値観に触れることで価値情報を共有化し、共通課題への理解をより深め、視野を拡大させる。
終末	主題にかかわる価値内容の整理とまとめ	一連の学習活動で感じたこと、気づいたこと、考えたこと、知ったこと等を整理し、今後の生活に活かそうとする意欲をもたせる。

　この価値達磨構想による人間力形成アプローチ授業基本型では、「感情コントロール層」（土台）、「道徳的慣習形成層」（達磨下段部）、「道徳的価値自覚層」（達磨最上部）という各層を下から順番に取り扱うといった重ね餅のような形式的順序性を重視しているわけではない。道徳教材と出会い、その間接的追体験もしくは直接体験過程で全我的に感情体験する過程では、各層のレベルから生ずる様々な道徳的諸課題が渾然一体となって噴出するであろうから、それを個々の子どもが納得できるように丁寧に解きほぐしてやれば、道徳的人格を形

成する達磨の土台部分も、達磨下段部も、達磨最上部も整合性をもって耕されるはずである。そのための複数価値多時間追求型道徳授業パッケージによるプログラムであるから、丁寧に継続性をもって取り扱っていくべきである。

多時間扱いでの道徳授業は学習の連続性、課題意識の継続性という点で従来は難点を指摘されることもあった。しかし、子どもたちにとっては解決されずに残る学習活動、共有すべき学習活動がそのまま今後の学習として持ち越されるわけであるから、達成されなかった課題や中断している課題は「もっと知りたい」、「早く解決したい」という学習欲求を伴って記憶に残りやすいというツァイガルニク効果によって一貫的継続性を維持できよう。むしろ、そのような長期間にわたる学習は印象深く個々の子どもの内面に刻まれるに違いない。

この価値達磨構想による複数価値多時間追求型道徳授業では、子どもの発達段階や道徳的実態等を考慮しつつ、多面的な視点から重点的に指導していかなければならない価値内容については1主題1単位時間での指導にこだわらず、複数時間での小単元的なショートプログラムを構成して実施するところにメリットがあることを繰り返し述べてきた。いわば、幅広い人格形成の視点から調和的に道徳的価値への自覚を促すためには、各学校の道徳教育全体計画や各学年年間指導計画におけるスコープとシークエンスを視野に置くというカリキュラム論的な視点からも、明確な指導指針としての要件を満たすことにつながる点も意味するものである。

このようなカリキュラム論的な視点から道徳授業を問い直すと、1単位時間完結型授業には限界があること、子どもの道徳的実践力形成のために不可欠な教材および指導法、道徳的学び評価に対する共通理解をどう図るのかといった方法論的共有が必至であることが理解されよう。

つまり、価値達磨構想による人間力形成アプローチによる道徳授業は、「道徳の時間」の多様性追求を可能にし、わが国の固有な日本型道徳教育方途として半世紀の歴史を刻む実績を踏まえた至極妥当な試みでもある。

【第3章の引用文献】
(1) 勝部真長　『道徳指導の基礎理論』1967年　日本教図　p.171
(2) 村田　昇　『道徳教育論』1992年　ミネルヴァ書房　pp.159〜160
(3) 岩瀬六郎　『生活修身原論』　1932年　明治図書　p.2
(4) J.デューイ　『学校と社会　子どもとカリキュラム』市村尚久訳　1998年　講談社学術文庫　p.70

【第3章の参考文献】
(1) 文部科学省編　『小学校学習指導要領解説　道徳編』　2008年
(2) 文部科学省編　『中学校学習指導要領解説　道徳編』　2008年
(3) 平田宗史　『教科書でつづる近代日本教育制度史』1991年　北大路書房
(4) 鈴木博雄　『原典・解説　日本教育史』1985年　図書文化
(5) 土屋忠雄他編　『概説近代教育史』1967年　川島書店
(6) 海後宗臣他著　『教科書でみる近現代日本の教育』1999年　東京書籍
(7) 浪本勝年他編　『史料　道徳教育を考える』2006年　北樹出版
(8) 船山謙次　『戦後道徳教育論史』上・下　1981年　青木書店
(9) 間瀬正次　『戦後日本道徳教育実践史』1982年　明治図書
(10) 貝塚茂樹　『道徳教育の教科書』2009年　学術出版会
(11) 大西文行編　『道徳性と規範意識の発達』1991年　金子書房
(12) 日本道徳性心理学研究会編　『道徳性心理学』1992年　北大路書房
(13) S.フロイト　『フロイト著作集第6巻』井村恒郎訳　1971年　人文書房
(14) A.バンデューラ編　『モデリングの心理学』原野広太郎・福島脩美訳　1975年　金子書房
(15) A.バンデューラ　『社会的学習理論〜人間理解と教育の基礎〜』原野広太郎監訳　1979年　金子書房
(16) J.ピアジェ　『児童道徳判断の発達』大伴茂訳　1956年　同文書院
(17) L.コールバーグ　『道徳性の形成』永野重史監訳　1987年　新曜社
(18) L.コールバーグ　『道徳性の発達と道徳教育』岩佐信道訳　1987年　広池学園出版部
(19) C.ギリガン　『もうひとつの声〜男女の道徳観のちがいと女〜』岩男寿美子訳　1986年　川島書店
(20) 山岸明子　『道徳性の発達に関する実証的・理論的研究』1995年　風間書房
(21) N.J.ブル　『子供の発達段階と道徳教育』森岡卓也訳　1977年　明治図書

第4章　道徳授業の基本構造と新たな授業創造

1　「道徳の時間」の特質を踏まえた道徳授業

　本章は人間力形成アプローチによる道徳授業の創造というより、学習指導要領に基づいて各学校での教育課程として位置づけられた道徳授業が円滑に実践され、子どもたちにとって有意味なものとなるための共通理解事項の確認としていきたい。つまり、共有すべき道徳授業の基本構造理解がまちまちでは望ましい教育成果を導き出せないであろうことを念頭に、その基本的な考え方を道徳授業の構造（道徳授業方法論）、道徳教材の特質（道徳資料論）、道徳学習指導案作成手順の実際といった各側面から具体的に論じていきたい。

（1）教育課程における「道徳の時間」の特質

　道徳教育は小・中学校学習指導要領「総則」に示されているように、学校の教育活動全体を通じて取り組むことが原則である。そして、道徳教育充実・改善を視野において明確化された校長の方針の下、道徳教育推進教師を中心に全教師が協力してその学校の教育課程としての道徳教育諸計画を立案し、実施、改善していくべきものである。よって、学校の教育計画が円滑に展開されるようその任にあたる責任者として学校教育法に規定された校長の指導方針がとても重要となってくるのである。

　前章でも触れたように、「道徳の時間」での指導、つまり道徳授業は各教科等におけるその特質に応じた道徳教育と密接な関連性を重視しながら、意図的かつ計画的、発展的に指導することで、そこでの道徳性形成の足りない部分を補充してやり、自らの在り方や生き方にかかわることとして深化してやり、個の内面でその道徳性発達実態なりに得心できるように調和的に統合してやることにその目的がある。そして、一連の過程を通じて道徳的価値への理解を深め、それに基づいた人間としての在り方や生き方についての自覚に基づいた個の内

面的資質としての道徳的実践力を育成していくことに道徳の時間の特質と意義が見出されるのである。

よって、道徳授業では各教科等での指導に増して、よりきめ細やかな指導上の配慮が必要となってくる。そして、その前提にしなければならないのは当たり前のことであるが、子ども自身が自らの道徳性をその内面に育むことで道徳的成長を実感でき、新たな課題を発見し、未来展望を描けることである。これら道徳授業の理念を踏まえ、指導上配慮したい留意事項を以下に述べたい。

① 豊かで実践的な協同指導体制の構築

小学校のみならず、中学校においても道徳授業を行うのは学級担任が原則である。学級内の子どもと継続的に触れ合う時間も長く、個々の子どもの道徳的実態をいちばん把握しているのが学級担任だからである。

しかし、親密さの裏返しとして甘えが生じたり、子どもの興味・関心を喚起する多様性のある学習活動がマンネリ化して平板になりやすかったりする弊害も併せもっている。

そこで、指導する内容項目や他の教育活動との関連で指導効果が期待できる場合は、校長、副校長、教頭、主幹教諭、指導教諭、教諭、養護教諭、栄養教諭等々、校内教職員に授業参加してもらうことも積極的に進めたい。もちろん、様々な分野の専門家も含めた地域人材等を授業へ招聘することで、学びの知的好奇心喚起や課題意識継続化に考慮した協同指導体制も学校全体でアクティブに構築したい。そして、さらに大切なことは、学校全体で子どもの健全で健やかな成長を願って取り組んでいるというメッセージを子ども一人一人に向けて発信することである。

② 子どもの発達的特性を踏まえた臨機応変な授業づくり

子どもの道徳性は個別的であり、その子どもなりの個別な道徳的体験、道徳的経験を踏まえてスパイラルな形で徐々に高まってくると考えられる。よって、個人差がある子どもたちに対する道徳指導においては、一定の受け入れ許容幅の広さと展開の柔軟さが必要である。また、道徳的体験や経験の乏しい子ども

に対しては、学校における様々な教育活動での体験活動を意図的に道徳授業へ取り入れたり、道徳授業そのものの中で実物に触れたり実際に体験したりするようなフレキシブルで創意溢れる授業づくりを心がけたい。

もちろん、道徳授業の目的は他での道徳的な学びを補充、深化、統合する時間であり、直接的な道徳体験そのものを実施することが目的であってはならない。また、子どもの好奇心を満たすことを優先し過ぎて奇をてらうだけの授業では用をなさないことはいうまでもない。

③ 多様で拡がりのある道徳教材（資料）の開発

道徳授業を子どもの道徳的価値観形成へ効果的に機能させていくためには、そのきっかけとなる道徳教材が必要である。道徳授業に相応しい資料収集、資料を具体的な指導材料として教材化する資料開発プロセスは、授業そのものの成否を左右するといっても過言ではないだろう。

道徳授業における道徳教材の役割は、子ども一人一人の道徳的価値観へ働きかけ、自覚化を促すきっかけとして機能することである。同時に、個々の道徳的なものの見方、感じ方、考え方をつなぎ、深め、拡げる共同思考のための共通素材としての役割も担っている。

そこには学び手である子どもの教材受け入れ感情の善し悪しという要素、授業の担い手である教師の本時目標達成という要素、この双方の求めるものがマッチングするような道徳教材開発が不可欠な要件となる。そこにこそ、教科教育よりも教師の主体性が発揮される道徳授業の特質がある。

さらに、その道徳教材開発に関して言及するなら、教師が子どもたちと共に考えていきたい、共に感動を共有したいと心底感じられるような内容の素材が大切であろう。押し付け的な意図がなければ、教師のその思いは子どもたちの道徳的学びの意欲を喚起し、授業目標として設定した主題にかかわる道徳的価値への自覚化を促進することは間違いないであろう。

小・中学校学習指導要領解説「道徳編」には、道徳教材として具備すべき基本要件、望まれる選択要件等が以下のように述べられている。このような指針を参考に、子どもたちに望まれる適切な道徳教材開発を進めていきたい。

［道徳授業で用いられる教材として具備すべき基本要件］
　ア．人間尊重の精神にかなうもの
　イ．ねらいを達成するのにふさわしいもの
　ウ．児童生徒の興味や関心、発達の段階に応じたもの
　エ．多様な価値観が引き出され深く考えることができるもの
　オ．特定の価値観に偏しない中立的なもの

⇩

［道徳教材として選択する際の望ましい要件］
　ア．児童生徒の感性に訴え、感動を覚えるようなもの
　イ．人間の弱さやもろさに向き合い、生きる喜びや勇気を与えられるもの
　ウ．生や死の問題、先人が残した生き方の知恵など人間としてよりよく生きることの意味を深く考えさせることができるもの
　エ．体験活動や日常生活等を振り返り、道徳的価値の意義や大切さを考えることができるもの
　オ．悩みや葛藤等の心の揺れ、人間関係の理解等の課題について深く考えることができるもの
　カ．多様で発展的な学習活動を可能にするもの
　　　　　　　　（小学校学習指導要領解説 p94、中学校同 pp.98～99 より引用）

　また、子どもたちにとって魅力ある教材の開発という視点から、伝記を基にした人間の生き方、雄大な自然、後世へ継承し誇るべきわが国の伝統や文化、スポーツを通した人間の姿等々、様々な題材を取り入れ、活用していくことが今後ますます求められよう。
　なお、道徳教材についてはこれまで多くの道徳資料論が展開されている事実を踏まえ、別に項を起こして論じていきたい。

④　自己表現することで成長を実感できる学びの場の創出
　道徳授業においては、教材に含まれた道徳的課題に対する個々の子どものものの見方、感じ方、考え方の交流を通して個としての道徳的価値観形成を培っ

ていく学習活動が主体になる。読んだり聞いたりして感じる、書いたりコミュニケーションしたりして考える等々、「言葉」を介した活動抜きに成立しない。これも教育課程上の大きな特質である。語り合いといったコミュニケーションによる表現活動のみならず、言葉によって感性的側面や情緒的側面が大いに開花してくる。

　道徳の時間は国語科の指導とは異なって、直接「言葉の指導」をする場面ではない。しかし、各教科で培った「言語力」・「表現力」を道徳授業で活用しながら、さらにそこでスキル形成できるような配慮を教師は意図していく必要がある。自らのものの見方、感じ方、考え方を思い通りに自己表現できることは、学びや自己成長の充実感を実感することそのものでもある。その基礎づけとして、「言語活動」を重視した道徳授業づくりをよりいっそう考慮していく必要がある。

⑤　現代に生きる子どもの課題をも踏まえた授業計画の構想

　今日の社会は、これまで誰もが経験したことのない速さで急激な変貌を遂げつつある。様々な情報機器の普及は情報伝達、情報共有等で世界の心理的距離感を縮めつつある。反面、その社会的な陰の部分がクローズアップされてきたのも現代社会である。もてる者ともたざる者の情報格差、所得格差を顕在化させている。さらには、人間関係の希薄さがもたらす社会的疎外、孤独感といったメンタルな部分でのケアの必要性が徐々に高まってきている。だからこそ、子どもたちを取り巻く社会の歪み現象を的確に把握し、集団受容感を感じられる授業づくり、子どもが自ら意志決定できるような授業づくり、自分は必要とされる存在であると実感できる自己有用感の伴う授業づくりをしていくことが求められるのである。

　学校の教育課程全体で考えるなら、子どもたちに自らの居場所をもっとも確認させやすいのは道徳授業であることを大いに自覚すべきである。

⑥　道徳プロジェクトという連携型一体指導体制の確立

　道徳指導に対して、ややもすると敬遠しがちな教師も少なくない。その、主

たる要因は「自分などに道徳は教えられない」といった誤解である。日々成長し高まる存在が人間である以上、年齢的な違いはあっても人格の完成を目指して常に修養を重ねているという立場から考えるなら、人は誰しも同一の立場に立つ。教師が指導できなければ、子どもと共に師弟同行で道徳的な道標（メルクマール）を目指せばよいのである。

それでもおぼつかないなら、教師集団や保護者、地域を巻き込んだ道徳教育推進体制を組織するのも効果的である。学校内にも、保護者にも、地域にも、至るところに様々な分野に長じた人材がいるものである。そのような多くの人々の人間力や教育力に子どもが触れた時、有形無形なたくさんの学びを体験するに違いないであろうし、それを道徳授業で経験化していくなら、きっと忘れがたい人生の糧を得ることになるだろう。

道徳プロジェクトといった名称の是非はともかく、教育課程への保護者、地域の参加によるチーム型指導体制を組織化していくことは今後の学校教育における道徳教育充実の大きな布石になろう。

⑦ 子どもの学びを全受容する指導者の自覚

道徳教育と各教科との決定的な差異は、その学びの評価にある。各教科では毎時間到達させるべき内容が伴う。そのような内容的目標設定に対し、道徳授業では個々の子どもの将来的な生き方に収斂(しゅうれん)されるような方向的目標設定となる。よって、その指導とそれに伴う教育評価の在り方も必然的に違ってこよう。つまり、安易なラベリングやランクづけのための評価ではなく、子どもの学びのよさを見取り、励ますような評価が必要となる。

小・中学校学習指導要領第3章「道徳」第3「指導計画の作成と内容の取扱い」5には、「児童（生徒）の道徳性については常にその実態を把握して指導に生かすよう努める必要がある。ただし、道徳の時間に関して数値などによる評価は行わないものとする」と述べられている。この一文が意味するものは、道徳授業における子どもの学びの評価はラベリング、ランクづけといった素点化された定量的評価（measurement）を行うこと、目標に照らした個々の子どもの道徳的学びの量を学習成果として価値づける質的評価（evaluation）をするこ

とが適切ではないという戒めである。
　なぜなら、道徳授業開始時における個々の子どもの道徳的実態は日常的道徳生活に根ざした個性的なもので、スタートフリーの状態から開始される。そして、道徳授業終了時に個々の内面に培われた道徳性は全員が均一に一定レベルまで高まっていなければならないといった性質のものではなく、ゴールもまたフリーである。その点で、個々の子どもの道徳的学びのよさを志向するスタートフリー、ゴールフリーを前提にした評価をするためには、あくまでも個に視点を置いた未来志向的な学びの見取りとして個人内評価（assessment：その子の生き方のよさ、学び方や人格的に高まろうとする成長の足跡の見取り）にならざるを得ないのである。道徳授業における評価は、指導の見取りとしてその子の道徳的学びの文脈に寄り添う学習過程重視の評価をしていくという発想が常に必要であることを指導者としての教師は自ら戒めていくことが肝要である。
　いい尽くされた感はあるが、「道徳授業には決まった答えなどない」という名言、教育課程における道徳の時間の特質を大いに物語っていよう。

（2）道徳授業づくりの要点

　ここまで再三述べている通り、道徳授業はこうでなくてはならぬといった定型的な縛りや制約があるわけではない。もちろん、道徳教育や道徳の時間の目標、指導内容項目等は学習指導要領で規定されてはいるが、その内容は指導上の指針にこそなれ、教師の柔軟な道徳授業展開を妨げるような性格のものではない。ここでは、教師が自らの明確な指導指針をもって道徳授業に臨む際に必要とされる授業づくりの要点を取り上げていきたい。

① 子どもへの信頼を前提にした授業づくり

　子どもは時代や地域を問わず、本来的によりよく生きる存在である。生きることへの本能的欲求にしたがって、自らを精一杯に自己表現しながらよく生きようとしている。その表現方法の巧みさ、稚拙さ等の問題は別として、一人一人がよりよく生きる存在であることを認めるところから道徳授業は出発する。
　しかし、口でいうのは容易いが、実際の指導場面でそれを実践するとなると

たちまち暗礁に乗り上げてしてしまう。その大きな要因は、教師と子どもの生活経験量の差である。

　大人である教師は、自らの豊富な人生経験を背景に子どもたちを導こうとする。なぜなら、子どもたちが繰り返す試行錯誤的な試みの結果が推し量れるからである。そのためつい先回りし、教師が正しいと判断する方向へと子どもたちを誘導してしまうのである。これでは、子どもたちが自らの力で自分の歩むべき道を選び取ることになろうはずがない。意図するねらいが露わになった道徳教材を用い、予め構成された発問（教師が子どもに問いかける言葉）で迫るなら、子どもたちは主体的な学びを展開したくてもできようはずがない。形式的な問答に終始する道徳授業で子ども一人一人の内面に心のくさびを打ち込むことができるのか、大いに疑問である。

　道徳授業づくりの第一歩は、子どもを信頼し、正しい答え（大切にすべきものの見方、感じ方、考え方）は個々に見出すものであるという姿勢で、いつでも修正可能な指導腹案をもって教師が臨むことである。

②　子どもの自立と自律の芽を大切にした授業づくり

　道徳教育の究極的な目的は人格の完成を目指すことであり、学校教育の目的と符合する。ならば、目指すべき人格の完成とは何かということになろうが、その結論は、個性ある一個の人格を有する人間が自らの人生を自立的かつ自律的に生きることに尽きよう。道徳授業でもっとも重視していくべきことは、子どもの発達特性を考慮しながらも主体的に生きようとする意欲や態度を培っていくことであろう。

　道徳授業は、その時間での指導が即座に結果として次時へ継続されなければならないといった内容的目標設定にはなっていない。むしろ、子どもの日常的道徳実態を見据えながら、そこでの身辺生活的な自立心や個としての精神的な自立心を促したり、自らをセルフコントロールしようとする自律心や他者とのかかわりの中で協調的に自己発揮しようとする自律心を涵養する大切な場として道徳授業は活かされるべきである。

　他者との語り合いの中で感情体験したり、あるいは道徳的葛藤を前に自問自

答したりすることでその自立と自律の芽は緩やかに、伸びやかに育まれるものであることを期待したい。ゆえに、拙速に指導としての見栄えのよさや目先の態度変容成果を求めない師弟同行の求道の場として、道徳授業を大切に組み立てていきたい。所詮、押し付けによる他律的な変容は一過性のものであることを肝に銘じたい。

③ 人間相互のかかわりを体現した授業づくり

　人は誰しも、自分では何もできない無力な存在としてこの世に誕生する。そこで母親とかかわり、家族とかかわり、大勢の人とかかわり、様々なものや様々なこととかかわって日々成長を遂げることとなる。ならば、人間としてのよりよい在り方、生き方を追求する道徳授業にあっては、まず教師と子ども、子どもと子どもが相互にかかわれなくてはその用をなさないということになろう。そして、それを取り結ぶキーワードは、表現活動である。
　子どもが自らのものの見方、感じ方、考え方を自己表現しなかったら、他者からの批判や同調といった返報性の伴う感情体験を味わうことなく終わる。それでは、道徳的問題に自分からかかわるという学びへの主体性を放棄したに等しい無為な時間を過ごすこととなるのである。
　また、日常的にかかわりの深い教師や級友と道徳的問題について語らうということは、そこでの新たな気づきを可能にする。具体的な例を挙げれば、国語科教科書で不動の位置を占めている文学教材『ごんぎつね』の作者として知られる児童文学者新美南吉（1913〜1943）の作品が理解を得やすいであろう。新美は、時代を超えた不朽の名作を数多く残しているが、その中に『でんでんむしのかなしみ』[註1]という短編作品がある。自己表現から相互的な表現活動へと発展させた結果、その返報性によって多くの気づきをし、大切な学びをした主人公「でんでんむし」の姿が明瞭に描かれている。

［新美南吉作『でんでんむしのかなしみ』のあらすじ］

　一ぴきのでんでんむしがいて、ある日、そのでんでんむしは大変なことに気づきます。
「わたしは　いままで、うっかりして　いたけれど、わたしの　せなかの　からの　なかには、かなしみが　いっぱい　つまって　いるではないか」と、このでんでんむしは嘆きます。　　自らの問題への気づき

　そこで、でんでんむしはお友だちのでんでんむしのところへ行って、「わたしは　もう、いきて　いられません」と悩みを打ち明けます。
　すると、そのお友だちは「あなたばかりでは　ありません。わたしの　せなかのからの　なかにも、かなしみは　いっぱいです」と答えます。
　自分だけで解決できない問題は、客観的情報を集めて解決する

　「それはかわいそうに」という慰めを期待したでんでんむしは、意に反する答えにがっかりし、また別のお友だちをのところへ行きました。すると、そのお友だちも「あなたばかりじゃ　ありません。わたしの　せなかにも、かなしみはいっぱいです」と答えます。こうして、お友だちを順に訪ねたでんでんむしですが、どの友だちも同じことをいうのでした。
　より多くの客観的付加情報を収集して問題解決を図る

　とうとう、はじめのでんでんむしは、気がつきました。つまり、「かなしみは、だれでも　もって　いるのだ。わたしばかりではないのだ」という事実です。
　自らの力で成し遂げた自己課題の解決

　でんでんむしは、そこで「わたしは、わたしの　かなしみを、こらえていかなきゃ　ならない」と決意します。そして、もう嘆くのをやめたのでした
　自らの生き方についての自覚と決意

以上のように、新美南吉はでんでんむしの姿を通して人とかかわり合うことの大切さ、自己表現し、相互理解し合う表現活動の大切さを私たちに切々と訴えかけてくる。

自己表現しなかったら、どんなに考えていても、どんなに感じていても、その思いは他者に伝わらない。伝わり合わないのだから、それはとうてい他者には分かってもらえない。かかわり合うことは自己表現する側に大きな気づきをもたらすと共に、その表現者同士が共感的理解に基づいて相互受容し合うことでもあるのである。社会的存在、人と人との「人間（ジンカン）」に生きる存在としての子どもと教師が互いに胸襟開いて語り合い、自らの在り方や生き方を振り返り、これからを展望していく時間としての道徳授業では、やはり意図的にかかわり合う、表現活動し合う学習の場となるよう最大限の配慮と工夫に傾注すべきである。

(3) 道徳授業（道徳学習指導案作成）の基本構想

ここまでの道徳授業の特質や要点を踏まえ、実際の指導をイメージするために道徳学習指導案を作成するという視点から授業構想してみたい。

① 道徳学習指導案とは何か

道徳学習指導案とは、本時のねらいを達成するため、年間指導計画に基づいてどのような道徳的内容をどのような方法や手順で指導し、児童生徒へ具体的な道徳的実践力として身に付けてさせていくのかという授業展開の道筋を示したものである。道徳学習指導案には、その指導展開を詳しく示す「細案」と、大要を簡略化して示す「略案」とがある。

また、道徳学習指導案には、これといったまとまった形式が決まっているわけではない。各学校における道徳指導の創意工夫が盛り込みやすい形式、教師が相互の授業参観を通して指導改善のための研鑽を深められる形式のものが望まれる。ここでは、ごく一般的に用いられている形式の道徳学習指導案をモデルに、そこで指導案として構成される主な項目とその記述すべき内容について述べていきたい。

なお、道徳学習指導案には一律の定型がないことから、より実践的な視点から学校独自で、あるいは行政地域内等で検討しながら新たに項立てすることも一向に差し支えない。また、学習指導案としての機能や役割を考慮すると、同じ授業であってもその見方は変わってくる。例えば、以下のような捉え方である。

> ☆教師の側から見れば・・・・学習指導展開構想案（道徳学習指導案）
> ☆子どもの側から見れば・・・学習活動プロセス案（道徳学習活動案）

道徳学習指導案は、教師の視点での「道徳指導案」、児童生徒の視点での「道徳学習活動案」と、意図的に区別されて称されることもある。当然、その立場によって項目内容に関する記述の視点が異なるのはいうまでもない。ただ、大切なのは、道徳学習指導案はあくまでも「教師の腹案」に過ぎないということである。いわば、道徳学習指導案は計画案である。その授業において教師が子どもたちの思考力や判断力、表現力等を大切に引き出しながらきめ細やかな指導を実現していくための授業設計図が道徳学習指導案である点を勘案するなら、実際の授業展開においては必要に応じて臨機応変に修正を加えながら展開する勇気と覚悟が常に求められるということでもある。

いたずらに教師の指導計画を子どもたちに押し付けたり、子どもをただの聴衆のような立場に追いやったりするだけの道徳学習指導案なら、それこそ最初から不要なものなのである。

初めに学習指導案ありきではなく、あくまでも子どもの学びを効果的に引き出すための学習指導案であることを戒めとしてほしい。

② **道徳学習指導案を構成する項目**

次に示す道徳学習指導案の形式は、一般的によく用いられる構成項目を中心にモデル的に再構成したものである。それを手がかりに、様々な用途に応じて指導案形式をアレンジし、授業者にとっても、共に研鑽し合う参観者にとっても、活用しやすいものとしていくことが大切である。

〈道徳学習指導案形式例〉

第（　）学年（　）組　道徳学習指導案

指導者（　　　　）印

1. 日　時　平成（　）年（　）月（　）日　第（　）校時
2. 場　所　（　　　　）
3. 主題名　（　　　　　　　　）　内容　−（　）
4. 教材（資料）名　「　　」（出典　〇〇副読本『　　』〇年用）
5. 主題設定の理由
   (1) ねらいとする価値について
   (2) 児童（生徒）の実態について
   (3) 道徳教材（資料）について
6. 評　価
7. 本時の指導
   (1) ねらい
   (2) 展　開

	学習活動	主な発問と予想される反応	留意事項と評価
導入	1.		
展開 ＊前段 ＊後段	2.		
	3.		
終末	4.		

＊この指導案は、あくまでもモデル形式である。

③ 道徳学習指導案構成項目とその内容

　道徳学習指導案は実際に活用されて初めて役立つものである。よって、それがただの画餅に終わらないよう子どもの道徳的実態に即して作成することが大切である。以下に学習指導案を構成する各項目とその内容記述の留意点について解説する。

【道徳学習指導案構成項目とその内容解説】
★学習指導案は形式にとらわれることなく、実践的視点から作成してほしい。
　　　　　第（　）学年（　）組　道徳学習指導案
＊学年、組を明記することで、授業対象者を参観者が確認できるようにする。
　　　　　　　　　　　　　　　　　　　　指導者（　　　　　）印
　　　　　　　　　　　　　＊本来は指導者氏名の後に押印する。

1. 日　時　平成（　）年（　）月（　）日　第（　）校時
　＊授業を行う日、校時、開始時刻等を明記する。

2. 場　所　（　　　　　）
　＊外部参観者がいる場合は「教室」だけでなく、○○校舎○階と明記。

3. 主題名　（　　　　　　　　）　内容　−（　）
　＊その時間の指導内容を適切に表したものを記述する。一般には年間指導計画に示された主題名（ねらい＋教材（資料）で構成された主題を適切に表現したもの）を適宜用いる場合が多い。
　　（例）誇りをもって生きる　高1−（4）
　◇視点1：本時で目指すべきねらいを的確に体現しているか。
　◇視点2：主題名から本時の授業展開イメージがもてるか。

4. 教材（資料）名　「　　　」（出典　○○副読本『　　　』○年用）
　＊その時間で用いる資料の出典を明らかにしておく。そうすることで、他者が参考にしようとそれを見た場合、どのような道徳資料の教材活用がなさ

れたのか一目瞭然で分かるようにする。
　（例）資料名「手品師」（出典　文部省資料　小学校高ー4）
　◇視点1：子どもの道徳的実態、発達特性を踏まえて資料（教材）を選択しているか。
　◇視点2：著作権等をクリアした適切な教材であるかどうか。
　（例）資料名「手品師」（出典　文部省資料　小学校高ー4）

5．主題設定の理由
（1）ねらいとする価値について
　＊その時間で問題とする道徳的価値（内容項目）についての捉え方とねらいを設定した理由、この指導に込める教師の願いや児童生徒に培いたい道徳的実践力について記述する。
　◇視点1：授業者として本時で問題とする内容項目に関する道徳的価値をどう理解し、子どもたちにどう気づかせようとしているのか。
　◇視点2：本時で自覚化を促そうとしている道徳的価値（中心価値）と、それに連なる関連価値（不可分に関係する価値）を授業者としてどう捉えているのか。
（2）児童（生徒）の実態について
　＊ねらいとする価値にかかわるその学級在籍児童生徒の道徳的実態について具体的に記述する。
　◇視点1：設定したねらいが、子どもの道徳性発達においてどのような意味をもつのか。
　◇視点2：子どもにこの時間を通してどのような道徳的実践力を具体的に培いたいと考えているのか。
（3）道徳教材（資料）について
　＊その教材（資料）を選択した理由（発達段階、資料の特質等）、その資料を教材化した際の資料分析（資料内容の構造）結果からどのように本時のねらいに迫るのか、また、どのような展開を可能にしてどんな道徳的実践力形成へ発展させたいと考えているのか等々、授業構想にかかわる教材とし

ての資料の役割について述べる。
◇視点1：選択した道徳教材の内容はどのように構成されていて、具体的に指導する際はどの部分をどう活用しようとしているのか。
◇視点2：子どもの日常的道徳生活と本時で教材化した資料がどのように重なり合い、どのような受け止め方をされると想定して授業構成しようとしているのか。

6. 評　価
 ＊その授業における評価は、教師の側での評価と児童生徒の道徳的学びについての評価という2視点がある。
 ◇視点1：誰の側のどの視点から評価しようとしているのかが明確になっているか。
 ◇視点2：具体的な評価の観点が明確にされているか。特に児童生徒の道徳的学びの見取り評価については、観点を示すと共にその評価規準、評価基準を明確にしているか。
（例　教師の側から評価する場合に考えられる評価項目）
 ①ねらいに対してどうであったか。（観点：ねらい設定について）
 ②児童生徒の実態と照会して、用いた道徳資料の選択や教材化活用は適切であったか。（観点：道徳資料・教材化活用について）
 ③道徳的実践力育成の視点から、指導方法や授業展開は適切であったか。
　（観点：指導方法や指導の工夫について）
（例　児童生徒の側から評価してもらう場合の考えられる評価項目）
 ①今日の授業から何を学んだのか。（観点：ねらい理解について）
 ②今日の資料は、普段の自分の生活と重ね合わせて考えることができたか。（観点：道徳教材・資料活用について）
 ③今日の授業に進んで参加することができたか。それは、どんなことだったか。（観点：指導方法や指導の工夫について）
（例　児童生徒の側から観点別に評価を求める場合の項目）
 ①リフレクションシート（授業振り返りシート）でその時間の自分の学び方

を自己評価させたり、相互評価させたりする。
(学習充実実感側面)
　〇あなたはみんなが問題にしていることを理解していましたか。
　〇話合いでの友達の意見は、自分の考えをまとめる時に役立ちましたか。
　〇主人公の行いや生き方について、自分ならという考えをもつことができましたか。
(学習促進環境充実実感側面)
　〇あなたは自分の気持ちをしっかりとみんなに伝えることができましたか。
　〇みんなは自分の考えを聞いてくれていると感じましたか。
　〇あなたは自分から進んで学習していたと感じましたか。
＊設定した観点と、授業での個々の学びをワークシート記述内容や発言逐語録等と関連づけながら見取る方法が考えられる。
②パフォーマンス評価（評価規準例）
資料例：「ないたあかおに」文部省　小学校道徳指導資料第2集第2学年
(観点：「関心・意欲・態度」)
　〇自分が赤おになら、青おににどうすればよいかを考えることができる。
(観点：「思考・判断・表現」)
　〇なぜ青おにが赤おにを残して旅に出たのか、その理由を発表できる。
(観点：「技能」)
　〇旅に出た青おにへの赤おにの気持ちを書いてまとめることができる。
(観点：「知識・理解」)
　〇友だちにどのように接したらよいのかを説明することができる。
＊このパフォーマンス評価の目的は、ねらいに対して子どもの学びを価値づけることが目的ではなく、個々の学びのよさを具体的な観点から見取って、認め励ましていくことである。よって、子どもの学びをパフォーマンス評価するという方法論的な視点から見れば、道徳授業の特性を踏まえながら、「人・こと・ものとのかかわり」、「道徳的価値に対する理解・判断」、「道徳的実践へのイメージ化」、「自己実現に向けての意志決定」といった各主題の具体的な評価規準を設定していくことも可能である。そして、それら

のパフォーマンス評価とワークシートやノート記述内容、発言内容等々をポートフォリオ（学びの様子を綴じ込んで個人ファイルに保存していく）として蓄積することで、一定期間内における子ども個々の道徳的成長を垣間見ることが可能になってくる。

なお、以上のような評価規準に対してどの程度達成できていると自己評価したり、相互評価したりする際の達成度レベルを表すのが評価基準である。この基準は「よくできた」、「できた」の2段階でもよいし、「よくできた」、「だいたいできた」、「もう少し」の3段階でもよい。要は、子どもの道徳的実態に即して見取りの基準を設定することが大切なのである。

7. 本時の指導
(1) ねらい
＊その時間で身に付けさせたいと考える道徳的価値を、道徳教材と関連づけながら具体的に設定する。
◇視点1：その時間で具体的にねらう道徳的価値を学習指導要領の項目内容と照合し、焦点化および具体化して明確に設定する。
◇視点2：その主題を指導することで身に付けさせたい道徳性（心情、判断力、実践意欲・態度）のどの側面を重点化して追求するかを明確に設定する。
(例) ○自分に正直に生きることのすがすがしさに気づかせ、いつも明るい心で生活しようとする態度を育てる。
＊誠実で正直な生き方価値への気づきを促し、態度化をねらう場合。
＊情意的側面の陶冶を目指すなら、「～する心情を育む」、認知的側面を重視するなら、「～についての判断力を育てる」等となろう。

(2) 展　開

	学習活動	主な発問と予想される反応	留意事項と評価
導入	1.		

【本時展開　導入部分】
　その時間で学習する道徳的価値への方向づけをしたり、資料の内容に興味をもたせたりする。(短時間で行えることが望ましい)

	学習活動	主な発問と予想される反応	留意事項と評価
展開＊前段	2.		

【本時展開　展開前段部分】
　資料化した道徳教材を提示し、登場人物に自分の日常を重ね合わせながら道徳的なものの見方、感じ方、考え方を個々に価値追求させる場面である。その際に重要なのは、資料内容の共通理解、語り合い（話合い）の内容を焦点化して明確にすることである。

	学習活動	主な発問と予想される反応	留意事項と評価
＊後段	3.		

【本時展開　展開後段部分】
　資料から離れ（心理的に間接性をもたせるということ）、自分たちの日常生活を見据えながら道徳的価値についての自覚化を促すようにする場面である。

	学習活動	主な発問と予想される反応	留意事項と評価
終末	4.		

【本時展開　終末部分】

　その時間の中で迫る「ねらいとする価値」についての整理とまとめをする場面である。特に留意したいのは、ねらいとする価値について確認的にまとめたり、押し付けたりしないことである。(教師の説話でも、諺(ことわざ)紹介でも、ねらいに即した他の短いエピソードでも、互いに認め合って歌を歌ったり、踊ったりしてもよい。要は、道徳的実践へ意欲づけとなればよいのである)

④　学習指導案に示す「学習活動」について

　学習指導案と呼ばれる授業展開計画案は、学習過程における子どもの主体的な学びの在り方を現実的に想定して表したものである。その学習過程は、学習のきっかけを生み出す「導入」、学習課題設定に基づく追求過程としての「展開」、学習したことを思考整理・実践化していく「終末」の各段階に区分されるのが一般的である。

　よって、学習活動（learning activities）とは、導入段階で子どもの学びのための課題意識や課題追求意欲が教師によって引き出され、教材を軸に子ども自身が課題追求・解決へ向けて繰り広げる展開段階が構成され、学んだ結果を吟味・確認したり、日常生活に敷(ふ)衍(えん)したりするために子ども自身が学びを整理する終末段階までの一連の活動を意味している。そして、その学習活動の主人公は子ども自身であることから、そこで求めるべき学びの姿は子どもの視点に立ったものである。したがって、学習指導案の学習活動の記述は子どもの側に立って具体的に構成していくことが求められる。

⑤　学習指導案に示す「発問と反応」について

　「発問」とは、文字通り教師が子どもに「問いを発すること」、「問いかけで学びを引き出すこと」である。発問と同様に授業で用いられる類似した教師の投げかけには、活動を促す「指示」や「指示的発問」等がある。

　発問は授業でねらう方向性をもって行われるが、子どもに問題発見や課題意

識をもたせて学習を動機づけたり、思考・判断・表現といった面でよりいっそうの学習深化を意図して「切り返しの発問(子どもの発言内容を逆に問い返す)」で揺さぶりをかけたりと、工夫して用いられる。この発問次第で授業展開は大いに左右され、子どもの気づきや学びの深まりも異なってくる。道徳授業で用いられる発問は、以下のようなものがある。

　中心発問・・・その授業でもっとも重要な問いかけとなる発問
　基本発問・・・学習活動を引き出す主要な発問
　補助発問・・・基本発問で伝えきれない内容を補う発問
　指示的発問・・学習へのかかわり方を明示する発問

　道徳授業における発問は、子どもたちにねらいとする価値へ気づかせたり、日常的道徳生活での実践と結び付けて自覚させたりすることを意図した中心発問が何より大切である。その中心発問をするためにその前段階で基本発問として導入で何を子どもたちに問いかけ、資料提示後の展開前段で何を問いかけたらよいかという発問構成がおのずと定まってくる。また、中心発問での問いかけから、それを自分とのかかわりの中で思考・判断・表現させるための基本発問も展開後段では必要となってこよう。終末では、子どもの反応を求めない問わず語り的な投げかけとしての「問い」も発せられよう。

　本来的に発問は、子どもの学びを方向づけるところに意味がある。よって、学習指導案の記述項目として示す「主な発問と予想される反応」の欄は、教師の意図する授業展開にとって都合のよい子どもの問いかけに対する発言や期待すべき発言を示すのでは用をなさない。つまり、教師の発問に対してどのような異なる発言が返ってくるのかを幅広く想定して記すべきなのである。現実の授業では想定外の子どもの反応によって、教師が当初予定していた発問構成を全面的に軌道修正しなければならないといった事態も少なくない。つまり、この項目での反応内容は、教師がどれだけ柔軟に子どもの反応を想定して一貫性ある発問の組み立てをしているのか露わにしてしまう授業者自身の技量を白日の下にさらし出してしまう部分でもある。

　また、発問には子どものものの見方、感じ方、考え方を拡げる拡散的発問と、

学習内容に照らして絞り込む収束的発問がある。それらをどう勘案しつつ、意図的かつ計画的に1時間の授業での発問構成をすることができるかで、個々の子どもに対応する道徳授業づくりは大いに異なってくるのである。
　一連の意図的・計画的な発問構成という観点から、1時間の発問の配置を考えるとおおよそ以下のようになろう。
　［導入］
●多様な日常的道徳生活経験を掘り起こし、ねらいに即した1時間の授業展開を方向づける発問。（収束的発問）
　［展開前段・後段］
●教材化した資料を提示する前の指示的発問。（読みの視点の指示のみでなく、学習の方向性も含んだ発問）
●提示資料中に含まれる道徳的追体験後の多様な受け止め方を引き出す基本発問。（拡散性のある発問）
●道徳的課題を焦点化し対立性（モラルジレンマの焦点化や課題解決意欲を刺激する学習課題と自己理解とのズレを生じさせるツァイガルニク効果）を引き出す基本発問。（収束性のある発問）
●道徳的価値への気づきや自覚化、内省を促す基本発問。（収束性のある発問）
★展開では、課題追求としての拡散性のある基本発問、論点を整理するため収束性のある基本発問等を適宜組み合わせ、「中心発問へ迫る」あるいは「中心発問から一般化して拡げる」ための発問構成をしていくことになる。
●課題追求から価値への気づきを促したり、高められた価値観に照らして自己内省を促すその授業でもっとも重要な収束性の伴う発問が中心発問。
　（授業展開によっては基本発問との組み立ての順序が入れ替わる）
　［終末］
●終末での実践意欲喚起のための発問的投げかけ。（発問するとまた子どもに問いが生じては授業がいつまでも終息しないので、発問と言うより励まし的投げかけでまとめる）
　道徳授業は、ソクラテス的な問答（対話）によって道徳的価値への気づきや自己内省、道徳的実践への意欲喚起を促すのであるから、一律で、形式的な発

問構成にあまりこだわる必要ない。むしろ、道徳的な学びは子ども一人一人の個性的なスタイル（授業開始時の道徳的実態もばらばらなスタートフリー、授業後の道徳的な気づきも個々によって異なるゴールフリー）でなされるものである点からするなら、その授業での語り合いによって共同思考する際に課題とすべきこと、課題追求意欲を最後まで持続させることを可能にする中心発問（敢えていうなら、その授業でどうしても教師が子どもたちに問いかけずにはいられない中心的な発問）が一つあれば、それでも道徳授業は成り立つのである。子どもの発達的な特性や実態もあるが、授業の中での発問を少なくすることで論点を明瞭にでき、間合いをとって丁寧に問い、子どもの反応に一つ一つ耳を傾けることができるのである。いわば、中心発問にじっくり取り組めるような道徳授業こそ本来的には理想なのである。

⑥ 学習指導案に示す「留意事項」について

どのような学習指導案でも、そこでの子どもの学習活動や教師の教材を駆使した働きかけが指導過程の各段階ごとに示されている。しかし、なぜそこでそのような学習活動をしなければならないのか、どのような意図をもって働きかけるのか等々、一見しただけでは授業者の意図が見て取れない場合も少なくない。それを補うのが項目「留意事項」の欄である。どのような意図で子どもに働きかけ、どのような目的を達成するために教材内容を明瞭にして提示するのか等々、その授業にかける教師の思いや願いをも含めて綴られる重要な部分でもある。

また、それら留意事項に照らし、各学習段階での評価指標が示される場合も少なくない。学習活動、教師の働きかけと対になって学習評価指標が示されることは、指導と評価の一体化という点でも重要なことである。

⑦ 道徳学習指導案作成の実際

以下に示す道徳学習指導案は、実際に公開授業のために作成されたものである。「評価の観点」については、実施校の研究テーマとの関連で設定されている。様々な観点項目作成が可能であることを重ねて述べておきたい。

【事例：小学校第１学年　内容２－（２）思いやり・親切の実践例】
　　　　第１学年〇組　道徳学習指導案

　　　　　　　　　　　　　　　　　　　平成〇年〇月〇日第〇校時
　　　　　　　　　　　　　　　　　　　授業者　　〇〇　〇〇　印

1. 主題名　　心さわやかに　内容２－（２）思いやり・親切
2. 資料名　　『はしのうえの　おおかみ』（出典　文部省資料）
3. ねらい

　　自分の周りにいる身近な人々に対して、温かい心で優しく接しようとする態度を育む。

4. 主題設定の理由

（1）ねらいとする価値について

　人は誰しも、他者とのかかわりなしには１日たりとも生活することができない。そのような他者とのかかわりを構築していく上で不可欠なのが他者を信頼し、思いやる気持ちである。その信頼関係は、相互に相手の立場を尊重し、理解し、温かい心で接しようとするところに生まれてくるものであろう。この価値は、発達段階等にあまり左右されない人間の生き方の根源的な部分、人格形成の根底に位置づけるべきものである。ようやく学校生活に慣れてきた１年生にとって、他者を思いやり、親切にしようとする気持ちをもつことは、これからの学校生活を豊かにする上でとても大切であると考える。

　本時の指導では、自分にとっても他者にとっても「望ましい」ことを進んで行おうとする気持ちを耕しながら、相互信頼的な人間関係づくりをしようとする積極的な態度形成を目指していきたい。

（2）児童の実態について

　入学して８ヶ月余、心身ともに見違えるほど逞しくなった子どもたちである。個人差はあるものの、幼児期から児童期への発達特性的な自己中心性や他律性もやや薄れてきている。そして同時に、自分の目の前にいる人がどんな気持ちでいるかとか、どう手助けしてあげればいいのかといった、役割取得能力の獲得も少しずつではあるが感じられる言動ができるようになってきている。このような実態を受け、本時では他者を受容し、理解しようとする視点から他者へ

の思いやり行動の大切さに気づき、進んで行おうとする態度形成を目指していきたいと考える。

（3）道徳資料（教材）について

いつも自分の力を背景に傍若無人に振る舞うオオカミが主人公である。一本橋を通る森の仲間に通せんぼすることで快感を感じていたオオカミ。ある日、自分より力の強いクマと遭遇して道を譲ろうとしたら、思いもかけない優しい対応を受ける。このクマの言動に触れ、自身をふり返るオオカミ。クマを生き方モデルにして他者を思いやり、親切にしよう心改めたオオカミの心情に迫り、思いやり行動の清々しさ、嬉しさ等を具体的な役割演技を中心とした学習へと導いて役割取得の伴う感情体験をさせたいと考えている。

5．評価の観点

①人、こと、ものとのかかわりの視点

　◎他の動物たちに対するオオカミの行いと、クマに対するオオカミの行いとを比べて考え、クマの行いを善さとして受け入れることができる。

②道徳的価値に対する理解・判断の視点

　◎よりよい生活を送るためには、自分の周りの人への思いやりが大切であることを理解することができる。

③道徳的実践化へのイメージ設計の視点

　◎自分から進んで思いやりある生活をしようとする意欲をもつことができる。

④自己実現に向けての意志決定の視点

　◎自分の周りにいる人とよりよく生きようとすることを大切にしようとすることができる。

6．本時の展開

	学習活動	主な発問と予想される反応	留意事項（●）と評価（◎）
導入	1．資料の題名を知り、登場動物について知っていることを発表しながら	①今日のお話『はしのうえのおおかみ』に出てくる動物たちについて、どんなことを知っていますか。 ・ウサギは、抱っこすると柔らか	●資料（教材）提示への環境作りをねらうが、その際に人権教育の視点から登場動物のイメージがあま

導入	自分のイメージを膨らませる。	くって温かい。 ・キツネが出てくる話を知っているよ。 ・タヌキは顔が丸くてかわいいよ。 ・オオカミは牙が大きくて怖いよ。 ・クマは大きくて力が強い。遠足で行った野毛山動物園で見てきたよ。	り固定化されないよう配慮する。 ◎受容的・支持的な学習集団の中で、発表を通して自己開示できる。
展開前段	2. 資料『はしのうえのおおかみ』の話をペープサート劇で観て語り合ったり、役割演技で演じたりしながら自分に必要な価値あることとして受け入れ、考える。 ◆間接的道徳追体験 ↓ ◆個の道徳的な見方 ↓ ◆追求課題の設定 ↓ ◆役割演技 ★通せんぼの場面 ★クマに抱っこされた場面 ★クマのマネをする場面 ↓	★このお話には、オオカミ、ウサギ、キツネ、タヌキ、クマが登場します。誰のどんなことがよくて、どんなことが悪いか、考えながら観てください。 ②誰のどんなことに気づきましたか。 ・どうしてオオカミはウサギたちに意地悪したのかな。 ・オオカミはクマが怖いから意地悪しなかった。 ・クマって、とても優しいね。 ・オオカミってクマのまねっこだ。 ③誰の、どんなことを話合いたいですか。 ・オオカミの意地悪が変わったこと。 ④ウサギやキツネ、タヌキたちに意地悪をしていた時、オオカミはどんな気持ちになっていたのでしょう。 ・弱い者いじめはおもしろい。	●教材化した資料を理解させるための視点を事前にもたせる。 ◎オオカミの他の動物たちに対する行いと、クマに対する行いとの違いを比べて考え、クマの行いをよさとして受け入れることができる。 ●個々の感想を集約して共通課題設定をするようにする。 ●役割演技を通して感情体験的に捉えさせるようにする。 （全体→グループ）

展開前段	◆体験的価値自覚 （役割演技を通しての身体表現や言語的表現等） ↓	⑤オオカミは、クマに抱っこされて橋を渡った時、どんな気持ちだったと思いますか。 ・クマは優しくて賢いなあ。 ・とても嬉しい気持ちになるなあ。 ・意地悪をするって、いけないなあ。 ⑥クマのマネをして他の動物たちを通してあげている時、オオカミはどんな気持ちになったのでしょう。 ・優しくするとやっぱり気持ちいい。 ・みんなと仲良くできるなあ。	●力や意地悪な気持ちでは、他者との望ましいかかわり方が実現しないことを押さえる。 ◎よりよい生活を送るためには、自分のまわりの人への思いやりが大切であることを理解できる。
展開後段	3. ふだんの自分の生活をふり返りながら、望ましい明日の自分へのイメージを拡げる。	⑦ふだんのみなさんは、クマと出会う前のオオカミですか。クマと出会った後のオオカミですか。もう一度、一本橋でウサギたちに出会うオオカミを演じてみましょう。 ・ふだんは、出会う前かも知れない。 ・自分はいつも、クマと出会った後のようにしているよ。	●資料内容に即して自由に演じさせることで、進んで実践しようとする意欲を喚起していきたい。 ◎自分から進んで思いやりある生活をしようとする意欲をもつことができる。
終末	4.『にんげんっていいな』をみんなで歌いながら、本時の学習を振り返ってまとめる。	★みんながいつも仲良く楽しく生活できるといいですね。最後に歌を歌いましょう。	●みんなで歌を歌って楽しくまとめる。 ◎自分のまわりにいる人とよりよく生きようとすることを大切にしようとする。

7. 資料（教材化）分析

【場　面】	【登　場　人　物】 ウサギたち　オオカミ　クマ	【道徳的な気づき】
①一本橋で意地悪するオオカミ	意地悪だなあ。→ どうしてやるのか 　　　←自分は強いからやってもいい。おもしろいなあ。	☆良好な人間関係を構築するためには、意地悪はいけない。⇩
②クマに出会ったオオカミ	大変だ。戻って譲ろう。→ 　　　クマは強いから仕方ない 　　　　　←どうしたら渡れるかな。 　　　　　　そうだ。抱きかかえよう	☆よい関係を作るためには互いに努力することが大切である。⇩
③クマに抱きかかえられて橋を渡るオオカミ	クマさんは優しいなあ。→ 意地悪しなければよかった。 こうすれば互いにいい。 　←楽しく生活したいな。	★他者を思いやり、親切にすることでよりよい生活を実現できる。⇩
④クマのマネをするオオカミ	本当は優しいのかな。→ いつもこうだといいなあ。 　←意地悪するより気持ちいい。 　　みんなと仲良くしていこう。	☆思いやりや親切の輪を大切にすることでよい社会になる。

8. 板書（授業実践での板書記録）

2 道徳授業を具体化する教材（資料）の考え方
(1) 間接的道徳体験としての役割

　道徳資料が教材化され、授業において具体的に活用される時、そこには子どもたちにとって得難い道徳的体験が再現（追体験）されることとなる。本来的には、強烈なインパクトを伴って道徳的な思考・判断を迫る直接的な道徳体験がより望ましいのであるが、偶発性の伴う直接的道徳体験を授業の中へ持ち込むことは現実的ではない。偶発性に依拠せず、意図的・計画的に道徳授業を教育活動として展開するためには、やはり間接的道徳体験としての教材に頼らざるを得ない。ならば、直接的な道徳体験が間接的道徳体験よりも教材として優れているのかというと、あながちそうとはいい切れないのである。それは、間接的道徳体験の方が用意周到な事前分析が可能だからである。その点、直接的道徳体験はインパクトこそ強いものの、出たとこ勝負の危うさがつきまとう宿命を負っている。よって、道徳授業で用いる道徳的追体験としての道徳資料は、十分な内容の吟味・検討、分析が可能な間接性の伴うものの方が活用面では長

じていると考えられるのである。

　ただ、子どもの人格的成長に寄与する道徳性形成、日常的道徳生活における道徳的実践力形成という側面から捉えるなら、やはり理想的には良質な直接的道徳体験を授業に持ち込めることがいちばんである。例えば、授業そのものの中で実物や実際の人、こと、ものとかかわる直接的道徳体験が意図的・計画的に実現できるならば、その期待すべき教育効果は計り知れないものがあろう。それらを前提に、間接的道徳体験としての道徳資料（教材）についてもう少し意味づけしていきたい。

　間接的道徳体験としての道徳資料は、授業活用に向けた教材化によって子どもの追体験を基にした道徳的学びを可能にする。このように、授業における道徳的学び喚起の役割を担う道徳資料（教材）であるが、その役割を捉えると、「客観性」、「間接性」、「発展性」という3要素が考えられよう。

①　客観性

　本来は個人的な道徳体験を資料として教材化することで、共同思考による課題追求のための客観的要素を加味した道徳体験へと転化し、道徳的追体験による学びの共有化の役割を果たす。

②　間接性

　道徳授業における資料の間接性の重要さは、先に触れた偶発性のみの問題だけではない。学校の日常生活場面で発生する直接的な道徳的問題を道徳授業にもち込むなら、個々の子どもにとってその具体性、現実性、関係性は強烈であろう。しかし、現実的に互いを知り、互いにかかわって成り立っている学校生活の中での出来事を、当事者を前に賞賛したり、不首尾な結果について弁護したりするのは照れくさく、気恥ずかしいものである。その事柄が批判されたり、非難されたりしなければならない内容であれば、後々まで人間関係を悪化させる事態も想定されよう。だからこそ、自分たちと同様の学校生活を送っている等身大の人物に関する架空の出来事であるとか、自分と直接的なかかわりをもたない第三者の道徳的事柄に関して語り合うのであれば、忌憚(きたん)なく自

らのものの見方、感じ方、考え方を表出させることができるのである。ここに道徳資料における学習者との間接性、教材化過程における間接性の必要性が求められるのである。

　この点について、道徳の時間充実期に当時の文部省で指導的な役割を果たしていた井上治郎(1990年)は、道徳授業とその教材として活用される道徳資料について「道徳授業は、さまざまな道徳的問題に直面しつつ、人それぞれの道徳をつくりつつある子どもたちの生活現場を教室に再現し、これを通じて子どもたちに、お互いの道徳を突きあわせる機会を提供してこそ生きると考えている。道徳資料とは、その意味では、学級にはいない第三の級友が、しかるべき道徳問題にいかに対処したのかの具体的な事後報告をもって最上とする」(註2)と、極めて明快な指摘をしている。

　この井上の指摘の通り、誰憚(はばか)ることなく批判したり、弁護したり、賞賛したりし合ながら自由に道徳的問題に対する自分のものの見方、感じ方、考え方が披瀝できるところに代理体験としての道徳資料の間接性が機能するのである。

③ 発展性

　道徳授業における子ども自身の学びへの感情を検討すると、2側面が考えられる。一方では、求めるものが自らのよりよい在り方、生き方に関する事柄であるために定まった解答というものがなく、自己決定の伴う自己肯定感(自分への信頼感)や有用感(役立ち感)、他者受容感(受け入れられ感)を肌身で受け止めながら意欲的な学びを実感できる。しかし、もう一方では道徳的課題追求すればするほど、現実的な自分の姿と自ら求めるあるべき理想的姿に隔たりを実感してしまう惨めさや不快さ、苦痛も味わうのである。正に「言うは易く行なうは難し」の諺の通りである。

　大学研究者の立場から道徳授業論を展開してきた村上敏治(1981年)は、このような道徳的学びにおける矛盾を混在的に引き出す道徳教材について、「資料は道徳的思考をみがく砥石であり、人間の生き方に直面する姿見であり、人生の地図を見て自らの立脚点を見つめる展望台に立たせるものである」(註3)と、道

徳資料がその役割として内包する未来志向的な「発展性」を指摘している。
　自らの生き方を見つめ、問い直すという苦痛に打ち勝ち、より望ましい在り方や生き方を志向する意欲を喚起し、持続させていく原動力となるべき要素が発展性である。人間の生きる姿に映し出される弱さ、醜さ、健気さ、気高さ、逞しさ、愛おしさ等々をさながらに映し出す道徳資料こそ、これからの自分の未来を志向して学び、生きていく子どもたちにどれだけの励ましを与え、導き、勇気づけていくことか計り知れない。

(2) 道徳教材における同質性と異質性
　道徳授業で用いられる教材（teaching material）はその用語が示す通り、読み物資料、映像メディア、実話、画像、漫画、情報誌や新聞、実物、実演等、実に多様である。場合によっては、子ども自身が自ら語り合う素材を見出して授業そのものを創り出すことも想定されよう。
　その際、教材化して用いた場合に授業展開に影響を及ぼす資料素材そのものの特質を踏まえておく必要がある。いわゆる、道徳教材の特質としての同質性と異質性の問題である。この道徳教材が内包する同質性と異質性の問題に言及したのは、前出の井上治郎である。

①　同質性の高い道徳教材
　道徳教材における同質性とは、それを用いる学び手が自分も主人公と同じような立場になれば、きっと同じように葛藤し、判断し、行動せざるを得ないだろうと自分に置き換えて考えられるような内容を含んだ性質が強く表れているものである。たとえ時代背景や社会状況、置かれた立場、描かれた人物の性格等が異なっていたとしても、等身大の自分の重ね合わせて考えていけるような特質をもった道徳教材は同質性の高いものである。
　同質性の高い道徳教材の長所としては、子どもが自分自身のこととして道徳的問題を考えやすい要素がふんだんに含まれている点が挙げられる。よって、等身大の自分と重なる人物の道徳的問題を取り上げるだけに親しみやすく、具体的な状況をイメージしながら価値追求していくことが可能である。反面、道

徳的ものの見方、感じ方、考え方の拡大機会として道徳授業を捉えると、子ども自身の日常的道徳生活と限りなく接近しているため、これまでの自分を根本から問い直すといったようなインパクトはあまり生じにくいという教材としてのデメリットも併せもっていることも押さえておきたい。

② 異質性の高い道徳教材

　多くの授業実践を経て、これは道徳教材として優れていると評されるものの中には、登場人物として描かれている姿やそこでの生き方が、子どもたちの日常的道徳生活とかけ離れているような場合も少なくない。

　例えば、神学者、哲学者、医学者としてアフリカのコンゴで医療と伝道に生涯を捧げたシュバイツァー（Albert Schweitzer：1875～1965年）の敬虔な生き方、カトリック修道女としてアジアの貧民街で病人や瀕死の人々の保護・救済に一生を捧げたマザー‐テレサ（Mother Teresa：1910～1997年）の隣人愛に満ちた生き方、米国の黒人解放運動指導者として非暴力直接行動主義の公民権運動を推進して志半ばで銃弾に倒れたキング牧師（Martin Luther King：1929～1968年）の信念を貫く生き方、第二次世界大戦の最中に在リトアニア領事館外交官としてナチスドイツの迫害を逃れてきたユダヤ人難民が亡命できるよう大量のビザ（通過査証）を命がけで発給して6千人の命を救ったと称えられる杉原千畝（すぎはら　ちうね：1900～1986年）の人道的な生き方等々は、その道徳的な振る舞いに感動はしても、そのまま直ちに自分が真似ることは難しい。場合によっては、そのような生き方と自分とを引き比べて自己嫌悪に陥ることさえ想定されよう。このような子どもの現実的道徳生活との心理的距離が大きいものを異質性の高い道徳教材と呼んでいる。

　ややもすると、子どもの日常的道徳生活と心理的な隔たりが大きく、同じような実践を志しても容易く実現可能性が見出せない異質性の高い道徳教材は望ましくないのではないかといった議論も生じてこよう。しかし、それは、実現可能性の是非のみを問題とした結果であって、人間には誰しもこのような生き方をしたいとか、こんなことが実現できればといった夢や希望、願いをもっている。その点で道徳的価値を志向する生き方の態度は、本質的な部分では同じ

なのである。授業を通して様々な人間の人生を体験し、その生きる姿に自分を重ねながら道徳的なものの見方、感じ方、考え方を補充・深化・統合する経験化プロセスを経ることで子どもたちが学ぶことは尽きない。

道徳教材に内包される異質性は、ややもすると敬遠されたり、隔たりをもって受け止められたりするが、人間誰しもがもつ本質的な良心の部分での同一性を見逃さず、異化体験（さながら自分が体験しているように受け止める同化体験と異なり、未経験な出来事や世界を新たに体験すること）の貴重な機会として積極的に活用したいものである。

（3）道徳授業における教材活用の視点

道徳授業において道徳教材を提示するのは、個々の子どもそれぞれに個別生活の中で体験的に蓄積してきた道徳的なものの見方、感じ方、考え方をねらいとすべき一定の道徳的価値に対して方向づけてやり、意図的・計画的な働きかけをすることで道徳的価値そのものへの内面的自覚を促したり、主体的に価値観形成したりすることを目指してのことである。すなわち、道徳教材を用いることで道徳的価値に対する内面的自覚を促し、望ましい道徳的立ち振る舞い方や生き方として体現される道徳的実践力を獲得させる媒体的機能をその役割として期待するのである。

よって、学びの主体である子どもの側からすれば、個々人の日常的道徳生活の中で獲得してきた個人差ある道徳的価値観を道徳教材というフィルターを通して互いに語り合うことで、思考し、判断し、意味づけながら感得し、最終的に個の道徳的価値観として自らの在り方や生き方に反映させていくべききっかけを教材が生み出してくれると実感できるのである。

ならば、道徳授業の中で教材に内包する道徳性を子どもたちにどう意図的・計画的に実感させていくことができるのか。それこそが、教師に課せられた責務となろう。このような教材活用（道徳資料活用）に関する先行研究は様々な立場から、様々な実践を踏まえて行われている。ここでは、資料類型と称される道徳教材の分類と、その効果的導入という活用類型の視点から触れておきたい。

① 道徳教材の分類（資料類型）

　道徳教材を効果的に活用するということは、道徳授業活性化のためには不可欠な視点である。その１時間が子どもにとって有意義なものになるか、それとも現実の自分とはかけ離れた無意味な空理空論で終わるかは、個々の内面に根ざした道徳性形成を目指す道徳授業においてはそれこそ死活問題であるといっても過言ではない。教師が何を問うても、子どもたちの心が「暖簾(のれん)に腕押し」、「柳に風」で全く動かされないなら、道徳授業そのものが無に帰してしまう。ならば、道徳教材化される道徳資料をどう理解し、選定し、活用を心がければよいのかという特質に応じた資料類型研究も必要となってくる。

　資料分類する一般的な観点は、その授業でねらいに設定して育成を目指す道徳性の様相に応じて行う方法である。道徳授業は、子どもたちに特定の道徳的価値に気づかせ、それを内面化させていくことを目的に行うものである点を考慮するなら、極めて妥当な分類方法となろう。

　主な分類の観点としては、その教材を用いることで道徳的な考え方や立ち振る舞いを理解させる知見教材、自分の望ましい在り方・生き方としてどのような価値選択をすべきなのかを問う葛藤教材、子どもの感性に働きかけることでその価値の大切さを感得させつつ実現させずにいられない心情を育む感動教材等がある。

●知見教材・・・道徳的価値について理解するための知識を与えたり、望ましい考え方、判断の仕方、行動の仕方をモデル的に示したりすることを可能にする。

　　★論理的一貫性をもって納得できる内容を伴っている。
　　★自分がその立場なら他者とのかかわりの中でどのように考え、どう行動することが望ましいのかを問える。

●葛藤教材・・・望ましい道徳的価値選択として、何をどう理解し、判断すればよいのかを価値理解、価値実現の機会として示すことができる。葛藤には価値と価値の狭間で選択に迷う価値葛藤（2価値間でのジレンマ、3価値間でのトリレンマ等）、価値あるものと反価値（欲求、誘惑、安易さ等）との心理

　　　　　　葛藤の2通りがある。
　　　　　★個々の価値選択の根拠を大切に取り扱える。
　　　　　★葛藤という困難な選択を強いる以上、最終的に一方的解釈
　　　　　　による価値の押し付けとはならず、オープンエンドで授業
　　　　　　が構成できる。
●感動教材・・・資料中の人物の生き方に対して子どもが感動したり、感銘
　　　　　　を受けたりすることで情意的側面から道徳性に働きかけ、
　　　　　　価値感情を高め、個の内なる良心を磨き高めることを可能
　　　　　　にする。
　　　　　★自我関与して得た感動を大切に扱うことができる。
　　　　　★どう感動を受け止めたのかを問いかけ、個々の道徳体験と
　　　　　　重ね合わせながら自己課題に気づかせることができる。

②　道徳教材活用の方法（資料活用類型）

　道徳教材となる資料をどのように分類するのかという観点を教師がもつことは、裏返せば、その活用までをも見越してのこととなろう。道徳教材を各指導時間のねらいに即して分類し、それを効果的に活用するための明確な視点をもつことで授業は一変する。子どもたちが問題とすべき論点を明確にして授業に臨めるなら、1時間の中で話題が盛り上がって山場となる場面が到来し、味気なく淡々と展開する平板な授業は影を潜めよう。

　また、指導する教師の側も用いる資料によって効果的な活用セオリーがあるなら、授業時における学習展開や発問構成、板書計画等の構想も立案しやすい。井上治郎と共に旧文部省の教科調査官として道徳の時間特設以降、2度の学習指導要領改訂を経て充実期にさしかかりつつあったわが国の道徳教育を指導した青木孝頼（1995年）は、教材活用分類を手がかりに、効果的な資料活用類型を検討した。

　青木が唱えた資料活用類型は、「同じ一つの資料を、授業者がどのように活用するのかという活用の仕方の分類」（註4）に特色がある。青木は、同一教材を「範例的活用」、「批判的活用」、「共感的活用」、「感動的活用」と4分類し、そ

れぞれ授業の導入段階、展開段階、終末段階での具体的な活用をするための発問構成例とセットにして説明した。
　ただ、これらの教材活用類型は教師側の有効な教材活用の目安であって、ただちに効果的な道徳授業展開に結び付くわけではない。子どもたちの道徳的実態にそぐわない場合は、さらなる教材開発の工夫が求められよう。

● 範例的活用・・登場人物の行いについて、子どもたちに一つの模範例として受け取らせたり、その行為に含まれる道徳的価値を感じ取らせたりする意図で活用する。
　【主に展開前半での発問例】
　　★主人公はどうして困ってしまったのだろう。
　　★主人公はどうしてそんなことをしたのだろう。
　【主に展開後半での発問例】
　　★主人公のよさはどんなところから分かるだろう。
　　★主人公のどんなところを学べばよいのだろう。
● 批判的活用・・登場人物の行いや考え方について子どもたちに批判させ、互いの意見を語り合わせることでねらいにかかわる道徳的な考え方、感じ方をいっそう深めさせることを意図して活用する。
　【主に展開前半での発問例】
　　★主人公のしたことをどう思うか。
　　★相手のしたことをどう思うか。
　【主に展開後半での発問例】
　　★主人公の行いはやむを得ないという考え方はないか。
　　★主人公の行いからどんなことを学んだか。
● 共感的活用・・子ども一人一人を登場人物になりきらせて想像させ、主人公の言動に託した個々の道徳的価値観に基づく心情や判断の表出を期待する意図で活用する。
　【主に展開前半での発問例】
　　★主人公はこの時どんな気持ちだったのだろう。

★主人公はどんなことを考えていたのだろう。
【主に展開後半での発問例】
　★迷っている主人公の気持ちはどのようなものだろう。
　★相手の人は主人公に対してどんなことを考えているだろう。
●感動的活用・・深い感動の伴う教材について、道徳授業におけるねらいとする価値についての感動を問い、なぜそんなに心が動かされたのかを意識化、自覚化させることで子ども一人一人の内面的感動の持続を期待する意図で活用する。
【主に展開前半での発問例】
　★なぜそこで自分の心は動かされたのだろう。
　★自分と友だちとの感動した理由を比べてみよう。
【主に展開後半での発問例】
　★このような気持ちをこれまでに自分ももったことがあるか。
　★主人公の行いはどうして人の心を動かすのだろうか。

③　道徳教材を活用して心を動かす指導法

　道徳教材の特質や内容構成による分類、活用類型による発問構成等々の工夫は、子どもたちの心に響き、心が動かされるような授業づくりのためのものである。しかし、資料開発やその活用、発問構成等を工夫するだけでは子どもたちの道徳的価値観を形成する道徳的なものの見方、感じ方、考え方が直ちに育まれるわけではない。子どもの心にくさびを打ち込み、心を開き、心を揺さぶり、心を動かす（道徳的自覚に基づく変容）道徳授業にしていくためには、道徳的な学びをどう引き出すかという教育方法論的な視点も重要である。
　道徳教材と子どもの道徳的学びを取り結ぶ道徳授業の指導法について、実践的な側面から以下に順次述べていきたい。

a．話合い

　道徳授業において、子ども相互の話合い活動は大きなウエイトを占める。道徳の時間草創期に指導的な立場にあった勝部真長（1969年）は、道徳授業における話合い活動について「資料は手段である。その資料に触発されて、活発

話し合いか、対話か、ソクラテス的問答が起こるときに、その資料は初めて生きるものである。もし資料を学習するのであれば、それはもはや国語学習か読書指導とよばれるべきであって、道徳の本道をふみはずしたものとなるであろう」(註5)と述べている。この主張には、道徳授業で目指すべきものは対話や話合いが第一義で、それらの過程から自らの日常的道徳生活についての内省と道徳的価値への気づきや自覚が生まれてくるという考え方がある。このような道徳授業における話合い重視という基本的な立場は、今後も時代を超えて引き継がれる不易なものであろう。

　ただ、一般的に話合いといった場合、その目的性として何らかの合意に基づく結論を導き出すといった意味合いが強い。しかし、道徳授業で求めるものはソクラテス的問答（対話による本質の究明法）であって、話合いというよりも語り合いと称した方がより適切である。このような語り合いの場をどう効果的に授業過程へ位置づけるかで、子どもの道徳的な学びは大きく左右される。

　語り合いは文字通り、ペアでの対話や筆談、少人数のグループでの語り合い、学級全体での語り合いとその形式は様々である。ただ、そこで留意しなければならないのは、誰の発言であっても尊重されるということである。個々が自らの道徳的なものの見方、感じ方、考え方を語るのであるから、その発言内容を安易に頭から批判するようなことがあるなら、それは人格否定の誹りを免れない。ゆえに、個々の人格の発露としての道徳的価値観を取り扱うのが道徳授業であるから、意見対立をゲーム的に顕在化させるディベート形式を取り入れるのには慎重でなくてはならない。個々の発言を傾聴し、自らの価値観との差異に対して確認するために互いが訊き合うというのが本来あるべきの語り合いの姿であろう。結論は全体ではなく、個々人のものという前提があっての語り合いこそ、ソクラテス的な問答と符合するのである。

　語り合う過程ではそれ自体が目的となるが、互いの意見を忌憚(きたん)なく出し合う、比較的に検討する、より合理的かつ感得の伴う個々の考え方を導き出すといった論点が明確で思考深化が促されるような活動として展開されるよう、教師は最大限の手立てを講じていくことが大切である。

b．書く活動

　子どもが道徳授業で書くのは、自らの道徳的なものの見方、感じ方、考え方をもっているからである。そして、書かざるを得ないから書くのである。その点から考慮するなら、書く活動を道徳授業に取り入れる目的は子ども自身が書くことで自らの考えを深めたり、整理して再構成したりする機会として位置づけていくことにあろう。

　ならば、書く活動の目的を明確にし、書くことが負担にならない分量、必要な時間の確保、書いた結果が次の学びに反映される学習構成となるような工夫が必然的に教師へ求められよう。その際、特に留意したいのは、書く活動を遂行するための能力面での個人差である。そして、子ども個々人の内面的な傷つきである。つまり、書けなければ学びの意欲は減退するであろうし、書いたことがすべて白日の下にさらされて恥ずかしい思いをするなら、子どもは決して自分の本心を明かさないであろう。

　継続的に書く活動を取り入れ、それをポートフォリオ（書き綴った記録集）として蓄積していくなら、子どもは自らの学びの足跡を振り返り、自己成長への実感を新たにすることとなろう。そんな意図的発展性を重視したい。

c．表現活動

　道徳授業における表現活動の形態は、実に様々である。話したり、書いたり、演じたり、発表したり、創作したりと、数え上げたら多くの活動が道徳授業では想定される。むしろ、そこで何のために、何を根拠にどう表現するのかというシチュエーション（situation：状況設定）が不可欠であろう。

　例えば、身体表現をするにしても、実際に登場人物になって動作化してみればその時の気持ちが汲み取りやすい。提示された教材を劇化によって再現するなら、文章では理解しにくかった登場人物の置かれた葛藤状況や心の機微に触れることもできよう。ペアや少人数グループでそれぞれに役割交替を入れながら役割演技（役割をもって演じるロールプレイ）で演じてみるなら、異なる立場でのものの見方、感じ方、考え方が情意的側面での感性的理解も含めて感得されよう。

　動作や台詞、演ずる表情、演ずる舞台位置、効果音等々、僅かの演出に個々

の道徳的価値観は反映されやすい。小学校低学年なら、人形劇やペープサート、絵話等なら子どもは好んで演じよう。中学生段階なら、改まって発言することにはてらいがあっても、状況を踏まえた寸劇仕立て（コント）にすれば、個々の内面がシリアスに吐瀉(としゃ／katharsis：内面感情の表出）された自己表現が期待できよう。

　さらに、表現活動をより広く捉えれば、実物体験や実際場面状況の検証、調査・探索活動等々、実に多様な学習展開が可能である。

　道徳授業は道徳教材となる読み物資料を読んで、ただみんなで話し合うことといった固定的な学習活動イメージは授業そのものの形式化を招き、活力を削ぐ要因となりかねない。要は、何のためにどのような表現活動の場を設定することが子どもたちの道徳的学びを活性化し、深化させ得るかが問われるのである。

d．教材提示や板書の工夫

　道徳資料を子どもたちの学びを引き出す教材として効果的に提示することは、授業においてとても重要な要件である。基本的に教材提示は教師の明確な意図をもって行われる。道徳資料に描かれた登場人物の姿や、相互の人間関係、置かれた道徳的問題場面状況等々を的確に提示し、理解させ、追体験しながら道徳的問題を把握させるためには、事前の周到な資料分析や教材化計画が大きな影響を及ぼす。

　例えば、小学校低学年であれば、読み物資料そのものを読み聞かせるより、場面絵やペープサートで板書構成しながら語り聴かせた方が理解されやすい。学年段階が上がれば、読み物資料を再現しながら要所要所で問題となる事柄を正確に把握したり、語り合ったりしながら自分なりの視点をもって考えさせることができよう。また、中学生段階であれば、教師が事前に朝の会や帰りの会（短学活）等で一読して初発の感想を書かせ、それを整理して提示するところから授業を開始するなら、また読み物資料から追体験する道徳的問題はよりシャープになってこよう。いつもいつも同一の手法ではマンネリ化を招くが、道徳資料をどう教材化して提示するのかを少し工夫するだけで子どもの興味関心の喚起、内容理解の度合いは大きく変わってくる。その前提にあるのは、教師

の資料理解、資料分析、教材化計画に向けた真摯な姿勢である。

　同様のことは板書計画にも反映されよう。板書は子どもにとって思考を整理し、思考を深め、新たな学びを生み出していく重要な手がかりとなるものである。近年はパソコン導入に伴ってプロジェクターで提示するような授業も多くなってきたが、一過性に留まらない板書が子どもの学びに及ぼす効果は計り知れないものがある。ゆえに、その活用は構造的な工夫をもって臨みたい。

　板書計画でよく指摘されるのは、子どもの思考の流れに即しているか、立場の違いや論点が対比的に示されているか、学びを拡げ、深め、発展させる課題がその中心に位置づけられているか等の留意事項である。しかし、何よりも大切なのは傍目に美しく機能的な板書よりも、子どもと教師が互いに語らいながら創り上げていくような板書が望ましいことはいうまでもない。

e．効果的な導入

　本時の授業への方向づけとすることが目的であり、短時間で行えることが重要な要件となろう。ただ、それはあくまでも1時間の授業展開バランスを考慮してのことである。よって、その扱いを丁寧に行うことでその後の学びが深まることが期待されるとか、道徳的実践という視点から継続性を重視していきたいといった指導意図があれば、その時間配分は異なってくる。

　例えば、小学校低学年で基本的な生活習慣等に関する内容項目を取り上げる場合など、実際の学校生活ではどうなっているのかを確かめたり、実践してみたりといったことも考えられよう。また、文部科学省ＨＰあるいは刊行されている『心のノート』を用いて道徳的な問題点を喚起したり、校長や副校長、教頭、主幹教諭、指導教諭、同学年や他学年の教諭、養護教諭、栄養教諭等々、さらには外部講師による説話や問題提起で働きかけたりといった工夫も考えられよう。

　効果的な導入での工夫は、毎時間生活経験の掘り起こしから入るとか、用いる道徳資料名を告げるだけといった無機質的な対応にしないことである。

　子どもにとっていつも違いが感じ取れるような、そんな意外性のある授業の導入にしていくことが大切である。

f．効果的な終末

　道徳授業を効果的に締め括る終末段階の取扱いも重視され、様々な工夫がされている。導入段階同様に、どう子どもたちに印象づけることが可能かが問われる部分でもある。より望ましい終末段階での働きかけは、本時の学びがこれからの日常的道徳生活に継続され、発展されていく橋渡しである。

　しかし、それが行き過ぎて決意表明の場となったり、そこでの発言が相互監視の対象となったりしたのでは、せっかく展開した授業そのものの真意が問われかねない。個々の子どもが自分なりに自らの学びを意味づけ、今後の生活に敷衍しようとする意欲が喚起できるなら、それがいちばん望ましい授業の終末場面となろう。

　具体的な実践事例を想定するなら、教師の実体験に根ざした説話や事例の紹介でもよいであろうし、小学校段階であれば全員で歌を歌ったり、踊ったり、和気あいあいのゲームを楽しんだりというようなことでも十分に目的は達成されよう。他の教職員や保護者、地域関係者、外部講師等々とのかかわりの中で自覚した道徳的価値の実践化に向け、その視野を拡げさせたり、具体的なイメージ化を図ったりしていくことも効果的であろう。

　特に、学校生活や日常生活における様々な道徳的学びでのメルクマール（目指すべき指針）となる『心のノート』との関連づけは積極的に行いたいところである。現行の道徳の時間では明確な教科書となるものが位置づけられていないだけに、日頃の道徳的な学びを収斂し、一定の知見として子ども一人一人が思考整理をしていけるようにすることはとても重要であろう。

3　道徳教育における評価の進め方
(1) 道徳教育評価の基本的な考え方
①　道徳教育を評価する意義

　意図をもって行われる教育活動には、その目標実現のための計画立案、指導実践、活動評価、振り返りと改善といった一連のマネジメントサイクル（Plan：計画→Do：実践→Check：評価→Action：改善）のプロセスがあり、それを経て教育計画の有効性や指導効果等が検証される。このような教育評価活動は、

一般的にカリキュラムマネジメント（curriculum-management）と称されている。この基本的な立場は、子どもの内面的な資質・能力としての「よ（善）さ」を育むことを目的とする道徳教育にあっても例外ではない。

ただ、カリキュラムマネジメントによって意図的に指導した結果の見取りと改善の視点から評価活動を厳密に検討するなら、そこには計画的な指導意図と明確な観点に基づく結果検証としての評価の捉え方が必要となろう。つまり、「指導と評価の一体化」に基づく教育評価とするためには、導き出す結果となる明確な子どもの学びの証拠（evidence）を事前に想定して指導に臨むことが不可欠だということである。

換言するなら、カリキュラムマネジメントを効果的に運用していくためには、その立脚点となるものが必要なのである。教育評価においては、ＰＤＣＡのマネジメントサイクルを形作る土台となる教育方針や運営方略、それに対する学校評価システムの構築が明確になっていなければならない。そして、これらＶ（Vision：明確な方針策定）→Ｓ（Strategy：具現化方略の決定）→Ｅ（Evidence：個々に到達すべき学びの結果設定）を前提に、Ｐ（Plan：計画）→Ｄ（Do：実践）→Ｃ（Check：評価）→Ａ（改善：Action）のプロセス評価が伴うような教育計画を立案することが必要なのである。

さらに言及するなら、カリキュラムマネジメントの中で何よりも大切なのは、子どもの学びの結果となる明確な証拠（Evidence）をどう想定し、どう効果的に指導することができるかという点である。ましてや、道徳授業でいうなら、その特質として各教科での指導のような一律設定となる内容的到達目標の設定ができにくい。子ども一人一人の個性的な道徳的価値観というスタートフリーな状態から出発し、道徳授業という共同思考活動を通して再び子ども自身が自らの内面に形成するのはやはりゴールフリーな道徳的学びの到達点としての個別な道徳的価値観である。このような道徳教育の特質を踏まえた評価活動をどの程度まで実現していくことを目指すのかを見極め、さらにその後の子どもの道徳的学びを支えるための指導法改善、指導内容の充実・発展へと結び付く個別指導情報を同時進行的に得ることができるなら、それこそ教育評価（educative-evaluation）としては万全なものとなろう。

ただ、あらかじめ個々の子どもの道徳的実態を踏まえて設定したねらい（結果）であっても、それを達成するために構想・実施した教育活動が本当に機能したのか、あるいは、さらなる充実への改善点を見出すためにどの部分に着目するのかという微視的な捉え方を進めると、巨視的な段階では見えていた評価の観点が揺らいでくる。その道徳的学びによって、個々の子どもはどのような資質・能力を身に付け、今後への実践意欲や態度となってどう継続されていくのかを負担なく見取るには、それなりの工夫が必要であることはいうまでもない。

特に、道徳授業における評価については道徳の時間特設当初（1958年）から様々な懸念や思惑、誤解等で教育評価そのものの考え方が歪曲され続けてきた経緯がある。道徳教育は個が自ら内面に育むべき道徳性を外部から注入するものであるというイデオロギーに絡んだ個の内面への国家の干渉という批判が、道徳の時間の効果的活用のみでなく、その評価観すら歪めてしまった。その誤った評価観を是正するためには、評価活動本来の意義とメリットとをより強調していく必要があろう。

② 子ども理解としての道徳教育の評価

道徳教育や道徳授業において評価するなど以ての外であると、未だに信じられないような過誤に陥っている教師が少なからずいることは紛れもない事実である。なぜこのような過誤が生じるのか、その主たる要因は、道徳教育を受け入れる立場の違いによる。哲学、倫理学、心理学、社会学、教育学等々、複合的学問分野を背景にしている道徳教育においては、ややもすると社会科学に基づく教育活動というよりも観念的、心情論的、感情論的な指導観がつい先行しがちになるのである。

また、教育政策的な面での未整備も追い打ちをかけている点が多々あろう。例えば、学校現場レベルで捉えるなら、それを追認するような保護者宛の学業成績通知がある。児童（生徒）指導要録に準じて各学校が学期末等に保護者宛に発行して配布している学習状況のお知らせ、「あゆみ」とか「のびゆくすがた」といった呼称で一般的に理解されている通信票のほとんどに、「道徳」という項

目の評価欄が設けられていないからである。もちろん、その大本となっている児童生徒の学籍原簿である指導要録記載項目にも、「道徳」の評価欄は見あたらない。よって、教師側からすれば、道徳教育評価をしたくても評価欄がないからできないという、誠に都合のよい解釈が成り立つことになってしまうのである。

だが、それは意図的な過誤である。その誤った論理を成立させている主たる要因は、前章でも取り上げてきた学習指導要領（小学校・中学校ともに評価に関する部分の記述は同一）の曲解した解釈によるものである。

学習指導要領の第3章「道徳」第3「指導計画の作成と各学年にわたる内容の取り扱い」項目5には、「児童（生徒）の道徳性については、常にその実態を把握して指導に生かすよう努める必要がある。ただし、道徳の時間に関して数値などによる評価は行わないものとする」と述べられている。その後段部分のみを単純に拡大解釈してしまうと、他の教育活動のように道徳の時間の評価はできないとためらってしまうことになる。

しかし、この学習指導要領文中で「ただし、道徳の時間に関して数値などによる評価は行わないものとする」と述べられているのは、道徳教育の特質を踏まえているからこそ敢えてそのような表現をしているのである。いうまでもなく、道徳教育で培うべき道徳性は、児童生徒一人一人の将来にわたってその生き方を支え続ける人格的な資質・能力である。それは、望ましい在り方や生き方を志向して生涯にわたって誰もが求め続けなければならない人生の羅針盤のようなものでもある。だからこそ、学習内容の定着を第一義とする教科学習での内容的目標と異なり、道徳教育では望ましい在り方や生き方を生涯にわたって追求していくための資質・能力形成を意図した方向的目標であると説明されるのである。よって、そのような資質・能力形成状況の把握は、ペーパーテストでの点数や発言回数といった数値による評価ができにくいので安易にやってはいけないとの戒めなのである。

このように、道徳教育では各教科等と同様な教育評価は差し控えなければならないことは自明なところである。むしろ問題にしなければならないのは、先に引用した学習指導要領前段部分、「児童（生徒）の道徳性については、常にそ

の実態を把握して指導に生かすよう努める必要がある」という点である。つまり、道徳教育によって培われる道徳性を教師がむやみに序列化したり、比較したりすることは評価目的として望ましいものではなく、子ども一人一人に将来の夢や希望を実現させる原動力となる「生きて働く力」を見出してやったり、それをさらに伸ばしたりするための子ども理解を前提にした評価活動を重視しなければならないということである。　道徳教育は教育基本法に謳われた人格の完成をそのまま目的とする教育活動である。それゆえに、その評価は子どもの全人格的評価でなければならない。学習指導要領に示された道徳性評価の趣旨をきちんと押さえ、道徳教育目標の達成という視点から子ども一人一人の道徳的実態を把握し、望ましい道徳性形成をより積極的に支援していくための評価活動を学校全体で位置づけていくことが肝要である。

③　道徳教育評価で求める道徳性の内容

　道徳教育評価の対象である道徳性は、道徳的な望ましさを希求し、道徳的実践を可能にしていく諸様相で構成される。この人格的特性としての道徳性は、道徳的心情、道徳的判断力、道徳的実践意欲と態度といった様々な内容を含んだ総体でもある。

　例えば、道徳的心情は道徳的価値の大切さを感じ取り、善を行うことを喜び、悪を憎む感情のことである。道徳的判断力は、具体的な日常生活場面において善悪を判断する能力である。また、道徳的実践意欲と態度は、道徳的心情や判断力を基盤に道徳的価値を実現しようとする意志力として作用する。

　これらの諸様相は個別に独立して存在するのではなく、相互に関連し合いながら道徳的価値を具現化するために適切な行為を選択し、実現していこうとする内面的資質としての道徳的実践力を形成していくのである。この内面的資質としての道徳的実践力がなければ、日常生活場面における道徳的実践などおぼつかないのはいうまでもない。道徳教育で育もうとしている道徳性は、このような複合的かつ不可分な資質・能力であるだけに、その形成過程での看取りは慎重でなければならない。道徳教育における評価では、以下のような点に配慮しながら見取るべき内容を明確化していく必要がある。

a．評価目的の明確化

　個々の子どもの望ましい道徳性形成を意図してなされる道徳教育では、その学びの成果を評価する際に2側面から問うことになる。つまり、教育の対象であり、その成果の受益者である子ども一人一人の学びにかかわる評価側面と、指導成果を期待して計画・実践する実施主体である教師側の指導法改善のための評価側面とである。

　どちらの側面から評価しても、個々の子どもが道徳授業を通じてどのような望ましい道徳性を身に付けることができたのかという点が最終的には問われることとなる。その際、何を目的にどう働きかけ、どのような個別的学びが成立し、そこで獲得した資質・能力はどのようなものであったのかという評価者の評価観点が曖昧であると、当然なことではあるが評価の対象軸が偏ってしまうこととなる。

b．評価対象の個別化

　道徳教育で身に付けるべき道徳性は、子ども一人一人の日常的道徳生活における在り方や生き方を基底で支える羅針盤のような役割を担うものである。その点で道徳性は個性的な資質であり、一様ではない。よって、最終的には個の人格的特性に包含されるべき性質のものであるといってよい。よって、評価はあくまでも個に始まり個に帰するという個別化を前提としたものでなければならない。

　僅かな指導時間や指導回数で道徳教育成果を性急に求めようとしたり、指導法改善の効果を短期的に捉えようとしたりすると、個々の道徳性の高まりではなく、つい集団的傾向の変化に評価の目が向きがちになる。道徳性にかかわる学級集団の傾向に変容が見られること自体は好ましいものであり、指導の成果でもある。しかし、個々の子どもの人格的特性として道徳性を捉えるなら、道徳教育の評価はやはり一人一人の道徳的なものの見方、感じ方、考え方の変容に着目していかなければその意味をもたないものなのである。

c．成長プロセスとしての授業過程評価

　道徳授業における子どもの学びのプロセスは、まさに子ども一人一人の人格的成長の様を肯定的かつ受容的に見守っていく過程そのものでもある。よって、

個々の道徳的なものの見方、感じ方、考え方の一時的な高まりをもって道徳教育の成果があったと結論づけるのは拙速過ぎるといわざるを得ないであろう。

子どもたちが自らの内に培うべき道徳性は、日々出会う様々な日常的道徳生活場面で個々が置かれた状況に応じて形成される。一見、道徳性が退行しているのではないかと見間違えられるような事態も時には生じよう。しかし、道徳性発達の視点で捉えるなら、それは単なる一過性の現象に過ぎないことが理解されるであろう。

個々の内面で発達を遂げてきた道徳性は、現象的には揺らぎながらも退行することは考えられないからである。それは、加齢と共に道徳性も正比例して発達する性質のものではないことを意味するものである。つまり、その時々の道徳的課題に対し、個の内面では揺らぎながらもスパイラル（spiral：らせん状）に望ましさへ向けて発達的上昇を指向していく性質をもつのが道徳性であると考えられるからである。その点からも、道徳教育評価にあっては何度かの授業で個の道徳的変容を確認するといった短期的な評価は不向きである。むしろ、学期単位でとか、年間を見通してとか、ある程度の長期的なスパンを経て個々の道徳的な変容を見届けていくことが前提でなくてはならない。

d．個々の成長を受容する肯定的評価

道徳教育の評価は学習指導要領にも明確に述べられている通り、テスト等による数量的評価（measurement）は意味をなさない。この評価は、集団の中で個をラベリングするといった相対評価の考え方に立つものである。子どもの道徳性の高まりを比較したり、序列化したりしてみたところで、それは個々の子どもの人格的成長にとって何ら意味をもつものではない。道徳性は、あくまでも個人としての在り方や生き方を一生涯にわたって支え続ける人格的特性であるからである。ゆえに、道徳教育における評価のスタートは、将来にわたって生きていく子ども一人一人のかけがえのなさを肯定していくところからである。

それは個々の子どもの個性を丸ごと受容し、その在り方や生き方を肯定的に評価していくよ（善）さを価値づける質的評価（evaluation）の考え方ともある部分で重なる。その点で、評価の基準は授業のねらいを志向しようとする子ども一人一人にあるという絶対評価の立場である、ただ、その特質を異にする

のは、あくまでも個としての進歩や成長、学び方や生き方のよさ等を見取っていく個人内評価に基づいている点である。そのようなことから、質的評価の範疇でも特に個の生き方に寄り添う学びのプロセス重視の評価であるので、道徳授業を要(かなめ)とした道徳教育ではアセスメント（assessment）評価が中心となるのである。

(2) 道徳授業における学びの評価の進め方
① 評価を進めるための基本的な視点

道徳教育は、子どもが人間としてよりよく生きるための人格の基盤としての道徳性形成を目指して営まれる教育課程に位置づけられた意図的活動である。だからこそ、その活動での目標を実現するために計画（Plan）→実践（Do）→評価（Check）→改善（Action）という評価プロセスを経て、本来の目的意図である道徳性の育みはどうであったのかを常に指導の裏返しとして見取っていく必要（ＰＤＣＡ評価）があるのである。

このことから、道徳教育評価は２側面でなされなければならないことになる。つまり、道徳性を自らの内面に形成する学びの主体者である子どもの側面から見た評価、さらには子どもが自ら道徳性を獲得できるよう手立てを講ずる支援者としての教師の側面からみた評価である。

もちろん、このような評価側面は、何も道徳教育に限定されたものではない。教科教育であっても、小学校の外国語活動、総合的な学習の時間や特別活動においても、意図的教育活動すべてにおいて必ず求められるものである。

道徳性形成という教育意図に対し、その具体的指導の実践計画や指導方法がどう作用し、どのような指導効果として実現できたのかといった評価活動は必然的なことであり、それを見取るためには学びの主体者である個々の子どもの道徳性形成実態そのものの評価、教師側の指導計画や指導法改善のための評価が表裏一体的の関係として展開されるのである。その事実を踏まえるなら、そこに求められるのは教師の教職専門性を支える科学性である。道徳教育は他の教育活動とは違うから評価など一切すべきではないという観念論、経験論、感情論の介在する余地は本来的にないのである。道徳教育が社会科学的な論理性

に基づいて展開される意図的営みであるという視点に立つなら、その評価は学習者である子どもと指導者である教師、いずれの側面から捉えても、以下のような事前評価→形成的評価→総括的評価の道筋を辿ることになるのである。

a．事前評価

効果的な学習を開始させるためには、導入段階での子どもの学びに対する内容実態把握をする必要がある。そのための評価が、事前評価である。

学習者である子どもの道徳的実態を知らずして、それを高めるための教材選定、指導方法の工夫といった学びに寄与するを授業計画案を策定することはできない。道徳授業において意図する主題のねらいに対する道徳的実態を事前評価することで、より効果的で最適な学習環境や指導条件を整えることができるのである。

b．形成的評価

道徳教育で育むべき道徳性は、極めてトータルなものである。その目標を達成するための具体的な構成要素を分析的に整理したのが、学習指導要領に示された内容項目である。それを学習過程において子どもがどのように身に付け、道徳的実態がどう変容していったのかを見取っていくのが形成的評価である。この形成的評価においては、子どもの学びの進展と共に、その都度その都度リアルタイムで見取りをしていくことが大切である。子どもの道徳的な学びを手応えとして確認しながら授業展開し、場合によっては大幅な指導計画修正の決断を下すようなことも評価結果という根拠を伴って生じてこよう。子どもの学びに寄り添うことを第一義として考えるなら、このような学びの過程での形成的評価は不可欠である。

c．総括的評価

道徳教育を具体的な教育活動として一定期間実施したら、学期末とか学年末等の学習が区切りとなる段階で目標に照らして子ども一人一人の道徳性が具体的にどう変容し、どのような人格的成長として高まったのかを見取ることが重要である。それは指導要録における「行動の記録」欄の評価にもつながるであろうし、道徳教育全体計画、教科の特質に応じた道徳教育を位置づけることになっている各教科等年間指導計画改善の大きな手がかりともなる。総括的評価

は、ひとまとまりの教育活動の区切りの段階でその教育成果を確認するために行う評価である。

近年では、子どもの学年段階的な発達特性を考慮したり、子どもの日常的道徳生活に様々な影響を与えている学校や地域の道徳的実態等を踏まえたりして、重点的指導を積極的に行う学校も増加してきている。年間35時間の指導計画の中に自校の子どもの道徳的実態を踏まえ、複数時間のショートプログラムでじっくりと幾つかの特徴的な内容項目を深めていくという重点的指導も定着してきている、このようなで複数時間での重点的指導の場合、手厚く指導した結果を各教科単元での総括的評価同様に捉えていくなら、その後の指導計画にリアルタイムで反映することが可能なのである。これまで、ややもすると軽視されがちだった道徳授業における総括的評価がもつ意味を、重点的指導の在り方と共に改めて問い直す必要があろう。

d．全体的評価

道徳教育は、道徳の時間の指導だけを意味するのではない。学習指導要領第3章道徳の第1「目標」にも述べられているように、各教科や外国語活動（小学校）、総合的な学習の時間、特別活動といった教育活動の中でそれぞれの特質に応じてなされる道徳教育と密接な関連を図りながら、計画的・発展的に道徳の時間で補充、深化、統合させることで道徳的価値や自己の生き方への考えを深めたり、人間としての生き方への自覚を深めたりしながら、道徳的実践力を育成していくところに教育的意義を見出せるのである。

よって、その点から道徳授業評価を捉えると、学校における教育活動全体を通じて行う道徳教育の全体計画や各々の指導計画との関連はどうであったのかを継続的に点検していく必要があろう。そうでなければ、学校の教育活動全体を通じて行う道徳教育との相互連環による道徳授業が有効に機能しないことになるからである。また、学校評価の視点からも、他の教育計画と重なり合う道徳教育の全体的評価を教師、子ども、保護者、地域住民、第三者も含めて積極的に進める必要があろう。

(3) 道徳授業に活かす評価活動の実際

　道徳授業における評価は、学校教育の目標実現への教育的営みそのものに対する実践的評価が前提である。特に道徳授業は、子ども一人一人の道徳性が実践に敷衍される道徳的実践力を高めることに究極的な目的があるわけであるから、指導したことに対する教育効果を第一義に問わなければならないのは当然なことである。いわば、指導と評価の一体化による教育的営みが前提にあって成り立つという基本的スタンスなのである。

　ただ、学び手が身に付けるべき学習内容にかかわってストレートに目標設定がなされている教科教育に対し、道徳教育の目標は個々が自らのよさに気づきながら将来にわたる望ましさを志向しようとする方向目標的な資質・能力を背景にした意欲や態度の形成である。よって、このような指導をしたから、きっとこのような教育効果が期待できるであろうといった見取りが難しい。道徳性はあくまでも個性的なものであり、外からは推し量れない個の内面に形成される資質・能力だからである。ゆえに、その評価はあくまでも個の進歩や成長、生き方のよさといった人格的特性としての道徳性の高まりを肯定的に受容し、積極的に認め、励ますものでなくてはならない。まず、このような子どもの学びに寄り添う評価観に立ち、次なる意図的な働きかけとして指導計画や指導方法等の妥当性を検証する評価をしていかなくてはならない。これは個々の道徳性を効果的に促すための指導法改善に資する評価であるから、二次的な評価ということになろう。

　上述のような考察は、子どもの道徳性の高まりを評価することと、その高まりを促すための指導計画や指導方法について評価することは表裏一体の関係にある事実を示すものである。以下に、道徳教育の目標に即した子どもの道徳的変容についての見取り評価の考え方、その道徳的変容を促すための方法論に関する基本理論、検証活動の具体的方法の実際について述べていきたい。

① 道徳的変容評価の実際
a．観察による方法

　子どもの日常的道徳生活場面における様子をそのまま観察し、記録していく

過程で変容を見届けようとする方法である。この観察法では、道徳授業内だけでなく、業間の休憩時間や給食、清掃、放課後等々の場面における個々の道徳的言行も含むので、観察評価するための観点を事前に具体的に設定して臨む必要がある。

また、道徳教育は学校における全教育活動を通して行われるものであるから、教師が個々にその道徳性を評価するだけでなく、教師集団が組織的に共通理解して取り組む姿勢も重要である。さらに、その評価観点に基づく観察記録の分析も、行動や態度といった外面に表れた現象のみを捉えるのではなく、その背景にある個々の子どもの内面理解を進めることがとても大切になってくる。このようなことから、観察法ではまず個々の道徳性を共感的に理解しようとする教師の評価者としての姿勢が前提になければならないものである。

b．面接による方法

ここでいう面接法とは、個々の子どもの道徳的なものの見方、感じ方、考え方がどのような実態にあるのか、どのような学びを形成しているのかを直接対面して推し量る評価方法である。

この面接法は、学校生活の僅かな時間を利用して行えるし、直接当事者から回答を得ることができるので、評価材料の収集・検討という点では極めて効果的である。もちろん、この面接法は直接的なかかわりを伴うので、面接する教師と子どもとの信頼関係が何よりも優先されよう。

また、実施の際には面接者である子どもの表情や僅かな動作等にも留意し、共感的に受容しながら個の内面に寄り添いつつその成長過程を理解しようとする姿勢が大切である。

c．質問紙等による方法

質問紙法は、アンケート形式で教師があらかじめ設定した質問に回答してもらうことで学級の道徳的な集団傾向や個々の実態を捉えようとする方法である。対象集団に対して一斉に実施できる利点もあるが、個々の実態を的確に把握するという点では観察法や面接法には及ばない。しかし、データ収集の簡便性という点からつい安易に多用されがちである点を留意しなければならない。

また、設問項目がややもすると吟味不足で独善的になりやすかったり、回答

者が調査意図を汲んで回答しにくかったりする事態も生ずので、学年会とか道徳部会といった組織を活用して多くの目で検討する必要がある。本来的には統計的な手続きを経て調査内容に客観性と妥当性をもたせるようにするのがいちばんである。なお、設問に対してあらかじめ幾つかの選択肢を設定する方法もあるが、回答者である子ども自身に主体性をもたせる自由記述で回答してもらう方法も有効である。回答者の内面が多様に引き出せ、個々の肯定的評価につながるからである。その際は記名形式で回答を求めることになるので、やはり他の方法同様に信頼関係が前提となる。

d．学習成果の蓄積やルーブリック指標併用による方法

　子どもの道徳性にかかわるワークシートや作文、日記、道徳ノート、心のノート等を道徳的成長の足跡として評価していく方法である。ファイル等で継続的に保管していくなら、それはポートフォリオ（portfolio：学びの足跡蒐集）評価となる。また、ルーブリック指標（rubric：学びの度合いを推し量る観点別記述語とそれを評価する数値的な尺度で構成）による評価と組み合わせて継続的に自己評価、相互評価を蓄積していくなら、その効果は計り知れないものがある。

　なお、ポートフォリオとは、個々の学びの足跡蒐集のみならず、学びの成果に対する教師の励まし評価としての朱書きを語源的に意味している。つまり、子ども一人一人の道徳的な学びと道徳授業で培うべき目標とを照らし合わせ、個の成長の度合いを推し量る評価方法なのである。

　この手法で大切なのは、個が自らの人格的成長に気づき、さらなる向上を目指して新たな自己目標を設定していけるような未来志向性と自発性の伴う手立てを講じていくことである。

e．心理的手法による方法

　心理学的手法というのは、問題場面テストとか標準テストといった検査法等で、道徳的傾向把握のために心理分析的な手続きで実施する方法である。よって、本来的に集団内で個々を序列化するためのテストとは本質的に異なる。

　特に、標準テストはあくまでも客観性をもって集団や個人の道徳性を把握し、統計的な手法で全国標準化された規準に照らして具体的な指導に役立てること

を意図して開発されたものである。また、他の心理的手法としては、児童・生徒相互の日常的な行動観察に基づいて行うゲス・フー・テスト（guess-who test：熟知した集団内で行動・態度・能力等に関する質問を行って人物評価する検査法）、自分の道徳的な日常行動について振り返る自己診断テスト、認知行動療法の技法を援用した活用等も可能である。

② 道徳の指導法評価の実際
a．道徳教育指導計画についての評価

　道徳教育の指導計画は、学校の全教育活動を通じて行うための道徳教育全体計画、学級を単位として豊かな人間関係や体験活動等に考慮して行うための学級における指導計画、さらには道徳の時間の充実を担保する年間指導計画とに分けて考えることができる。もちろん、これらの指導計画は緊密に連環しながら道徳教育の目標達成に向けて機能し合うものである。よって、別個のものとして計画に修正を加えたり、一部教師が単独で改善を試みたりしても、それは徒労に終わりやすい。学校における道徳教育をより実践的に具現化していくためには、これらの計画を適宜見直し、改善していくという全教師の合意形成と共通理解が必要なのは言うまでもないことである。

　道徳教育全体計画については、道徳教育の目標が明確に反映されているか、各教科等の教育活動や学校教育の様々な取り組みとの相互補完的かつ緊密な関係性が明確になっているか、子どもの発達段階的特性や子どもが置かれている日常的道徳生活実態に即した指導の重点化が図られているか、指導実態に即して学校の道徳教育が弾力的に運用できるようになっているか、全教師が作成にかかわりながら共通理解しているか等が、これらの指導計画に対する評価活動の観点となる。

　また、学級における指導計画や道徳の時間の年間指導計画に対する評価は、全体計画との整合性が図られているか、家庭や地域との連携方策が盛り込まれているか、発達段階に応じて発展的系統的に計画されているか、子どもの日常的道徳実態に即しての指導内容構成や重点化が図られているか、学校行事及び他教科等との関連的な指導が明確になっているか、道徳年間指導計画における

主題配列や資料となる教材、授業展開大要が適切であるか等々がカリキュラム評価としての観点になろう。

b．指導過程における子どもの学びの評価

道徳の時間における指導過程評価の観点は、その時間のねらいが明確になっているか、導入・展開・終末の各段階が子ども個々の変容を促す構成になっているか、的確な発問で個々の気持ちを受け止めているか、指導において子ども一人一人への配慮がなされているか等々が挙げられる。

この項目に関する道徳授業評価の取り組み方法、評価観点設定等の具体例については、本章第1節（3）「道徳授業（道徳学習指導案）の基本構想」の項目を参照されたい。

c．指導法についての評価

指導の諸方法を評価するための観点は、ねらい達成に向けて有効であったか、子どもの発達段階的特性や道徳的実態に照らしてふさわしいものであったか、個々の子どもの主体的な学びを誘発するものであったか、個々の子どもの内面に迫る授業構成に寄与するものであったか、子ども一人一人にとって印象深く満足できる学習活動であったかどうか等々が観点として挙げられよう。

（4）道徳教育における評価と指導要録の問題

① 指導要録「行動の記録」欄の基本的な考え方

指導要録は、学校における児童生徒一人一人の学籍であると同時に、指導の過程やその学びの成果を新たな指導に役立てるための指導記録を記した公簿でもある。様式1は「学籍に関する記録」であり、様式2が「指導に関する記録」となっている。

様式1「学籍に関する記録」は、それぞれの学校に個人がどの期間在籍し、どのように進学もしくは転学していったのかという足跡が記されるのみである。この欄には、子どもの学びとしての教育記録は記載されない。個の学びの記録として記されるのは様式2「指導に関する記録」である。その様式2は、「各教科の学習の記録」、「外国語活動の記録」（小学校のみ）、「総合的な学習の時間の記録」、「特別活動の記録」、「行動の記録」、「出欠の記録」、さらには先の項目す

べてにかかわる「総合所見及び指導上参考となる諸事項」で構成されている。
　この中で、より直接的に道徳教育の評価と重なるのは「行動の記録」である。そして、全教育活動における評価という視点で捉えるなら、「総合所見及び指導上参考となる諸事項」が道徳教育での評価そのものとなる。
　「行動の記録」は小学校、中学校共に 10 項目（基本的な生活習慣、健康・体力の向上、自主・自律、責任感、創意工夫、思いやり・協力、生命尊重・自然愛護、勤労・奉仕、公正・公平、公共心・公徳心）で構成され、該当する項目に照らして個人内評価としての肯定的評価をすることになっている。また、必要があれば学校独自に項目を追加して評価することも可能な取扱いとなっている。
　ここでの 10 項目の観点別評価項目は、道徳の内容項目という表現こそしていないものの、学習指導要領に示された道徳の内容項目を整理・統合し、包括したものである。よって、指導要録の「行動の記録」を評価するということは、道徳教育の評価をすることと同義であると考えるべきなのである。ゆえに、学校における道徳教育や道徳授業での評価をしなかったら、この「行動の記録」欄は記載できないはずなのである。当然、それらをすべて含んだ「総合所見」欄はなおさらである。

②　個としての「よ（善）さ」への自覚を促す自己評価の進め方

　指導要録の「行動の記録」欄は、子ども一人一人に自分の心の有り様を見つめさせ、個としてのよりよい生き方を志向した生活や行動へのめあてをもたせて取り組ませることで自己成長の高まり（道徳性）を実感させられる。その点からも、道徳教育では自己評価や肯定的相互評価を取り入れるべき必然性が伴うのである。
　自己評価は、子ども一人一人のよい面や可能性、進歩の状況等を肯定的に評価することで次なる成長へと導くことに意味を有するものであるから、評価者自身が自覚できるような方法論的な工夫が何よりも重要である。
　具体的には、自己評価カードの活用等が考えられよう。例えば、今月の生活目標を自己成長への観点として評価規準となる評価項目を自分で設定し、併せ

て評価するための評価基準（評価スケール）も予め用意しておく。その実現に向けての取り組みを月末に自己評価し、自らその達成状況を確認するといったことも道徳性形成の面で効果的である。

さらには、道徳授業で用いたワークシートをその後の実践でも取り組めるように書き込み欄を設定しておけば、一定期間における個としての道徳的変容を自己評価させることも可能である。また、学校や学年・学級単位で様式を統一した「道徳ノート」を作成したり、「心のノート」を定期的に取り出して自らの足跡を辿らせたりしてもよい。要は、自分のよりよい在り方や生き方の反映として「行動の記録」欄評価へ発展させられるような工夫を重ねていくことがより大切なのである。

4 人間力形成アプローチによる授業構想
（1）授業構想するための視点

本書のコンセプトである「人間力」は、本来的に人それぞれの内面的資質として形成され、知力や体力と調和的に統合し・発揮させられるべきものである。このような人格的資質・能力としての人間力をイメージしていくと、やはり一人の人間の個性的な「よ（善）さ」、「生きる力」という平成10（1998）年改訂学習指導要領以降の長きにわたって追い求めてきた人間像、つまり、心身共に自立した存在として生きていくための総合的な力（「知力」、「実践力」、「コミュニケーション力」、「社会スキル」といったトータルな人格的資質・能力）を身に付けた人間像が浮かび上がってこよう。

このような人格的資質・能力を形成する上で、その構成要素の一部分を担うのが、知力や体力と調和的に統合される道徳性であることをまず確認しておきたい。次に、豊かな人間性に根ざした「生きる力」の育成を念頭に、子どもの主体性的な道徳的実践力形成を積極的に支援するような道徳授業アプローチを具体的に検討していく必要があろう。そんな道徳授業を創造するための視点を本書では、「重点的指導パッケージとしての多時間複数価値同時追求型プログラムによる道徳授業の展開」という部分に設定している。キーワードで示すなら、以下の「重点的指導」、「パッケージ型道徳授業」、「複数価値多時間同時追求型

プログラム」、「価値達磨構想」の4点になる。
  ①重点的指導：
    子どもの発達段階や日常的道徳生活実態に即した重点的な指導を具現化する。
  ②パッケージ型道徳授業：
    子どもにとって一定のまとまりある道徳的学びとするためのパッケージ型道徳授業にする。
  ③複数価値多時間同時追求型プログラム：
    同じ教材で道徳的体験をしても生ずる千差万別の課題意識が尊重され、その追求課程で相互の関連的意味づけができるような道徳授業にする。
  ④価値達磨構想：
    道徳的価値のみを取り上げて課題追求するのではなく、一個の人間に内在する感情的側面、慣習的側面も踏まえた理性、感性、悟性が渾然一体となって作用する「生き方学び」の授業にする。

　ここで示している授業アプローチは、年間35（小学校第1学年は34）時間の道徳授業すべてをこのようなパッケージ型の複数価値多時間同時追求型プログラムで構成すべきであると主張しているのではない。小学校や中学校における道徳授業の現実的指導対応としては、日々繰り返すことで身に付けていくべき道徳的習慣の確立にかかわる指導、特定の集団や社会の構成員として遵守・尊重すべききまりや態度および習わし・文化といったや道徳的慣習にかかわる指導、人間誰しもが本来的にもっているよ（善）さの吐瀉(としゃ：内面の発露)としての普遍的価値の追求に関する指導と、実に多岐にわたる。子どもと教師が互いに胸襟開いて語り合うための課題となる学習指導要領に示された内容項目、それらを細部にわたって精査するなら、この意味は十分に理解されることであろう。それぞれの設定した主題内容に合わせて柔軟な指導をしていくところに道徳授業の本来的な意義があるのである。
　ただ、1単位時間での限られた指導では、個々の子どもの道徳的なものの見方、感じ方、考え方をある程度制約しなくてはならない。すると、勢い教師主

導となり、子どもは教師の設定したねらいから外れることを許容されない1価値追求型の道徳授業に身を委ねることとなるのである。それが、平成20 (2008) 年1月に中央教育審議会初等中等教育分科会教育課程部会から示された答申でも「道徳の時間については、指導が形式化している、学年の段階が上がるにつれて子どもの受け止めがよくないとの指摘がされており、何よりも実効性が上がるよう改善を行うことが重要である」(註6) と切り込んで言及される要因となっている面も否定できない。やはり、これまでの授業改善努力ではカバーしきれなかった子ども自身の全我的かかわりをもった道徳的学びを導き出してやるためのパラダイムチェンジが不可欠である。

つまり、子どもの人格特性としての道徳性は、紋切り型に細分化してその部分のみ強化するといったことは現実的にできにくい現状を踏まえ、個人の内面において情意的側面、認知的側面、行動的側面が渾然一体となって入り交じり、葛藤を重ねながら自らの在り方や生き方を追求できるような密度の濃い学びをその時々に設定してやることが、結果的に子どもの心にくさびを打ち込むことにつながると考えるのである。そうでなければ、いくら感動を与えて情意的側面のみを強調しても、根拠の積み重ねによる理性的な道徳的判断といった認知的側面を強調しても、直接的に体験を通して学ばせるといった行動的側面のみを強調しても、限られた時間設定、絞り込まれて狭められた内容項目のみの追求では勢い形式的にならざるを得ないのである。それが学年進行と共に継続されるなら、子どもたちの心に大きく響き、心が大きく揺さぶられ、心が大きく動くといった日常的道徳生活と直結した学びからかけ離れることはあっても、より接近することは考えにくいであろう。だからこそ、子ども一人一人が全我的にかかわれるような余地を残した複数価値多時間同時追求型プログラムといった発達特性や道徳的実態に即した重点的な指導、関連する内容項目つながりを密にした複合的な道徳授業づくりをしていく必要があるのである。前章で図説した「価値達磨構想」は、子どもの人格を構成している要素を台座に立つ達磨に見立てて、そのトータルなバランスのよいトータルな拡大・成長をイメージ化したものである。

達磨が立つ土台となる「感情コントロール層」(人間の自然性に根ざした感情

側面)、達磨本体を形作る「道徳的慣習形成層」(日常的道徳生活に根ざした認知行動的側面)、達磨上部にあってその全体を律する「道徳的価値自覚層」(トータルな人格特性としての道徳的側面)、これらが相互補完的かつ連関し合ってバランスよく保たれ、拡げられるなら、それは「頭では分かっているが、実際に行うことはできない」といった片寄った道徳的成長にはならず、個としてのよ(善)さとして発揮される人格的特性としての道徳的成長へ発展するに違いない。だからこそ、価値達磨構想具現化の切り札として、重点的指導を前提としたパッケージ型道徳授業が必要であり、その方法論として「複数価値多時間同時追求型プログラム」を提唱するのである。

(2) 複数価値多時間同時追求型アプローチの試み
① プログラム試行に向けた背景

ここで取り上げる複数価値多時間同時追求型道徳授業アプローチは、平成19 (2007) 年度に川崎市立S小学校で当時6年生を担任していたY教諭によって実践されたものである。ここでの授業プログラムは、「いのち」をテーマに重点的指導パッケージとして開発され、実践されたものである。

担任のY教諭は教師歴25年を超えるベテランの女性教諭。近隣の学校に多年勤務した経験から、同校が置かれた子どもたちの道徳的環境も体験的に十分理解している。また、担任した2学級編成の学年は、子どもたちが3年生、4年生の時も担任としてかかわっているので、学年全体での人間関係もそこそこに成立している。

校内事情で最終学年を受け持つこととなったY教諭が子どもたちを前に、ずっと気がかりになっていたのは自尊感情の低さであった。自らを肯定的に受け止めること、同様に生きている他者も肯定的に受け止めること、かつての学級集団であれば当たり前の豊かな人間関係が構築できないでいる事実、自分の将来への夢や希望がうまく描けていない不安定さ等が、そう感じた理由である。古くからの商業、住宅混在地域にあって、保護者や地域の教育力もかつてほどではないにしても、そこそこに健在である。しかし、子どもたちは確実に何かに対する意識が希薄化している。そんな思いで子どもたちと接してきたY教諭、

日光修学旅行を控えた晩秋、満を持して「いのち」の授業の実践に臨んだのであった。

　Y教諭は、子どもたちが日常的に使っている言葉に耳を澄ますと、「死ね」、「ぶっ殺す」、「消えろ」等々の相手を全面否定する罵りが無感覚で蔓延していることがとても気になったのである。友だち関係のトラブル、言葉の暴力による意図的な排除等々、どこにでもあるような実態ではあるが、小学校卒業という節目に再度子どもたちに問いかけたいと、Y教諭は「いのち」をテーマに複数価値多時間同時追求型プログラムを構想したのである。

②　プログラムのテーマを貫く教材選定

　各学年段階毎に示された内容項目を題目的に取り上げるような道徳授業では、ややもすると内容項目の理解で終わってしまうようなことも少なくない。つまり、道徳的価値に対する理解が一面的であったり、自らの日常的道徳生活との接点をもたないものであったりする場合も少なくないということである。そこで、道徳的価値内容についての確かな理解とその必然性への自覚、その価値実現のために必要とされる認知・判断能力や心情面の陶冶、実践意欲や態度形成といった精神面、行動面での充実といった様々な人格成長のための諸能力を複合的に育んでいけるような素材の教材化を目指すことにした。もちろん、子どもの発達段階的な特性や個々の子どもの生命尊重に関する意識実態も考慮して教材選定を進めることとなったのである。

　まず、学級の子どもたち一人一人の生命尊重意識実態がどうであるのかを事前調査によって把握した。そこで用いたのは、「生命観把握尺度（小学校高学年・中学校下学年用）」（註7）である。これは高知大学教育学部勤務当時の著者に川崎市総合教育センター平成19年度道徳研究会議から依頼があり、共同で開発した簡便型の生命尊重意識実態把握用事前調査尺度である。

（尺度開発の手続き）
- ●調査対象：川崎市内公立小・中学校各1校の児童・生徒307名
　　　　　（小学校6年生：164名、中学校1年生生：143名）
- ●調査時期：2007年9月上旬　同一時期、設定時間30分で実施。

●調査内容：質問紙による5件法にて記述回答

　暫定尺度の基となったのは、道徳研究会議が実施した「生きる喜びを感じるとき」についての自由記述による予備調査結果である。内容面で似通った回答を整理・集約し、生命観構造図の3つの側面「生物的側面」「社会的側面」「文化的側面」に沿うように暫定下位尺度20項目で構成した。それを「自他の生命に関する調査」として本調査実施した。なお、回答は5件法による形容詞対で求めた。

図12　生命観把握尺度の構成
自他の生命に関する因子分析結果

(主因子法　プロマックス回転後　N＝307　小6：164名、中1：143名)

設問項目内容	因子Ⅰ	因子Ⅱ	因子Ⅲ	共通性
因子Ⅰ　かかわり充実感因子（社会的側面としての充実感）				
5. 自分が生きている限りは、人の役にたちたいと思う。	.87	-.11	.00	.64
12. 人に感謝されるような生き方をしたいと思う。	.72	.02	-.02	.58
3. 人は、つらい時や苦しい時に助け合えるから、生きていられると思う。	.66	.14	-.13	.56
7. 人は互いに支え合いながら、生きているのだと思う。	.64	.16	-.11	.56
2. 人に支えてもらって生きるより、人を支えるような生き方が大切だと思う。	.62	-.09	-.04	.37
9. 自分が今生きてやっていることは、次の世代の人の役に立つと思う。	.56	.01	.22	.52
8. 自分が生きていることは、社会にとって意味があることだと思う。	.50	.13	.15	.52
18. 命は、人間や動植物だけでなく、山や川、石などの自然の物にもあると思う。	.48	.19	-.06	.37
因子Ⅱ　生命充実感因子（生物的側面としての充実感）				
6. うれしいことや楽しいことがあったりすると、今ここに生きていると思うことがある。	-.13	.88	.08	.65
15. 生きていることが、うれしくてしかたがないと思うことがある。	-.08	.80	-.01	.69
17. まわりに自分をわかってくれる人がいるだけで、生きている。	.07	.74	-.09	.59
16. みんなで力を合わせてやるとげた時に、生きている喜びを感じる。	.14	.65	.25	.67
10. 自分は、他の人と一緒に生きていると思うとうれしい気持ちになる。	.21	.58	-.01	.62
1. 朝起きた時、今日も生きていて良かったと思うことがある。	.12	.41	.16	.46
因子Ⅲ　文化的生命受容感（文化的側面としての生命受容感）				
11. 自分のこれからの人生は、運命とかにも左右されると思う。	.19	-.07	.54	.52
13. 生きている自分は、いつか死ぬと思うと心配になってくる。	-.17	.15	.47	.45
14. テレビやゲームの世界のように、生きられたらいいと思う。	-.17	.01	.42	.35
4. 一度死んだ人が、また生き返るようなこともあると思う。	.06	-.07	.34	.29

寄与率　44.61%	因子間相関	因子Ⅰ	因子Ⅱ	因子Ⅲ
	因子Ⅰ	－	.69	.48
	因子Ⅱ		－	.55
	因子Ⅲ			－

図13　生命観把握尺度による実態把握書き込みチャート

「生命観把握尺度」各因子別合成得点平均値算出表と書き込みチャート

(小・中) 学校　　年　　組　　No　　実施者氏名 (　　　　　)		
各因子別質問項目	項目別平均値	合成得点平均値
因子Ⅰ　かかわり充実感因子（社会的側面としての充実感） 5. 自分が生きている限りは、人の役にたちたいと思う。 12. 人に感謝されるような生き方をしたいと思う。 3. 人は、つらい時や苦しい時に助け合えるから、生きていられると思う。 7. 人は互いに支え合いながら、生きているのだと思う。 2. 人に支えてもらって生きるより、人を支えるような生き方が大切だと思う。 9. 自分が今生きてやっていることは、次の世代の人の役に立つと思う。 8. 自分が生きていることは、社会にとって意味があることだと思う。 18. 命は、人間や動植物だけでなく、山や川、石などの自然の物にもあると思う。	……… ……… ……… ……… ……… ……… ……… ………	8項目合計得点 ÷8＝
因子Ⅱ　生命充実感因子（生物的側面としての充実感） 6. うれしいことや楽しいことがあったりすると、今ここに生きていると思うことがある。 15. 生きていることが、うれしくてしかたがないと思うことがある。 17. まわりに自分をわかってくれる人がいるだけで、生きている。 16. みんなで力を合わせてやるとげた時に、生きている喜びを感じる。 10. 自分は、他の人と一緒に生きていると思うとうれしい気持ちになる。 1. 朝起きた時、今日も生きていて良かったと思うことがある。	……… ……… ……… ……… ……… ………	6項目合計得点 ÷6＝
因子Ⅲ　文化的生命受容感（文化的側面としての生命受容感） 11. 自分のこれからの人生は、運命とかにも左右されると思う。 13. 生きている自分は、いつか死ぬと思うと心配になってくる。 14. テレビやゲームの世界のように、生きられたらいいと思う。 4. 一度死んだ人が、また生き返るようなこともあると思う。	……… ……… ……… ………	4項目合計得点 ÷4＝

【各因子別合成得点平均値チャート】

各因子の合成得点平均値を書き込んで、期待基準目安ラインと比較する。

生命観実態因子別チャート
〈個人プロフィール〉

期待基準ライン＝破線／各因子期待値3.0で設定

本尺度を採用した理由は、「いのちの教育」という呼称はよくされるが、その内容や指導方法は同床異夢の場合も少なくない実態を踏まえ、子どもの変容を裏付ける拠りどころとなるものを求めたからである。生命尊重教育については、その学校の教師集団や教師個々の生命観（もしくは死生観）によって「生命尊重」は同じであっても、そこで取り上げる「いのち」の対象や目指すべきものが大きく異なるような場合も珍しくないからである。
　例えば、理科の生物分野や保健体育もしくは特別活動での学級活動で学ぶ誕生・成長・健康・安全等の自然科学的な視点から取り上げた際の生物的側面、国語の文学教材や道徳の感動教材から学ぶ人の生き方やかかわり方といった生命の社会的側面、さらには生活科や社会科あるいは家庭科等を中心にした生命のつながりや拡がりとしての文化的側面と、「生命につながる学び」を学校の教育課程に位置づけただけでも、その生命観や指導観、さらには教材観といった面での一貫性や整合性どころか、その教育目的や教育目標がたちまち揺らいでくるのである。ましてや、指導にあたる教師の拠りどころとなる各々の生命観にまで言及するなら、公教育としての信頼性や妥当性を満たし得るような生命尊重教育、教育的意味を明確にした生命尊重教育など果たして可能なのかといった疑念すら噴出しかねない現状も事実である。
　ここでは、生命尊重を道徳的価値としてどう捉え、どう自覚化していくのかという観点から見て、社会的側面、生物的側面、文化的側面とバランスよく構成されているこの「生命観把握尺度」の因子構成が妥当と判断されたことが採用の理由である。
　結果は、図 14 の通りであった。他者とのかかわりに関する項目から構成されており、「かかわり充実感因子（社会的側面としての充実感）は 2.99 と、ある程度意識化されていることが見て取れる。また、生きることの実感に関する項目から構成されている「生命充実感因子（生物的側面としての充実感）」も決して高くはないものの 2.72 あり、集団的傾向として見る限りはある程度自覚化されているように判断できる。しかし、文化的視点における思考に関する項目から構成されている「文化的生命受容感（文化的側面としての生命受容感）」は 2.05 で他因子に比べて曖昧で、実態的に課題となった。

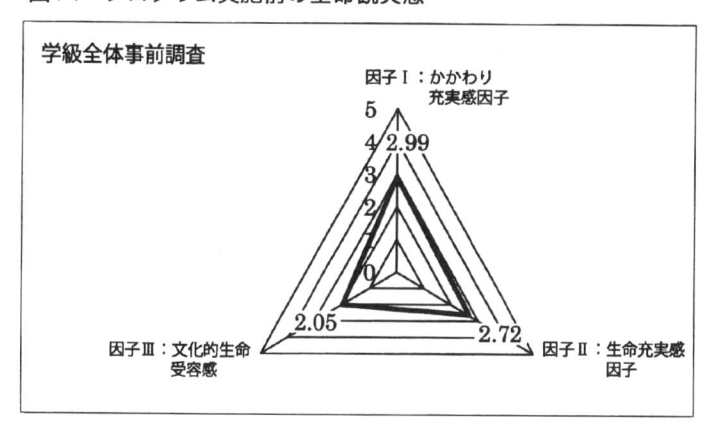

図14 プログラム実施前の生命観実態

学級全体事前調査
因子Ⅰ：かかわり充実感因子 2.99
因子Ⅲ：文化的生命受容感 2.05
因子Ⅱ：生命充実感因子 2.72

　ここで用いた生命観把握尺度は全体的実態傾向を捉えるというよりも、個々の子どもの生命観を見取っていくことに主眼が置かれている。よって、複数価値多時間同時追求型のプログラムを実施したことで集団的変容を期待するというよりも、個々の子どもの内面理解につながっていくことが大切であると考え、この実態傾向からそれに見合う道徳教材選定を進めた。

　最終的に選定した道徳教材化のための資料は、『わたしのいもうと』(松谷みよ子：作／味戸ケイコ：絵　1997年新版　偕成社刊)という絵本である。子どもたちにとって身近な学校図書館に個別活動に必要な絵本が複数冊配架されていることと、作品に描かれたテーマこそ重いが多様な視点が含まれているために個々の子どもの自己課題を設定しやすい点が選定の決め手となった。また、「生命尊重」という幅広い概念は、意識実態的に弱い特定部分のみを強化するという発想では捉えにくく、複合的に関係し合う価値認識の総体として受け止め、育んでいく必要があることを事前評価として行った自由記述欄に記された個々の生命観や生命尊重意識実態から把握できたからである。その点でも、十分に学習促進要件を兼ね備えた教材であると判断した。

◇小学校6年　主題名「いのちを見つめて」の資料概要

　［資料として取り上げた松谷みよ子作：絵本『わたしのいもうと』のあらすじ］

小学校4年生の時に転校した妹。言葉がおかしいと笑われ、跳び箱ができないといじめられ、「くさい、ぶた」と罵られ、妹が給食を配ると誰も受け取ってくれません。誰一人口をきいてくれなくなり、一月たち、二月たち、遠足でもひとりぼっちだった妹。やがて学校へ行かなくなります。家に閉じこもった妹は、ご飯も食べず、口もきかず、黙ってどこかを見つめ、振り向いてくれなくなります。やせ衰えた妹は、母さんの必死の介抱で命だけは取り留めます。

　毎日がゆっくり流れ、いじめた子たちは中学生になってセーラー服で通います。しかし、妹はずっと部屋に閉じこもって本も読まず、音楽も聴かず、黙ってどこかを見つめ、振り向いてもくれません。そしてまた歳月が流れ、妹をいじめた子たちは高校生になりました。その頃、妹は折り紙を折るようになりましたが、やっぱり振り向いてはくれません。「つるを折っていると、あの子の心が分かるような気がするの」と、母さんも隣の部屋で鶴を折ります。ある日、妹はひっそりと死にました。妹の棺には、花と一緒に鶴もすくって入れられました。そして、こんな言葉で作品は結ばれています。

「わたしを　いじめたひとたちは　もう　わたしを　わすれてしまったでしょうね
　あそびたかったのに　べんきょう　したかったのに」

③　プログラムの構成と実践過程

　価値伝達構想に基づく複数価値多時間同時追求型道徳授業アプローチでの個々の子どもの道徳的価値観形成プロセスの前提は、その授業での主題を構成する道徳的価値の自覚化（達磨に例えるなら頭）のみを対象にしても「頭で分かったことを心底感得する」部分まで高まらないので、人格全体に関わる包括的（holistic）な働きかけをするという基本的発想にある。つまり、頭では分かっているが心の奥底にはちっとも響いていかない状況を心底感得する段階へと高めるために、特定価値追求型授業にこだわらないで展開する点に特徴をもたせている。

　つまり、様々な関連する道徳的価値を踏まえながら、コアとなる中心価値へ迫っていくという方法論的パラダイム転換を前提にしている。つまり、子ども

によりよく生きるための道徳的価値に気づかせる段階（道徳的価値自覚層）としての達磨頭部を対象にいくら授業で働きかけても、その達磨が立つ土台となる感情コントロール層（人間としての自然性に目を向けるレベル）や、達磨本体を成す社会的存在として不可欠な道徳的慣習形成層（道徳的慣習を身に付けるレベル）をバランスよく育てていなければ、結果的に子どもの道徳的なものの見方、感じ方、考え方（つまり、道徳的価値観）を高めることは困難であるという考え方に基づくものである。

　なぜなら、例え全教育活動の中で培った道徳性を補充、深化、統合するのが道徳の時間であるといっても、感情コントロール層や道徳的慣習形成層の育みは偶発的であったり、無意図的であったりで、個の内面でそれらをバランスよく統合するにはあまりにも不確か過ぎる。ならば、各学校で重視する重点的な指導内容に関してはきちんと複数時間を配当したショートプログラムで、感情コントロール層や道徳的慣習形成層をも育みながら、よりよく生きるための道徳的価値に気づく段階（道徳的価値自覚層）を実現しようとするのが複数価値多時間同時追求型道徳授業である。

　この複数価値多時間同時追求型授業では、そのプログラムを構成するために5段階のステップを設定している。

【「価値達磨構想論」による課題追求段階】
　ステップⅠ：学習活動としての導入段階
　ステップⅡ：学習活動としての展開前段段階
　ステップⅢ：学習活動としての展開中段段階
　ステップⅣ：学習活動としての展開後段段階
　ステップⅤ：学習活動としての終末段階

　ステップⅠ（価値との出会いと個人課題を見出す段階）は、授業における導入の部分にあたる。また、ステップⅡ（個人課題を解決するための共通の手がかりとして共通課題を設定する段階）は、展開前段部分に相当する。同様に、ステップⅢ（集団的価値追求をする協働（collaboration）、協同（cooperation）、

共同（communication）を実現する思考活動段階）は、授業展開の中心部分に相当する。そして、ステップⅣ（共通課題として集団的価値追求した結果を思考のベースとして個人課題を自己解決する段階）は、共通課題という中心価値に照らし、そこに連なる関連価値としての個人課題を自らに解決する展開後段部分にあたる。最後に、ステップⅤ（個人課題追求結果を発表し合い、共有しながら再度共通課題を確認し合う段階）では、子ども一人一人が自らの内面で追求した道徳的価値を個々のスタイルで整理・統合する授業の終末段階となる。

　このような学びのステップは、基本的にはわが国の道徳教育の歴史の中で一貫して引き継がれ、発展的に改善されてきたインカルケーション（価値教化）型授業スタイルの踏襲である。これまで積み重ねてきた道徳授業の方法論を子どもにとって丁寧な指導が必要とされる重点的指導を要する内容については全我的にかかわれるよう、複数時間で取り組めようにしていこうと試みているわけである。

　また、多時間授業構想としての各時間配分の考え方については、対象となる子どもたちの道徳的実態に即して、柔軟に運用すべきであろう。例えば、2時間扱いなら1時間目でステップⅠ～Ⅲまでとか、3時間扱いなら1時間目でステップⅡまでとか、5時間扱いなら1時間目ではステップⅠのみといった子どもの学習実態に沿うような設定にすればよいわけである。

《価値達磨構想による複数価値多時間同時追求型道徳授業案》
1. 主題名：いのち（生命）を見つめて　小学校高学年3-(1)生命尊重
2. 資料名：絵本『わたしのいもうと』（松谷みよ子作　偕成社　1997年新版／教室に同絵本を複数冊常備し、いつも手にできるようにする）
3. ねらい：かけがえのない自他の生命を多様な視点から見つめ、自分なりに意味づけて実践しようとする態度を育てる。
4. 授業の大要　（6年2組　男子15名、女子16名　合計31名）

学習段階 (Step)	学習活動における個の学び (Study)	期待する学びの結果 (Performance)	個の追求課題 (Task)
ステップⅠ 絵本についての感想を語らい合い、個人課題を設定。	絵本『わたしのいもうと』に対する個々の受け止め方を、感情面も含めて様々な視点から語らい合い、教材中の誰の立場で何を問いたいのか個として追求すべき道徳的課題を設定する。	妹やそれにかかわる登場人物について感情面や日常生活経験等を踏まえて考え、自分にとって道徳的に何が問題で追及すべき課題となるかを明確に表明できる。	個として追求すべき道徳的課題を見出し、その解決への見通しをもつ。
ステップⅡ 絵本から導き出した個人課題を解決するための手がかりとして共通課題を設定。	絵本から見出した個別な道徳的課題を解決するため、その手がかりとするためにクラス全体で予め解決しておくべき中心価値としての共通追求課題を設定する。その中心価値としての共通追求課題は、互いの価値観のすりあわせを通して導き出す。	同一教材でも課題は個別であることに気づき、それを解決するための共通課題は何かを明確に自覚できる。	個人課題解決の前段階として共通追求課題を共有する。
ステップⅢ 共通課題を受容・追求して解決。	妹やそれに連なる人々の内面を語らい合うことで課題追求し、共通の望ましさとしての結論を導き出し、それを受容する。	個々の価値観をすり合わせ過程を通じて、共有すべき価値を見出すまで語らい合うことができる。	個と重なり合う社会的な望ましさの追求をする。
ステップⅣ 各自個人課題再検討。	共通で導いた結論を基に自ら問うべき道徳課題を個人もしくは小集団で追求・吟味する。	同じ課題をもつ者が共通課題で得た価値観を核にして、望ましい結論を導き出すことができる。	中心価値での気づきを援用することで、個人課題を解決する。
ステップⅤ 個人課題追求結果の共有化と共通課題確認。	共通課題を核に、それと関連・派生する道徳的課題に対する他者の追求過程と結論に触れることで、個としての価値に対するパースペクティブを拡げる。	深浅ある各々の道徳課題追求結果を共感的に受容し、傾聴し、評価し合うことでパースペクティブを拡げ、各価値を再度意味づけることができる。	中心価値に連なる関連価値も含めて統合し、自らの価値を再吟味。

《全3時間扱いでの各時間展開大要》

★1時間目

ステップⅠ・Ⅱ：学習活動としての導入段階／学習活動としての展開前段段階

①教材「わたしのいもうと」を読んで、そこから思ったり、感じたりしたことを自由に意見交流する。

②自分が疑問に思ったことやこだわりたい気になることについて検討・整理し、個人課題を設定する。

③個としての疑問やこだわりとして設定した課題（生命尊重、家族愛、友情や信頼、思いやり、思慮・節度、公正さ等々）を確認し合い、整理・集約することで個人課題を解決する手がかりとしての共通課題を設定する。

★2時間目

ステップⅢ：学習活動としての展開中段段階

①個人課題という個の思考をベースにしながら共通課題を集団思考・追求する。

　＊いじめられた妹と、いじめに加わったクラスメイトの気持ち

　＊家に閉じこもって振り向きもしなくなってしまった妹の気持ち

　＊ただ黙ってどこかを見つめ続ける妹を見守る母さんや私の気持ち

　＊いじめたことすら忘れて成長していくクラスメイトに対する気持ち

　＊鶴を折り続けるそれぞれの家族の気持ち

　＊思いを内に秘めたまま死んでいった妹の気持ち

②共通課題に対する個々のものの見方、感じ方、考え方を確認する。

★3時間目

ステップⅣ・Ⅴ：学習活動としての展開後段段階／学習活動としての終末段階

①通課題で得た結論を各自確認しながら、似通った個人課題を設定した者たち同士で　グループ活動を主体とした課題追求をする。

＊1時間目で設定した個人課題を一覧表にまとめておき、大まかな課題別グループ編成ができるようにしておく。

＊個人課題と共通課題が重なってしまった者は、再度資料を読み深め、登場人物たちはどうあるべきであったのかを改めて検討し合うようにする。

②検討した個人課題の結論を互い（グループ内で得た結論を全体の場で）に発

表し合い、互いに聞き・受容し合って共通課題とのつながりを確認し合う。

《授業展開の実際：1時間目》
★ステップⅠ・Ⅱ：学習活動としての導入段階／学習活動としての展開前段段階
①資料「わたしのいもうと」を読んで、そこから思ったり、感じたりしたことを自由に意見交流する。
【子どものワークシートに綴られた反応例】
  ●いじめなんかで死んだ妹はどんな気持ちだったか。死んだ妹の命はどれだけ大切だったのか。（O男）
  ●なぜ人をいじめるのか。それが確実に人を苦しめていることにどうして気づけないのか。（S女）
  ●妹が衰弱していき、死んでいったのを見ていた家族はつらかったと思う。（S男）
  ●いじめている人は命の大切さをどれだけ知っているのか。知ってほしい。（O女）
②自分が疑問に思ったことやこだわりたい気になることについて検討・整理し、個人課題を設定する。（授業参加児童31名）
  ●いじめられた妹の気持ちについてみんなで考えたい。（10名）
  ●妹をいじめたクラスメイトの気持ちを考えたい。（10名）
  ●いじめを受けていた妹を見守った家族のつらい気持ちについて考えたい。（6名）
  ●いじめなんかで死んでしまう命の大切さについて考えたい。（5名）
③個としての疑問やこだわりとして設定した課題（生命尊重、家族愛、友情や信頼、思いやり、思慮・節度、公正さ等々）を確認し合い、整理・集約することで個人課題を解決する手がかりとしての共通課題を設定する。
  ●個人課題を受けての共通課題は、異論なく「大切な命について考えよう」と設定された。やや具体化されていない共通課題だが、個人課題設定過程で妹本人の視点、いじめた側の視点、妹を見守る家族の視点が明確にされ

ており、異なる立場（他者の視点）から比較的に検討し合うことで、生命の大切さについての個々のパースペクティブが拡大すれば、重点的な指導のねらいは達成されると授業者は捉えた。

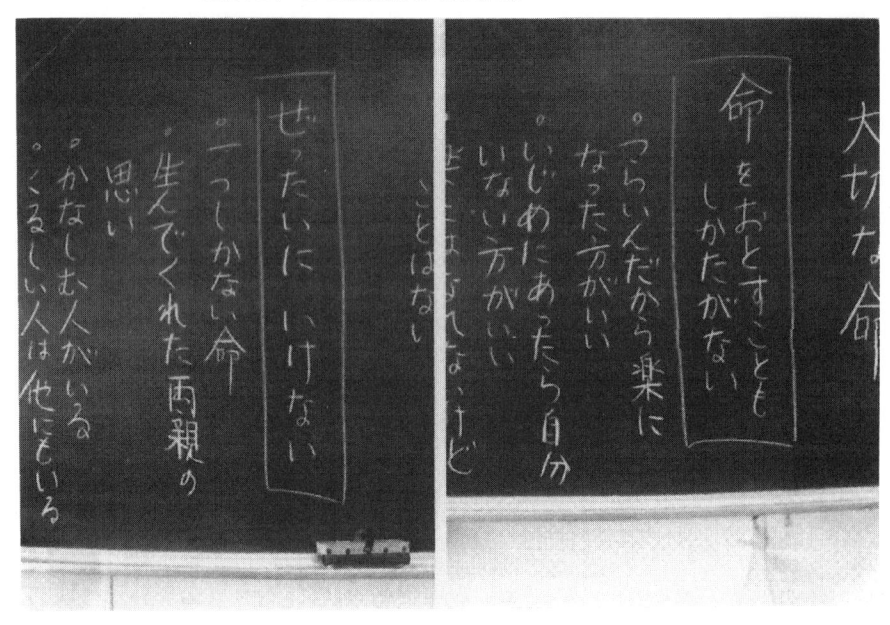

《授業展開：2〜3時間目》
★ステップⅢ：共通課題「なぜ命は大切なのか」の追求過程と、それを基にした個人課題の再検討を中心とした展開中段・後段段階
④妹やそれに連なる人々の内面を語らい合うことで課題追求し、共通の望ましさとしての結論を導き出し、それを受容する。個々の価値観すり合わせ　過程を通じて共有すべき価値を見出すまで語らい合う。
【板書記録にみる共通課題追求過程での語り合い概要】
T：共通課題を考えるために、いじめられた妹の気持ちを手がかりにしますか。
　●かなしい。誰にも口をきいてもらえなくてさびしい。何で自分だけ・・。
　●どうしてこんな目に遭うのか分からない。

●自分はみんなと仲良くしたいのに・・・。
T：どうして振り向かなくなったのか？
●人とかかわりたくない。
●誰も信じられない。もう、どうでもいい。人が嫌。
●ずっと一人でいるくらいなら生きている意味がない。
●生きていても、死んでもクラスメイトは誰も悲しんでくれない。
●振り向いたらクラスメイトがいるから振り向かない。
●人を見るといじめられたことがよみがえる。
T：いじめたクラスメイトの気持ちは、どうだったのだろう。
●最初からいない存在だとみんな思っていた。
●遊び気分。困った様子を見るのが楽しい。
●いなくてもいい。こんなやつ友達じゃない。
●いじめることが当たり前になっていた。
●自分はやりたくないけど、いっしょにやらないと自分がやられる。
●相手の気持ちなんて考える必要ないし、いじめる相手ができてラッキー。
T：家族の気持ちは？
●何で妹がいじめられなければならないのか。
●家族には本当の気持ちを話してほしい。
●こんなに苦しい思いをするなら、引っ越してこなければよかった。
●もとの元気な妹に戻ってほしい。
T：成長したクラスメイトに対する家族の気持ちはどうだったか？
●すぐに忘れてしまうなら、いじめないでほしかった。
●憎くて仕方ない。元に戻してほしい。
●妹も同じようになってほしかった。
●どうしてこんなことになるのか不公平だ。
T：鶴を折る家族の気持ちはどんなであったと思うか。
●せめて家族だけは気持ちを分かってあげたい。
●悲しい気持ちを分かち合いたい。
T：思いを残して死んでいった妹の気持ちはどうであったと思うか。

- みんなと仲良くしたかったなあ。
- 人を信じられる普通の生活がしたかった。
- みんなと話したかった。遊びたかった。
- みんなに自分のことを思い出してほしかった。
- もっとやりたいことがあったのに、もう終わりだ。
- 友達がほしかった。楽しく過ごしたかった。
- 全部が悲しかった。やっと楽になれる。
- みんなには自分の心をなおしてほしかった。
- どうして自分だけ死ななければならないのだろう。

【ワークシートに綴られた感想の部分抜粋】
- （前略）人はささいなことで命を落としたり、生活ができなくなったりするということが分かりました。そして、人には強い人だけでなく、心の弱い人もいることから、いじめは絶対いけないと思いました。改めて命の尊さを考えた授業でした。（T男）
- 私はこの妹の気持ちがよく分かりました。私もいじめられたことがあって、死にたい、学校に行きたくないと思ったことがありました。頭が痛いとかいろいろ言い訳して、学校を休んだことが何度もありました。そんな時、お母さんが学校でなんかあったのじゃないかと声をかけてくれました。それで全部話し、家族みんなで話しました。それで、いじめた人とも話しました。話をしたら、少し楽になりました。だから、この妹も家族やいじめた人と話し合えばよかったのに・・・、そうしたら楽しく学校に行けたのにと思いました。（後略）（K子）
- （前略）もし私が妹みたいないじめを受けていたら、家族はその人達を殺してやりたいってくらいに悔しかったり、悲しかったりすると思います。でも、妹本人がどんなに悲しかったかと思いました。（W女）

★ステップⅣ
⑤共通で導いた結論を基に、自ら問うべき道徳課題を個人もしくは集団で追求・吟味する。

＊このステップでの学習は、同じ課題をもつ者で共通課題で得た価値観を核

にして望ましい結論を導き出すことであったが、「命の大切さ」という共通課題が学級全体の共通課題として強烈に浸透・共有されていたので、ステップⅢに継続する形で全体討論を深め、各々の個人課題解決としての結果をワークシートに綴ることで終えた。
★本実践では、個人課題が「命の大切さ」に集中してグルーピングがしにく　かったために全体での語り合いに切り替えて実施した。
★ステップⅤ
⑥個人課題追求で得た結論を発表し合って、道徳的価値への気づきを共有し合う。
＊ステップⅠで設定された個人課題内容に考慮しながら、カテゴリー分けされた各群（いじめられた妹の視点、いじめたクラスメイトの視点、妹を見守る家族の視点）の課題に配慮しながら発表の場を設定した。
【ワークシートに綴られた個人課題解決例】
●ぼくは討論会をやって、命は大切だけど、すごく悲しい思いをしたり、いじめられ続けたりしたら、その時は死んでもいいと思います。理由は、死んだらいけないと友達にいわれても、その本人の気持ちが分からなければ、かんたんに死んではいけないといえないと思ったからです。周りの人が悲しむといった意見があったけど、だからって悲しい思いをどうしてしなければならないのかと思いました。でも、やっぱり命は大切にきまっています。（K男）
●死んだら楽になれると発言した人は、それで本当にいいのかと考えました。私は、死ぬことは楽になることじゃないと思います。現実とうひしていると思います。つらいかもしれないけど、お母さんやお父さんが見守ってくれていたら、それで平気に生きていけると思います。（K女）
●「わたしのいもうと」で話し合って、やっぱり自分の命をかんたんに落としてはいけないことを思いました。なぜかというと、自分の命は自分のものだけでなく、生んでくれたお母さんや家族がいちばんつらい思いをするからです。（A女）
●今日の道徳の話し合いで、両親が生んでくれたから命は大切にしなきゃい

けないと思いました。生きていても楽しいことはないから死んでもいいという意見があったけど、まだまだこれからの未来がいっぱいあるのだから、絶対に生きていくべきだと思います。(N女)

●わたしは意見がいえなかったんだけど、他にも病気とかで生きたくても生きられないひとがいるのだから、そのひとたちの分も生きてほしいと思います。苦しいのはじぶんだけと思わないで、おなじようにいじめられてもきぼうをうしなわないで生きているひともいるので、ぜったいだいじょうぶだと思います。(O女)

●私は最初、「死んだら楽になる」といっていたけど、話し合っているうちに「死んでも楽になれないかもしれない」という意見を聞いて、意見が変わりました。なので、私は何があっても、ぜったいに死んではいけないと思いました。(NK女)

《絵本『生んでくれてありがとう』を読み聞かせての終末》

　この複数価値多時間追求型道徳授業プログラムでは、道徳的価値自覚の土台となる感情コントロール層、日常的な思考判断の無意識的尺度として機能している道徳的慣習形成層にそれぞれ必要に応じて働きかけ、子どものたちの道徳的学びへのこだわりに対する納得を踏まえながら、道徳授業でもっとも重要な道徳的価値自覚に基づく個々の価値観形成をバランスよく行うところに意図があった。そのような事情から、子どもたちに価値観を育む重要な要素として、喜怒哀楽や善を喜び悪を憎む感情面を第一義的に捉えている。今回の実践事例のような「いじめ」といった重いテーマの終末では、やはり個々の感性に働きかける部分が重要であったと授業者から聞いている。

　終末で用いた絵本『生んでくれてありがとう』(葉詳明(よう　しょうめい)絵・文／髙橋愛訳　2001年　サンマーク出版)は、親子の心の対話をテーマにした作品で、生きることの素晴らしさを押しつけのないメッセージで綴っている。

④ アセスメント評価として個の変容への着目

　この複数価値多時間追求型道徳授業プログラムの実践過程で、思いもよらぬ個の変容を垣間見ることとなったW女さんのケースについて述べたい。

　この授業実践は、かなり無理な時期に実施いただいた経緯がある。なぜなら、小学校卒業を控えた6年生の11月時期は学年行事、学校行事が立て込み、とても多忙だからである。事実、この授業実践のすぐ後には日光修学旅行が控えていた。慌ただしく実践を終えた道徳授業の翌週、子どもたちは日光へ修学旅行に出かけたのである。

　そんな折、授業プログラムの中では終始一貫して「自分の命だから、自分の好きなようにしていい」といい張っていたW児が、修学旅行の2日目に訪れた星野富弘美術館で様々な心に響く作品に触れ、授業での課題を自問し、自分の納得のいく結論を見出したのであった。

　JR日光駅近くの指定レストランで昼食を摂っていた時、何かを話しかけたそうなW児の様子に気付いた担任のY教諭が声をかけると、傍にやって来て前週の道徳授業の話題に触れ、「星野さんの作品を見学して、やはり、自分の命だからといって自分の自由にしてはいけないと思った」と話してくれたそうである。図15に示したのが、修学旅行後にW児が綴って担任にもってきてくれたワークシートである。文章表現等の問題はさておき、素直なW児の心根を垣間見ることができるのではないだろうか。もちろん、道徳授業だけでこの変容を引き出すことが果たしてできたのかと問うなら、その点については確信をもって述べることはできない。かといって、星野富弘氏の感動的な作品だけでW児が突然変容したとも考えにくいものがある。

　ただ説明できるとするなら、日常生活とリンクさせながら、日常的道徳生活の感情的側面も、認知的側面も、行動的側面も織り交ぜて全面的に取り込んだ道徳授業だからこそ、W児に道徳的な気づきを促すことができたのではないかと考えられる。つまり、W児の苦悩しながらもよりよく生きたいという気持ちや、どう考えてどう生きるべきなのかという真摯な学び方、人格的に高まりたいとする成長プロセス、つまりW児の道徳的学びの文脈に本実践（複数価値多時間同時追求型アプローチによる道徳授業）が結果的に寄り添うこととなり、

変容に至る過程重視のアセスメント評価として機能したように分析することができると考えられる。

以下に、W児の1～3時間目までのワークシート記述内容を示したい。
(1時間目の課題設定時)
◎自己課題：いじめられていた妹の気持ち
◎なぜその課題を選んだのか：
　クラスメイトにいじめられた妹は、とってもかわいそうだと思いました。
◎共通課題として設定したいこと：「大切な命について」
(2時間目の共通課題についての語り合いを経ての段階)
◎「命を落としてもしかたない」という意見の中で、「死んだら楽」という意見はまちがっていて、死んでも絶対に楽ではないけど、いじめにあって親にもはなせないほどくるしいんだと思う。家族ともはなせないなんて、そのいじめにあって、人自体をこわくなったのだから、引っ越しをしても人そのものがこわいのだから無意味で、また、社会にでいじめられた時のたいしょはどうするのか。自分の命なんだから、自分で決めればいいと思う。
(3時間目の個人課題に立ち返っての話し合いを経ての段階)
◎妹は、友達からいじめをうけていても、本当はもっと仲良くしたかったと思う。学校に行かないで家にいても、家族にもはなしかけられないほど、友達からいじめられて悲しかったり、くるしかつたりしたと思う。でも、妹は、その友達に対して、なにかいえばよかったと思う。もし、私が妹みたいないじめをうけていたら、その人達を殺してやりたいって位、くやしかったり、かなしかったりするから、妹がどんなにかなしいかって思いました。

図 15　修学旅行後に綴ったＷ児のワークシート

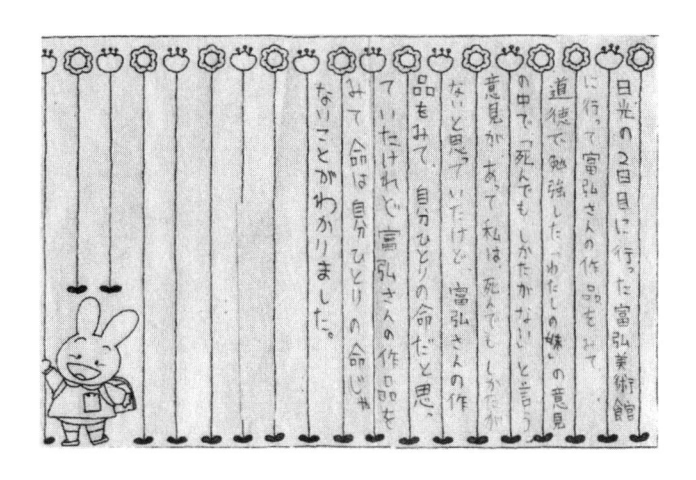

> 日光の2日目に行った富弘美術館に行って富弘さんの作品をみて道徳で勉強した「めだかのきょうだい」の意見の中で「死んでもしかたがない」と思っていたけれど、富弘さんの作品もみて、自分ひとりの命だと思っていたけれど富弘さんの作品をみて命は自分ひとりの命じゃないことがわかりました。

　このＷ児の反応は、発言内容やワークシート記述内容のみに比重を置くと、本時のねらいに対してやや好ましからざる面もある。しかし、設定した道徳的課題にのめり込めば、のめり込むほど、その葛藤過程で個の内面は揺れ動くのも事実であろう。ましてや、子どもによっては日常的にシビアな背景を抱えていたりする場合もあるので、それは他人事では済まされない部分も少なくないであろうことは容易に察しのつくところである。

　やはり、このＷ児の「道徳的学びのプロセス」をリフレクションすると、道徳授業が全てではなく、生活に結び付いた「道徳的学び」は、また生活に還っていくことを如実に物語っているとすることができるであろう。

図16　W児の事前・事後変容の見取り

「生命観把握尺度」を用いたW児の生命尊重意識変容の見取り

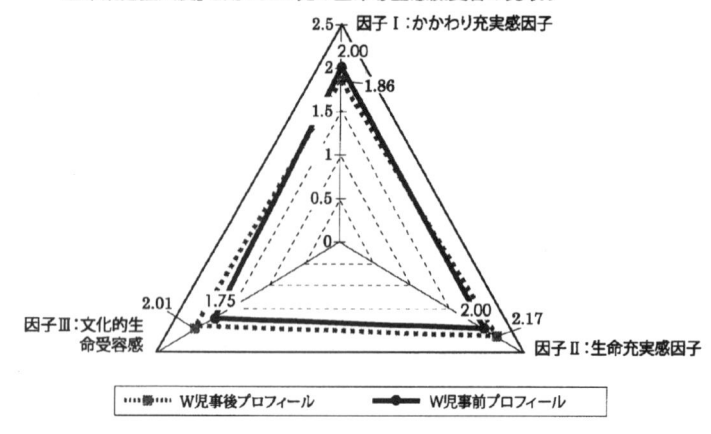

因子Ⅰ：かかわり充実感因子
2.00
1.86
因子Ⅲ：文化的生命受容感　2.01　1.75　2.00　2.17　因子Ⅱ：生命充実感因子

・・・・・W児事後プロフィール　―●―W児事前プロフィール

図17　学級全体での生命観に関する事前・事後調査比較

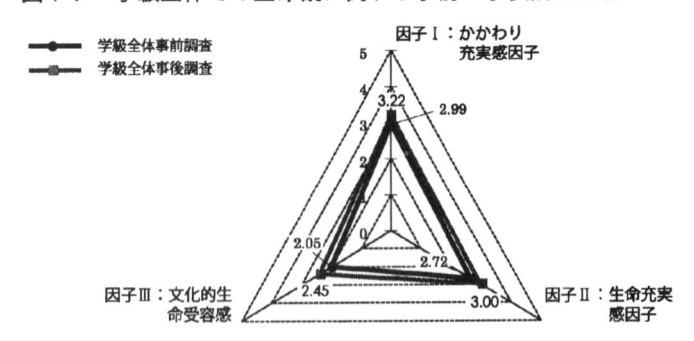

―●―学級全体事前調査
―＊―学級全体事後調査

因子Ⅰ：かかわり充実感因子
3.22　2.99

因子Ⅲ：文化的生命受容感　2.05　2.72　3.00　因子Ⅱ：生命充実感因子
2.45

道徳授業と日常生活との往還を意図すると、やはり価値一点集約型（一価値効率的追求型）で1単位時間完結型の道徳授業で切り込むことには限界があろうと考えられる。その点、数価値多時間追求型道徳授業アプローチでは、価値達磨構想論に従って人格形成の土台部分を形作る「感情コントロール層」、道徳的価値自覚の前提となる「道徳的慣習形成層」をきちんと踏まえつつ、人間の生き方として望ましさを「快」とする基本姿勢や、道徳的価値を進んで受け入れ、さらにその自覚に基づく主体的な道徳実践を目指そうとする意志力形成がより促進しやすくなることは間違いないところである。

　これまで道徳授業評価というと、ややもすると教師の指導方法論や選定教材評価の視点から子どもの道徳的学びがどうであったのかと論じがちであった。しかし、道徳授業が方向目標的なねらいを有する学習である限り、その評価の視点は一定スパンの中での子どもの道徳的変容を好意的に見取り、励ましていくアセスメント評価であらねばならないと考えるのである。

　なお、本実践では絵本を道徳教材としてメインに据えている。それついても少し言及しておきたい。

　絵本による「絵本体験」に道徳教育もしくは教育的意義を見出そうとするなら、やはりそこにあるのは「感じ合う体験」であることに尽きるであろう。シンプルな文章、場合によっては文章すらない絵本。添えられた挿絵も分かるような、そして分からないような多様なメッセージを送ってくる。ならば、コミュニケーション・ツールとしては不十分という指摘がなされるかもしれないが、教材論的な視点に立つなら、完成度の高い作品、完璧なものは学習材としては不適切であるといった戒めを思い起こすのである。

　この論理で、コミュニケーション・ツールとしては、やや物足りないというところが絵本の教材化におけるよさでもある。絵本は、作者や画家が紙面を介して読み手に語りかけてくる。よって、独り読みも可能だし、2人、3人いたら語らいながら読み合うこともできる。すると、そこには不十分だからこそのイメージが膨らみ、語らい欲求が生まれ、次から次へと新たなコミュニケーションが生じてくるのである。

　子どもは絵本によって、「ことば」で感じ、考え、行動するという絵本体験を

する。そのきっかけを、絵本は決して押し付けでなく、メッセージとしてたくさんのことを子どもたちにストレートに伝える。だから、感じるし、それをきっかけに様々考えるし、その吟味検討の結果として行動に至るのである。当然、そこには価値観というものが介在する。絵本が具体的なものである以上、具体的な価値観がそこに含まれることは当然なのである。それが間接話法として「ことば」を介してつながり、その「つながり感」の中で双方向的な「ものの見方、感じ方、考え方」を感じ合う体験、つまり感情体験が育まれ、心身一如の学びが生まれるのである。道徳教材にはどんな絵本も適しているということではないが、絵本固有の「教育的側面」についての活用研究は今後も大いにされるべきであろう。

【第4章の引用文献】
(1) 新美南吉　『でんでんむしのかなしみ』1999年　大日本図書　pp.6～11
(2) 井上治郎　『小学校自作資料選集　中学年』1990年　明治図書　p.11
(3) 村上敏治　「わかりやすい組み立ての道徳授業論とその展開」『道徳教育の授業理論』現代道徳教育研究会編　1981年　明治図書　p.121
(4) 青木孝頼　『道徳授業の基本構想』　1995年　文溪堂　p.38
(5) 勝部真長　「道徳教育の本道と邪道」月刊『道徳教育』NO.101　1969年　明治図書　p.15
(6) 中央教育審議会初等中等教育分科会教育課程部会「幼稚園、小学校、中学校、高等学校及び特別支援学校の学習指導要領等の改善について」（答申）平成20年1月17日　本文「これまでの経緯」　7.教育内容に関する主な改善事項　(4)「道徳教育の充実」項目③より引用。
(7) 田沼茂紀　「生命尊重教育推進のための生命観把握尺度の開発」『高知大学　教育実践研究』第23号　2009年　高知大学教育学部附属教育実践総合センター紀要　pp.9～16

【第4章の参考文献】
(1) 文部科学省編　『小学校学習指導要領解説』　2008年
(2) 文部科学省編　『中学校学習指導要領解説』　2008年
(3) 押谷慶昭　『道徳の授業理論』　1989年　教育開発研究所

(4) B.S.ブルーム他 『教育評価法ハンドブック』梶田叡一他訳 1973年 第一法規出版
(5) 橋本重治・肥田野直監修 『生徒指導と性格・行動・道徳性の評価』 1978年 図書文化 1
(6) 橋本重治 『到達度評価の研究』 1981年 図書文化
(7) 西岡加名恵 『教科と総合に活かすポートフォリオ評価』2003年 図書文化
(8) 高浦勝義 『絶対評価とルーブリックの理論と実際』 2004年 黎明書房
(9) 松下佳代 『パフォーマンス評価』 2007年 日本標準
(10) 田中統治・根津朋実編 『カリキュラム評価入門』 2009年 勁草書房

第5章　わが国の道徳教育を取り巻く諸課題について

1　諸外国との比較から見たわが国道徳教育の課題
(1) わが国道徳教育の特質

　わが国の教育制度に道徳教育が位置づけられたのは、明治初期の学制頒布に伴う近代公教育制度確立と同時のことである。それ以降のわが国の道徳教育を概観するなら、アジア・太平洋戦争以前の教育勅語と修身科に象徴される価値注入（indoctrination）としての徳育教育と、戦後以降の新教育制度下における価値伝達・内面化としての価値教化（inculcation）を中心とした道徳教育とに区分することができる。

　しかし、人格形成に比重を置くという点においては一貫しており、道徳教育振興政策が継承されてきたとすることができよう。それゆえに、富国強兵や植民地政策といった国家戦略的手段として利用されたり、その反動としての道徳教育忌避感情や道徳アレルギーを誘発したりといったことがその時々の社会現象として顕在化するのである。ただ、道徳教育がその機能的役割として担っている子どもの豊かな心の育みや人間としての在り方、生き方への自覚化に基づく道徳性形成は不易であり、今後も公教育の主軸であり続けることは疑念を挟む余地のないところである。

　このようなわが国の道徳教育であるが、その特質的な長所を挙げるなら、以下のような点が特徴づけられよう。

①教育基本法の目的を実現するための学校の教育活動である

　教育基本法の第1条「目的」には、国民の教育は人格の完成を目指して行われなければならないことが謳われ、第2条「教育の目標」には、その目的を実現するために「豊かな情操と道徳心を培う」ことが挙げられている。この点から、道徳教育の目的は学校教育の目的と重なり合う必須の教育活動である。

②小・中学校の教育課程として位置づけられた教育活動である

　学校教育法施行規則第50条「小学校の教育課程」および第72条「中学校の教育課程」には、各教科、外国語活動（小学校のみ）、総合的な学習、特別活動と共に「道徳」を含めて各学校の教育課程が編成されなければならないことが明記されている。よって、学校の時間割に位置づけられた教育活動として行われるべきものである。

③すべての道徳教育を補充・深化・統合する「道徳の時間」がある

　学校の教育活動全体を通じて行われる道徳教育を計画的、発展的な指導によって補充・深化・統合し、より効果的に道徳的実践力を育成するため年間35時間（小学校第1学年のみ34時間）の「道徳の時間」が小学校、中学校全学年に位置づけられている。

④道徳教育の要の「道徳の時間」は教科外の教育活動となっている

　戦前の修身科教育は、学習内容として設定した徳目を教科書に則って指導する教科（最重視される筆頭教科）として位置づけられていた。教科として、その学習成果についても他教科同様に成績評価が伴った。しかし、「道徳の時間」では、そこで培う道徳性が個々人の内面にかかわるプライベートものである点を考慮し、教科外領域として位置づけて今日に至っている。

　また、道徳の時間で取り上げる内容はそれを教え込むことではなく、個々人の在り方や生き方にかかわる課題として気づき、それを自らの自覚に基づいて積極的に実現しようとする内面的資質を育成する場であるとの立場から、一律に教科書で指導内容を拘束したり、評定化して個の学びをラベリングしたりするような要素は極力排除された教育活動となっている。

　もちろん、このような理想が道徳の時間の目標や目的を安易な方向へと歪曲化させ、道徳教育の重要性への認識や本来的な指導の在り方を歪めている現実も無視できない。学習指導要領改訂の度に取り沙汰される「道徳の時間」教科論（教科同様の評価とならないために特別教科としての扱いを前提にしている）

は、道徳の時間の実施時数や指導内容充実の視点から今後のわが国道徳教育の取るべき方向性にかかわる喫緊の課題でもある。同時に、就学前教育における道徳教育の充実、高等学校における「道徳の時間」特設といったことも義務教育段階での道徳教育との接続という点から並列的に検討していく必要があろう。

わが国の道徳教育は、上述のような特質をもった教育活動として義務教育学校を中心に展開されている。もちろん、その根本部分においては修身科時代から連綿と培われてきた指導方法論の伝統が引き継がれていると考えるべきであろう。例えば、修身科当時の研究実践校での取り組みに見られる指導教材、展開の大要等々を精査すると、その時々の時代的要請を受けながらも培うべき資質・能力等の検討、指導カリキュラムの指導教材、指導方法論の開発での成果は現代でも遜色のない実践事例が少なくない。そこでの共通項を見出すとするなら、それは「子どもの日常的道徳生活」ということになろう。

道徳教育を取り巻く社会状況は日々変貌を遂げているが、子ども一人一人が豊かな人間関係を前提に日常的道徳生活とのかかわりにおいて内面に培っていく道徳性の獲得に関する方法原理はそれ程大きく変化しているわけではない。その点から勘案するなら、学校における教育活動全体を通じて行う道徳教育を補充、深化、統合する要（かなめ）としての道徳の時間は、学級担任のみならず級外全教師がかかわれる道徳教育、学校づくりの基（もとい）となる道徳教育を体現しやすい。

この点について文部科学省『生徒指導提要』では、「生徒指導は、道徳の授業の指導効果を高めるのに役立ち、逆に、道徳の授業の指導は、生徒指導に貢献するという関係」(註1) とその相互補完関係性が強調されている。

事実、これまで著者がスーパーバイザーとしてかかわってきた多くの学校では、そのような傾向が顕著であった。学校種を問わず、地域を問わず、校内に困難な諸課題を抱えている学校、特に中学校では生徒指導充実の観点から道徳教育の実践に全校をあげて取り組んでいる所も少なくない。

学級担任がかかわれる、学級担任以外の教師もかかわれる、担当教科や担当学年の枠組みを超えて共通の視点で課題を共有しながらかかわれる、それが道徳教育の最大のメリットであろう。学級内の人間関係を掘り起こし、子どもと

教師がパートナーシップに基づいて学習集団としての良好な人間関係を新たに構築しながら協働的な学び（collaboration）を回復していく、これこそがわが国の道徳教育の大きな特質であろう。

わが国における道徳教育の特質は、その内部にいて日常的に受け止めていると見えにくいものである。改めてその特質を認識するためには、他国における道徳教育と比較研究的に捉えていくことが良策であろう。以下に、身近なアジア（大韓民国、中華人民共和国、シンガポール共和国）を中心に、欧州（イギリス「＊グレートブリテン・北アイルランド連合王国」、フランス共和国、ドイツ連邦共和国）、北米（アメリカ合衆国）、大洋州（オーストラリア連邦）における道徳教育を概観していきたい。

(2) アジアにおける道徳教育
① 韓国の道徳教育

韓国における戦後の道徳教育は旧日本植民地時代の「修身」を廃止した後、「社会生活」という米国民主主義思想を基盤とした社会科教育の一部として道徳教育が行われるようになった。しかし、社会的混乱によるモラル低下や青少年問題の顕在化によって直接的道徳教育が望まれるようになった。そして、第2次教育課程（1963年）で特設された「反共・道徳」の時間は、教科および特別活動と共に学校教育3領域として位置づけられた。その後、第3次教育課程（1973年）より「反共・道徳」は教科「道徳」に改められて今日に至っている。

第7次教育課程で、国家水準カリキュラムが「国民共通基本教育課程」と「選択中心教育課程」との2つの枠組みで構成されるようになって以降は、両課程に関連科目が位置づけられて初等学校、中学校、高等学校の道徳カリキュラムの連携が明確された。この方針は、2007年改訂教育課程（フレキシブルな改訂を可能にするため、何次という呼称は改変された）にも踏襲されている。

道徳科の指導内容は「個人生活」、「家庭・近所・学校生活」、「社会生活」、「国家・民族生活」に区分され、闊達段階を考慮して重点化されている。また、用いる道徳科教科書は国定であり、認知的領域、情意的領域、行動的領域での有機的関連を図りながらの指導が強調されている。評価も必然的に、道徳的判断

力、道徳的価値と態度、実践意思と行動性行を中心に主観的評価、面談法、観察評価、自己評価等を多面的に駆使し、評価の根拠と基準を明確にすることが求められている。

図18　韓国の道徳教育体系

校種	初等学校							中学校			高等学校	
学年	1	2	3	4	5	6	7	8	9	10	11	12
関連教科名称	正しい生活 週1時間		道　徳 中1、2年週2時間、他は週1時間									市民倫理 倫理と思想 伝統倫理	
教育課程		国民共通基本教育課程										選択中心 教育課程	

②　中国の道徳教育

中国の学校制度は地域によって若干異なるが、基本的には6-3制の義務教育である。1988年に全国小中学校教材審定委員会を通過した小・中学校教育課程では、実施にあたり、国家教育部において各教科の教育目標、教育課程、年間授業時間数、指導上の注意事項、評価基準等が定められた。

中国の道徳教育は、基本的には思想政治教育であり、子どもの精神・実践能力創造に重点を置いた素質教育（国家主導による個人能力、素質に応じた教育）が中心である。義務教育である小学校では「思想品徳」、初級中学（中学校）では「思想政治」が、中華人民共和国義務教育法で国家基準の教育課程に教科として規定されている。また、高級中学（高校）では「政治」が道徳教育として位置づけられている。その他、各教科教育の目標にもしばしば品徳教育、愛国主義精神の強化にかかわる内容がちりばめられている。

中国においては、道徳教育関連科目がすべて各学校種の筆頭教科として位置づけられている。そして、各教科にその精神が学習内容という具体性を伴って反映されている。

図19　中国の道徳教育体系

校種学年	小学校 1　2　3　4　5　6	初等中学（中学校） 7　8　9	高級中学（高校） 10　11　12
道徳関連教科	思想品徳 週1時間	思想政治　週2時間	思想政治　週2時間 社会実践労働技術教育 1.2年週1、3年週2時間

　小学校科目「思想品徳」では、五愛（祖国、人民、労働、科学、公共財を愛すること）を基本内容とする社会公徳教育と一般政治常識教育とによって、個人・集団・祖国の視点から道徳認識を高め、情感を養い、道徳行為を指導し、分別能力を身に付けさせることを目的としている。用いる教科書は、6年間で12分冊となっている。

　中学校科目「思想政治」では、公民の権利と義務、社会発展の規律といった社会主義建設関連の道徳知識を理解させる。そして、中国共産党の指導、社会主義道徳堅持の信念、道徳観念、法制観念、国家観念、階級観念、労働観念、集団主義観念の初歩を確立させ、社会主義に対する責任感をもたせ、分別是非の能力を固めることを目的としている。中学では教科書のみならず、日々のラジオ、テレビ、新聞等の話題も利用され、他教科、国防教育、環境教育、人権教育との連携した総合的な学習として展開されている。1学年では主に「青少年の修養」、2学年では「政治常識」、3学年では「社会発展史」を主課題として学習内容が構成されている。

　高校の科目「思想政治」では、1学年で「政治経済学常識」、2学年で「弁証唯物主義に関する常識」、3学年で「哲学」および「社会主義理論」と、政治規範、道徳規範、法律規範、労働と心身の発達や日常生活との関係性を保って展開されている。教科書は学習内容が広範にわたるだけに厚くなる傾向にあり、入試とも関連しないことで子どもの負担も大きいようである。

③　シンガポールの道徳教育

　シンガポールは1965年の完全独立以来、僅かな期間に目覚ましい経済発展

を遂げた成長著しい国家である。淡路島程度の無資源国土に華人系、マレー系、インド系と様々な民族が言語、宗教の違いを超えて国家を構成しているため、今日の繁栄を得るための道のりは決して平坦ではなかった。その新国家建設においては、各民族のアイデンティティ（identity：自己同一性）を尊重しながら、「シンガポール人らしさ」という人為的、観念的な国民性の創出、教導の必要性から教育の重要性に早くから着目して政策に掲げてきた。

　シンガポール教育省では、国家生き残りのための価値教育プログラムが重要な鍵であるとの認識から、完全独立前の1959年から「倫理科」を小・中学校の教科として導入した。1965年にマレーシアから独立後は、英語と民族母語の2言語教育を開始し、すべての小・中学校で国旗掲揚、国歌と国民誓詞の斉唱を義務づけて国家意識の高揚を啓発した。さらに、1967年には倫理科に替えて小・中学校に必修・無試験科目の「公民科」を導入した。小学校では礼儀正しさ、正直、忍耐、親切といった徳目に愛国心、忠誠心、市民意識といった徳目が追加され、中学校では個人、家族、学校、コミュニティ、国家、世界の6領域に内容が再構成された。1974年には公民科が歴史科・地理科と統合されて「生活教育」となり、小学校1、2学年で公民を週3時間学び、3、4学年で歴史と地理を週5時間、5、6学年では週7時間学ぶようになった。取り上げる徳目は、愛国心、忠誠心、国民の責務、東洋と西洋の良き伝統、他民族・他文化との協調、国家の歴史的・地理的環境といった内容であった。

　1979年、呉慶瑞(ゴー・ケンスイ)教育相が取りまとめた『教育省報告書』では、シンガポールの精神的荒廃に対して道徳教育の内容概念が抽象的で機能していないという指摘がなされ、「個人（生活習慣の形成、人格形成）」、「社会的責務（コミュニティへの帰属意識、文化遺産の尊重）」、「国家への忠誠心（愛国心、国家形成の精神）」の3領域6分野が整えられ、将来の宗教教育導入も示唆したのであった。同報告書によって小学校では『良き市民』、中学校では『成長と生活』という教科書が刊行され、子どもの生活経験を重視した教授法や関連教材の開発も進められた。1984年には中学校3、4学年に必修・試験科目の「宗教知識科」が導入され、聖書知識、仏教学、イスラム知識、ヒンドゥー教学、シーク教学、儒教倫理からの選択となった。後に新儒教主義の台頭もあっ

て儒教倫理選択が奨励されたが、選択履修者は17%台に低迷した。
　この宗教知識科は1990年に必修から外され、これに替わって中学校では全民族共通の英語版教科書による新たな道徳教育教科「公民・道徳教育（Civics and Moral Education：CME）」が導入された。ここでは、国民イデオロギー構想として「国民共有価値」が儒教倫理であることが強調された。その後、「国民共有価値」や「シンガポール家族価値」（コミュニティ開発省発表　1994年）をベースに、1998年に教育省が中期的教育目標として示した「期待される教育成果（Desired Outcomes of Education：DOE）」に則って道徳教育が展開されている。

図20　シンガポールの道徳教育体系

校種学年	小学校	中学校（4〜5年）		高校：ｼﾞｭﾆｱｶﾚｯｼﾞ（2年）中央学院（3年）	
	1 2 3 4 5 6	7 8 9 10	11	12	13　14
道徳関連教科	公民・道徳教育 民族母語使用 1〜3年　週2時間 4〜6年　週3時間	公民・道徳教育 英語使用 週2時間		公民科 英語使用 1モジュールを 30時間で実施	
教材内容	言語別教科書の図等は統一 環境美化、公共倫理、総合防衛等	ワークブック形式の教材使用 学校生活、家庭・地域、男女の交際、労働規範等		国家を担う人材育成という視点から、「リーダーシップへの挑戦」というテーマで題材が貫かれている。	

（3）　欧州における道徳教育
①　イギリスの道徳教育
　イギリスの道徳教育は、日本で一般的に用いられているような「道徳教育」という用語の意味としてはほとんど用いられていない。その理由は、伝統的に宗教が人格形成に寄与してきたからである。いいかえれば、道徳という教科はイギリスの学校には存在せず、その代替として「宗教科」がある。また、市民

育成のための「シティズンシップ」がその責任の一端を担っている。

なお、宗教教育の現状については、公費によって維持される学校のうち、キリスト教を設置母体とする宗派学校（faith schools）が学校数全体の3分の1近くを占め、初等学校で4割、中等学校で2割を占める実情からも頷けよう。ただ、イギリスにおける宗教教育の現実的運用は、単なるキリスト教信仰を強化することに主眼を置くのではなく、これを人間教育の基本として重視している点にある。そこでは人格教育(character training)、人物教育(character formation)という呼称が盛んに使用されて、実質的な道徳教育として機能している実態がある。

このような宗教教育を背景にしたイギリスでは、1980年前後から主に中等学校においてＰＳＥ（Personal and Social Education）プログラムと呼ばれる新しい道徳教育が盛んに展開されるようになってきている。このプログラムは、子どもの個性と社会性の発達という課題達成を目的に、学校教育の全体を統合する理念とし、そのための取り立てコースも用意されている。

② フランスの道徳教育

2002年、フランスでは小学校と中学校（コレージュ）の学習指導要領（programme）が改訂されて以降、言語教育に力点が注がれている。フランスでは、伝統的に知識教授が学校の中心役割であるという考え方があり、知育は学校で、徳育は家庭と教会でという厳格な区分も健在である。その点では課程主義の考え方が根強く、本人に学力を担保するという立場から落第制度も維持されてきた。ただ、近年では子どもの内面に与える影響を懸念する声も大きくなって、その保守的な教育理念も揺らぎつつある。

道徳教育という視点からフランスの公教育を検討するなら、そこには共和国憲法に掲げられた非宗教性の原則が貫かれている。その点から宗教教育として道徳教育を実施することはないが、それに替わるものとして1986年から学年進行で独立教科として創設された「公民教育（市民性教育）」がその役割を担っている。また、自由のための教育とされる公民教育を核にしながら教育課程全体で推進する人権教育（教科として独立していない）と連携して実施されてい

る。小学校で例示するなら、公民教育では民主主義生活の基本的な規則や社会的行動、政治・行政制度、国際社会における自国の役割を指導図書等で扱いながら、誠実、正直、勇気、人権差別撤廃、愛国心等を培っている。また、コレージュでは公共の利益、法律遵守、共和国への愛と忠誠心といった価値や態度への自覚化を促している。

独立教科でない人権教育は、公民教育を中心に展開されるが、そこでは民主主義の基本となる「自由、平等、友愛」を具体的に取り上げて、正義、平等、自由、平和、尊厳、権利等を体験的かつ共感的に理解させ、自覚させることを意図して行われている。

③ ドイツの道徳教育

ドイツの教育制度の特色は、複線型学校制度にある。日本の小学校にあたる基礎学校（4年制）を修了すると、子どもたちは基幹学校（原則5年制、6年目もある）、実科学校（6年制）、ギムナジウム（9年制）と個々人の適正に応じて進路選択する。もちろん進路変更は認められているが、伝統的な学校教育制度と職業教育制度が対になっている教育制度は頑(かたく)なである。

ドイツにおける道徳教育は、かつては地域の教会や学校の宗教の授業で担われてきた。現在では、キリスト教と民主主義を基本理念とする基本法（連邦憲法に相当する）に、全ての公立学校における「宗教教育」は正規の教科として位置づけられている。ほとんどの州で原則的に「宗教」の時間は必修となっている。具体的な指導については、キリスト教的伝統に導き入れることや、キリスト教の教義に則った題材を通じて人生の意味や価値規範を教化することを目標としている。宗教の時間は各信仰宗教によって子どもがコース選択できるような配慮がなされている。しかし、近年の外国移民の増加や若年層の宗教離れを背景に、宗教の時間に替えて世界観教授や価値教授を扱う「倫理」も選択肢として設定されている。基礎学校、基幹学校、実科学校、ギムナジウムいずれにおいても、「宗教」もしくは「倫理」が週2時間設定されている。

なお、各州と同格に権限が与えられているベルリン市においては、子どもの6割が宗教の時間、世界観教授や価値教授に全く参加しないという異常事態が

2000年代に入って特に顕著となり、2006年度より宗教の時間に替えて「倫理」を必修教科として導入した。ただ、これに対しては宗教教育が学校から排除されるのではという懸念、子どもの選択履修機会の排除等の立場から批判が寄せられる状況にある。

(4) 北米・大洋州における道徳教育
① アメリカの道徳教育

アメリカにおいては、わが国のような国家が定めた教科としての「道徳」は存在しない。また、学習指導要領といった国家スタンダードカリキュラムも存在しないので、教科もしくは教科外での道徳教育実施にかかわる裁量等は各州に一任されている。さらに、合衆国憲法では公教育で宗教教育を行うことが禁止されているため、道徳教育の代替機能を果たす宗教教育も実施されていない。

各州における道徳教育はどのような位置づけでなされる場合が多いかというと、アメリカ国民としての「責任」と「権利」について教える「公民教育」(civic education) がその実質的機能を担っている。しかし、その他の道徳的要素、例えば躾(しつけ)や基本的生活習慣の確立といった人格形成のための教育は、家庭や地域における青少年活動や宗教活動等の私的活動に委ねられているのが一般的である。ただ、近年の青少年の問題行動が深刻化している状況を踏まえ、学校、家庭、地域社会の連携協力による新たな道徳教育推進の機能役割が学校教育に強く求められるようになってきているのも事実である。

このように、アメリカでは教科「道徳」といった形で教育課程に位置づけるのではなく、州によって違いはあるが、州教育法等で公立初等中等学校では「公民教育」として実施する場合が一般的である。そして、「公民教育」は独立した教科でない場合も少なくない。よって、各教科と連携した教科横断的な指導、学校行事等と連動した指導として行われる場合がほとんどである。また、道徳教育の目標としては、以下のような項目が掲げられる。

a．公共の涵養と基本的人権を尊重する精神の育成。
b．社会に主体的に参加する態度の形成。
c．公共心や基本的人権の理解あるいは社会参加に必要な知識の習得。

また、道徳教育の方法・手段としては、「公民教育」、「人格形成教育」、「ボランティア教育（奉仕活動参加等）、「薬物防止教育」等が学校の実態に即して行われている。

公民教育や人格形成教育を主眼とした道徳教育アプローチにおいては、歴史的に見ると三大潮流が形成されてきた。わが国の道徳教育方法論にも大きな影響を及ぼしてきた各理論の概略は、おおよそ以下の通りである。

a．人格教育（character education）＊インカルケーション

教化すべき価値や徳目を明示し、それを子どもに感得・実践させようと働きかける教育である。1920年代まで盛んに行われていたが一時衰退した。しかし、近年は再度脚光を浴びている。問題点は、教化すべき徳目の定義に関する見解の相違である。例えば、「高潔さ」は一面「頑固さ」であり、「正直」は、「場の配慮を欠く鈍感さ」とも解せるようなことである。

b．価値の明確化（values clarification）

子どもに対し、予め想定した価値ないしは徳目を教化するのではなく、個々に必要とされる価値見出し、獲得するための支援を行う教育アプローチである。よって、教師が価値を教えるのではなく、子どもが自分の価値観を明確にできるよう手助けするという教育的関係で、助けるという手法。道徳的価値相対主義に立つ。問題点は、それぞれの立場によって価値は相対的なものであり、万人に共有される絶対的な価値は成立し得ないという見解の逆説的な注入的立場となってしまう点にある。

c．認知発達論的アプローチ（cognitive developmental approach）

道徳的ジレンマを討論することで、道徳的認知発達の段階上昇を目指すというアプローチである。このアプローチはピアジェ、コールバーグ等の認知発達論に依拠しているが、子どもとファシリテイター（facilitator：teacherではなく、授業の促進調整役）である教師との対等な関係、討論する集団内の平等かつ親和的な関係という道徳的雰囲気が不可欠であるばかりでなく、誰しも同じような道徳性発達の道筋を辿らなければならないのかといった誤謬（ごびゅう）も生じさせている。また、道徳的判断力のみに偏しているため、情意的側面や行動的側面での育みへとつながらないといった問題点も指摘されている。

② オーストラリアの道徳教育

オーストラリアの学校教育は、教育レベルが高く公正でオープンな社会において、生産的で価値ある人生を送るために必要な知識、理解、技術そして価値を備えた市民を育成するため、学校教育の質をいかに高めるかが中心課題であるとした 1999 年採択の「アデレード宣言」の内容を色濃く反映している。アデレード宣言は、「教育・雇用・訓練・青少年問題に関する行政審議会」が公表したもので、全国の州・区で共通に取り組んでほしい教育問題を取りまとめたものである。この審議会は、1989 年には「ホバート宣言」によってそれまでなかったナショナルカリキュラムの制定や、8 主要学習領域の設定等で大きな役割を担ってきている。

オーストラリアの学校教育制度は、就学前教育、初等教育（小学校）、中等教育（中学校）、後期中等教育（高校）、大学や技術系専門学校と体系化されている。義務教育期間は初等教育の 6 歳から 15 歳の中等教育中途に至るまでである。

オーストラリアは成立過程からして多民族国家であり、多文化主義教育を前提に学校教育がなされている。よって、このような背景を受けて、多くの移民が日常生活に困らないよう言語教育を重視している。そこでは、第一言語こそ英語となっているが、第二言語は母国語となっている。それは、アボリジニ（先住民族）や移民が母語を忘れないようにするための配慮でもある。また、広大な国土に国民が分散しているため、遠隔教育も盛んである。遠隔教育を支援する援助センターでは、テレビ、ビデオ、ラジオ、電話、コンピュータ等々の情報通信機器がフルに活用されて教育内容の定着を図っている。このような教育環境下のオーストラリアであるが、欧米他国と比較して教育格差があまりない高水準の教育レベルにあることも知られたところである。

多民族国家であるオーストラリアの道徳教育は、市民性教育や人権教育に裏付けられた異文化理解に基づく価値教育が主流である。ここでの異文化理解とは、共感的に他者を理解・受容するといったようなことではなく、文化を異にする他者と向き合いながら対話を積み重ねることで共存の道を探る関係性の構築に重点が置かれている。ゆえに、学校教育においても、母国語も含めた言語

教育の重視、正課カリキュラムとして位置づけられた伝統文化価値理解促進（Promoting Traditional Values）、コミュニケーション能力の習得に重点が置かれ、個々人の個性や資質・能力を尊重しながら異文化理解を推進する価値教育プログラムが積極的に導入されている。また、各州によっても教育制度は若干異なるが、「宗教」の時間は初等教育、中等教育において選択教科となっている。そこには、子どもの躾や倫理観の育成は家庭内で責任をもって行うという基本的な考え方があり、学校で子どもの問題行動が発生すれば教師と共に保護者も対処することが当たり前になっている。家族の一員としての自覚や役割、責任、守るべき規律等を教えるのは家庭教育であるという精神が未だ健在である。

2 現代教育諸課題解決に向けた道徳教育の進め方
(1) 現代の学校を取り巻く諸問題

わが国における昨今の教育諸問題というとすぐに思い浮かぶのが、いじめ、不登校、暴力行為、怠学等の生徒指導にかかわる内容である。各学校へのスクールカウンセラーの配置や教員加配、さらにはソーシャルワーカーの支援を求めつつも、容易には解決しない現状に、学校現場はまさに疲弊の只中にある。

特に、いじめ問題は近年ますます深刻化の様相を呈し、自殺や傷害事件といった悲惨な報道が後を絶たない。また、多様な事由を抱える不登校の中でも、日常的な社会生活が一定期間断絶された状態にある「引きこもり」による不登校児童生徒の増加が現代の子どもたちの心の闇を浮き彫りにしている。さらに、小中学生による対教師暴力や器物損壊、凶悪犯罪といった問題行動への荷担等、ますます子どもたちの心の世界の把握が困難になっている現実をどのように受け止めればよいのであろうか。

生徒指導の問題が深刻化する現象を踏まえ、子どもたちの心の悩みに専門的立場から援助を行うために学校現場へスクールカウンセラーを派遣したり、児童虐待やネグレクト（neglect：養育放棄）といった子どもたちの人権保護の立場からソーシャルワーカーを介入させたりすることが日常的なこととなってきた。しかし、子どもたちの心に忍び寄る閉塞感の根底には、あまりにも当たり

前すぎる「学校神話」への疑念も潜んでいると考えられはしないだろうか。

　ここでいう「学校神話」とは、子どもたちがなぜ学校に行かなければならないかという根源的な問題である。学校がなければ、学校における生徒指導上の諸問題は霧散する。そして、内面に問題を抱えた当事者である子ども自身の出口のない苦悩も解消される。当然、問題を抱えた子どもと配慮する周囲の大人たちの心労も大いに軽減されよう。ややもすると、一部の大人は安易に「問題児」というレッテルを貼ったり、ラベリングしたりして、その責任を本人に転嫁しがちであるが、それは大きな誤りである。その子ども自身の問題行動と映るその言動で、いちばん困っているのは他ならぬ本人に違いない。自らの力で解決できない問題を抱えて苦悩するからこそ、問題行動となって表出するのである。いわば、「問題児」と称される子どもたちこそ、生徒指導上の恩恵を十分に受けきれていない被害者なのである。

　今日の学校が抱える様々な諸問題に対し、真っ正面から制度そのものの意味を問うたのがオーストリアの哲学者で文明批評家でもあるイヴァン・イリッチ（Ivan Illich：1926～2002年）である。イリッチは、著書『脱学校の社会』（1971年）において、制度として学校教育が社会に位置づけられると「学校化（schooled）」という現象が起こることを指摘している。「なぜ学校を廃止しなければならないか」というエキセントリックなタイトルの第1章で、イリッチは、「学校化されると、生徒は教授されることと学習することとを混同するようになり、同じように、進級することはそれだけ教育を受けたこと、免状をもらえばそれだけ能力があること、よどみなく話せれば何か新しいことを言う能力があることだと取り違えるようなる」(註2)と指摘している。

　つまり、本来は自分の主体的な欲求として位置づけられるはずの「学び」の価値が学校制度化よって疎外され、何を学んだかではなく、どんな学校に通い、どこの学校を卒業したかということに関心が寄せられる価値の制度化という本来的な意味のすり替えを指摘するのである。イリッチは学校制度のみを批判の標的にしたわけではなく、医療制度や福祉制度も同様の弊害に陥っていると指摘しているのである。制度による近代化は、様々な利益を社会にもたらす反面、本来の姿を変貌させて人々を疎外するというイリッチの指摘をわが国の教育諸

課題に当てはめてみると、大いに合致する点が思い浮かぶ。例えば、学校内におけるいじめや暴力行為、不登校が顕在化したのは、過度に受験競争等が過熱した1970年代後半から80年代である。

現代社会が創り出した学校神話の無意味さをいちばん敏感に感じ取っているのは、当事者である子どもたちであるに違いない。これも衝撃的なタイトルで話題となった『学びから逃走する子どもたち』で著者の佐藤学（2000年）は、学びの時代と称される21世紀に向けて学ぶ子どもの「ニヒリズム」を要因として指摘する。「何を学んでも無駄」、「何を学んでも人生や社会はかわらない」、「学びの意味が分からない」等々、子どもたちの心の叫びを指摘する。

今日の学校において、心の教育の一翼を担う道徳教育はこのような子どもたちにどう働きかけていけばよいのであろうか。それとも、国際化社会の只中で生きるためのますます高い資質・能力を求められる今日、このような問題行動に対して全く無力なのであろうか。学校における教授機能と対をなす訓育的な教育機能である道徳教育の役割や位置づけ、それらを再度真剣に検討する段階に来ているとも考えられよう。もちろん、その前提として、学校が地域社会で果たす役割や教育可能性についての吟味・検証手続きが求められることとなる。特にその中でも、保護者や地域住民の学校観や学力観に対する合意形成が不可欠な要件となってくることはいうまでもない。

今日の学校教育は、平成元（1989）年学習指導要領改訂時からの新学力観に基づく基礎力の確実な定着やトータルな資質・能力の育成を目指した「ゆとりと充実」、「生きる力の育成」という基本方針から、平成15（2003）年の学習指導要領一部改訂を経て徐々に知育偏重へとその路線を方向転換してきた。その牽引力となったのは、科学的根拠に乏しい学力低下論、さらにはOECD（経済協力開発機構）の15歳児を対象に3年サイクルで読解力、数学的リテラシー、科学的リテラシーの3分野の学習到達度問題を実施する「国際的な生徒の学習到達度調査（PISA）」、国際教育到達度評価学会（IEA）が小学校4年生と中学校2年生を対象に算数・数学、理科の学習到達度を国際尺度によって評価する「国際数学・理科教育動向調査（TIMSS）結果への過剰ともいえる世論の後押しであった。ただ、この議論においていつも抜け落ちるのが、教育条件整

備の問題である。学級・学校規模、教員定数等々、学校教育をサポートする外的事項を担う行政機関の機能である。学校という限られた教育環境の中で、その健全化の両輪となる教授機能と訓育機能とのいずれか一方が欠けても、諸問題山積の教育現場は容易く改善されはしないのである。

　日本の学校における教育条件整備は、遅々として改善されてはいない。事実、経済協力開発機構（OECD）統計では教育機関に支出される公的支出の割合が国内総生産（GDP）比で3％台を低迷し、加盟国中いつも下位の位置にある。これらの教育条件整備の現状と学校教育が抱える諸課題が表裏の関係にある点も、道徳教育充実を具体化する方略と深くかかわっていることも併せて検討していかなければならないであろう。

(2) 道徳教育と市民性教育

　近年、わが国の学校教育でも大きな関心が寄せられている教育活動として、市民性教育もしくはシティズンシップ教育（citizenship）といった名称の取り組みがある。公共に対して開かれた個人を育成することを目的としたこれらの教育活動は、科目や教科名こそ違っていても、欧米では以前から積極的に取り組まれている。市民性教育と総称されるこの教育活動は、学校や社会秩序の弛緩(しかん)が社会問題化した1990年代から各国で特に注目されるようになってきた。青少年の犯罪や非行、いじめ、不登校、暴力行為、学業からのドロップアウト、ニート（NEET=Not in Employment、Education or Training：学校にも行かず、就職やそのための準備もしない層）の増大、社会的な無関心、偏見・差別による社会的放置・孤立等々の諸課題克服への期待が、この市民性教育に寄せられているのである。

　個人が社会とのかかわりや社会での居場所が見つけにくくなってきている現状を改善するための取り組みとして、社会的アイデンティティを形成していくことにこの教育の意図がある。例えば、欧州評議会が採択した「民主主義的シティズンシップ教育と人権教育に関する欧州評議会憲章」(2010年5月)には、「民主主義や法の支配の促進と擁護の下、学習者に知識・スキル・理解を身に付けさせ、態度や行動を育むことによって、社会の中で自分たちがもつ民主的

な権利や責任を行使し、擁護することを目指して多様性を尊重し、民主主義的生活の中で積極的な役割を果たせるよう権限委譲しようとする教育、啓発、情報提供、実践する活動」と定義している。

具体的な教育の内容でいえば、以下のように概略をまとめられよう。
① 国家の理念や制度の理解をすることで他者の尊重や差別排除の認識力を育成する。
②個人としての理解力や判断力を身に付け、行使できる資質を育成する。
③個人が社会における倫理や法律を遵守する自覚や責任感を育成する。

これら市民性教育で培う資質・能力は、広い意味で人格形成に寄与する道徳教育である。そして、基本的人権の尊重と擁護のための具体的な実践の伴う取り組みでもある。よって、自己肯定感や責任感の育成、自立心や自己の確立、他者受容への配慮、畏敬心の育成等の目的概念から派生するその取り組みは、イギリスの中等学校に導入されている特設科目「シティズンシップ」のように、市民性教育、経済教育、キャリア教育、環境教育、健康教育といった広範な内容をも包含する。その点で、ややもすると狭義な観念的理解に傾きがちであったわが国の道徳教育を他教育活動との関連で問い直す時、その先行モデルとして大いに参考となろう。

特に、道徳の時間との密接な関連性を保ちながら進める教育活動全体で取り組む道徳教育の今後を視座すると、わが国における市民性教育の導入方法やその進め方の検討がますます問われてくるであろう。

(3) 道徳教育とキャリア教育

キャリア教育という概念がいち早く叫ばれたのは、1970年代初頭のアメリカにおいてである。一時期は衰退したものの、近年は今後ますます必須な教育として再度脚光を浴びている。

キャリア教育 (career education) とは、子ども一人一人が将来の自分と関係づけながら日常生活での学びと働くこととを自ら意味づけていくための取り組みである。いわば、一人一人の独自な生き方に基づく、人それぞれの価値観

形成、勤労観形成、職業観形成を促進する取り組みがキャリア教育ということになる。

そこで培うべき資質・能力については、中央教育審議会第2次審議経過報告「今後の学校におけるキャリア教育・職業教育の在り方について」（2010年5月）において、勤労への意欲や態度と関連する重要な要素として「なぜ仕事をするのか」、「自分の人生の中で仕事や職業をどのように位置づけるのか」といった「価値観」の育成について特に触れられている。そのような価値観形成の過程では、社会的・職業的自立、学校から社会・職業への円滑な移行に共通して必要な能力の育成が求められている。例えば、「人間関係形成・社会形成能力」、「自己理解・自己管理能力」、「課題対応能力」、「キャリアプランニング能力」等の要素が望ましい勤労観、職業観形成が不可欠な資質・能力とされており、道徳教育においても重きをもって取り組むべき大きな課題である。

また、ここでいう勤労観、職業観としての「望ましさ」とは、以下のように各側面から捉えることができよう。

【認知的側面】
　○職業に貴賎はないこと。
　○職業遂行には規範倫理の遵守や社会的責任が伴うこと。
　○職業には生計維持だけでなく、自己の適性や能力を発揮することで社会構成員としての役割を果たせること。

【情意的側面】
　○一人一人の存在がかけがえのない価値あるものと自覚すること。
　○他者と働く自己についての自覚と勤労・職業に対する誇りをもつこと。

【行動的側面】
　○将来の夢や希望の実現を目指して取り組もうとする意欲をもつこと。

これらの資質・能力の育成を目指して、小学校では学習指導要領「道徳」や「特別活動」の目標に明記された「自己の生き方についての考えを深め」という文言の趣旨を踏まえ、働くことのよさや集団内での役割遂行の意義、みんなのために働くことの意味等に配慮しながら、双方の教育活動を関連づけながら

発達段階を踏まえた指導を行っていくことが求められよう。

同様に、中学校では「人間としての生き方」、高等学校では「人間としての在り方や生き方」が目標に掲げられ、道徳と学級活動の関連的な指導やホームルーム活動の「学業と進路」での「学ぶことと働くことの意義の理解」の内容を、これまで以上により具体的かつ実践的な指導として充実させていく必要があろう。

近年、経済不況やモラトリアム（moratorium：社会進出をためらっている心理状態）等が影響して特定世代にフリーターやニートが多く発生している。この世代層は失われた世代（lost generation）と称され、今後においても新学卒者採用優位の傾向をもつわが国労働市場において、定職を得ることに伴う困難は少なくない。そして、この年代がそのまま高齢化へと移行する可能性も否定できない。その時、社会に大きな歪みをもたらすことは必至である。なぜなら、この世代は経済的自立とかかわって自らの将来設計が描きにくいために虚無的傾向をもつことが多く、社会参加へのためらいが少なくないからである。

わが国の今後を視座する時、個々人の在り方や生き方を問うことで価値観形成を促進するキャリア教育の重要性はますます問われるであろう。その際、小学校段階からのキャリア教育と道徳教育がどう目的志向的な相互補完性を発揮できるのかが大きな課題となってこよう。

（4）道徳教育における現代課題の克服

道徳教育は、学校における全教育活動と要の時間としての道徳授業が有機的に関連し合い、相互補完的に機能し合って大きな指導効果を生み出すものである。その点で、総合的な活動の時間において例示されているような現代課題、例えば国際理解、情報モラル、環境、福祉・健康といった教科横断的・複合領域に跨る総合的な現代課題も積極的に受け止めていかなければならない。その指導において肝要なのは、内容そのものを道徳の時間で指導するのではなく、人間尊重の精神に基づいて様々な営みを価値づけるということである。

今次学習指導要領「道徳」改訂で特に衆目を集めたのは、情報モラルの取り扱いについてである。その指導においては、残念ながら一部混乱が見られるの

が実情である。

　情報モラルといった場合、ややもすると情報収集・活用ツールとしての利便性と裏腹に生ずるネット上の誹謗・中傷、いじめ等、情報化の影の部分が露わになり、多くの無益な混乱を生み出している。このような異常事態を是正すべく道徳教育で取り上げようとすると、ついつい、具体的な場面での生活習慣や社会的なルール、情報活用マナー、集団構成員としてのエチケットそのものの指導に傾きがちになる。具体的な事例を通して、そこでの望ましい人間関係の在り方、生命尊重の意味、思いやりや親切、公正・公平な態度等といった道徳的価値内容について追求する授業であれば何ら問題ないのであるが、それが事例における具体的な対処法を身に付けさせるといったスキル形成の授業に陥っている的外れな指導も散見するところである。

　道徳教育における現代課題への取り組みは、あくまでもそれを切り口にして道徳的価値に気づかせたり、自己の生き方、人間としての生き方や在り方についての考えを深めたりすることである。そのようなスタンスを堅持するなら、現代課題にかかわる道徳資料、道徳素材には事欠かないはずである。様々な資料や素材から、道徳的価値追求に迫る教材開発を進める取り組みを活性化するといった努力こそ、形式的指導に陥って学年進行と共に道徳授業そのものの受け止めが悪くなるといった外部からの批判を跳ね返す大きな原動力となるに違いない。

3　わが国における道徳教育の未来展望
（1）道徳教育における教師の役割

　道徳教育の方法は、それぞれの国情によって様々であることは先に触れた。わが国では、子どもが人間として生きていく上で主体的に学ぶべき基本的な内容に基づき、道徳の時間を要とした学校の全教育活動において一人一人の道徳性を発現させ、人格形成していくことが目的となっている。その際に大きな役割を果たすのが教師である。

　教師は、子どもが自らの成長を実感し、さらなる生き方の課題や目標を見つけられるように道徳授業のみならず、学校におけるすべての教育活動を通じて

働きかけ、その内面的資質としての道徳性を開花させるのである。道徳教育においては、まさに「教育は人なり」の即実践家として教師は位置づけられているのである。その点については、2005年10月に示された中央教育審議会答申「新しい時代の義務教育を創造する」では、第Ⅱ部各論第2章で「教師に対する揺るぎない信頼を確立する－教師の質の向上－」というタイトルの下、第1節に「あるべき教師像」が明示された。

　概略的に示すと、人間は教育によって創られることからその成否は教師にかかっているとして、国民が求める学校教育を実現するためには子どもや保護者はもとより、広く社会から尊敬され、信頼される質の高い教師が求められると述べられている。そして、優れた教師の条件として3要素を挙げている。

①教職に対する強い情熱
　教師の仕事に対する使命感や誇り、子どもに対する愛情や責任感などを指す。また、変化の著しい社会や学校、子どもたちに適切に対応するため、常に学び続ける向上心をもつ教師を意味している。

②教育の専門家としての確かな力量
　教師は授業を通してその専門性を発揮させることができる。この力量が「教育のプロのプロたる所以である」と答申では説明されている。また、この力量には、子ども理解力、児童生徒指導力、学級・学年の集団指導形成力、学習指導・授業力、教材解釈力等も含まれる。

③総合的な人間力
　教師には、子どもたちの人格形成に関わる者として、豊かな人間性や社会性、常識と教養、礼儀作法をはじめ対人関係能力、コミュニケーション能力などの人格的資質を備えていることが求められる。また、教師には校内だけでなく、保護者や地域関係者、教育関連諸機関等々との連携・協力関係構築力も不可欠である。

　このような現代社会が求める教師像に即応し、自らの教師力を維持していくためには、教職にある者としての強い自覚と良心、意志力が不可欠なのはいうまでもない。特に、平成21（2009）年度より制度化された教員免許更新制は、教師の資格要件である教員免許状を10年毎に更新することを制度的に求めて

いる。

　教員免許更新制は、その時々に求められる資質・能力が保持されるよう、定期的に最新の知識・技能を身に付けることで、教師が自信と誇りをもって教壇に立ち、社会の尊敬と信頼を得られることを意図したものである。

　その制度設計は、免許有効期限前の2年間に大学や指定教員養成機関、都道府県・指定都市等教育委員会等が開設する30時間の免許状更新講習を受講・修了し、所管の免許管理者（都道府県教育委員会）に申請して修了確認を受けることが要件となっている。また、この免許状更新講習は受講者本人の専門や課題意識に応じて講習実施機関で以下のような研修を受けることとなっている。

　①必修領域：教育の最新事情に関する事項（12時間以上）
　②選択領域：教科指導、生徒指導その他教育の充実に関する事項（18時間以上）

　ただ、この教員免許状更新講習制度は法的根拠に基づくものである。国・公立学校、私立学校いずれにおいても、教師が公人として扱われる以上は官製研修となることは仕方のないことであるが、教育基本法にも示された子どもの人格形成にかかわる専門職という自覚と自負に基づく主体的かつ自主研修であることが本来的な姿であろうことを再度確認しておきたい。

　つまり、人間誰しも心の中で思い浮かべる「明日は今日よりもよ（善）く生きたい」という本質的な願いを具現化する過程で全面的にかかわる教師には、やはり、教職としての自らの思いを燃焼させ続けながら、専門性を磨き、生きる人間の姿をありのままに体現した感性的人間観が今後ますます求められるということである。そして、このような感性的人間観に裏打ちされた教師こそ、「人間力」のコア・コンピテンシー構成要素として想定される要件、①人間としての自然性に根ざした自己制御的要素、②社会的存在として調和的かつ規範的に生きるための人間関係構築的要素、③自他存在の尊重と自律的意志に基づく価値志向的要素、以上の育みに関与できると考えられよう。

　そのためには、教師自身による教職専門性を維持・継続していくためのセルフマネジメント（自己管理）能力が必須であろう。ここでは、以下の3点を要

件として挙げたい。
　①　教育への情熱と自己効力感を維持していくための自己管理
　②　教職専門性を維持していくために学び続けるための自己管理
　③　生き方モデルとしての気概と自己肯定感維持のための自己管理

　ここでの自己管理とは、教職としての人格的向上を目標に掲げて努力すべき方向性を指し示すといった意味合いである。家庭や地域の教育力低下や学校に対する社会的要請の増大、学校や教師に対する評価・点検システムの導入等々、教育現場の多忙化は年々厳しさを増している。そんな中で、自分の健康を害したり、家庭を犠牲にしてしまったりする教師の事例は後を絶たない。そんな中で主体的かつ自律的に教職専門性を向上・維持していくためには、どうしてもセルフマネジメントの発想が必要となってこよう。
　高度なタスク（task：達成課題）を掲げれば、望ましさとしての自己パフォーマンスに対するセルフモニタリング、自己評価、自己対処プロセス修正のための要求度はどうしても高まりがちである。かといって、教職専門性にあまり寄与しないようなタスクでは意味をもたない。教職キャリアや教育指導に関する経験知を拠りどころに適切なパフォーマンス向上目標を設定し、試行的・挑戦的な実践の積み重ねによるフィードバックを通じて自己パフォーマンスの達成度合いをモニタリングし、肯定的に評価することで自己効力感を維持していけるようにするセルフマネジメントの発想は、今後ますます教師個々人の責任として求められてくるであろう。
　自ら学び、自らを磨き高め、その自信をバネにさらなる教師としての高見を目指す、そんな教師こそ子どもたちの豊かな人間力形成にとって不可欠な存在となろう。
　道徳教育は、教師が子どもを一方的に導く関係ではない。不完全な人間同士が共によりよい明日を目指して高まり合おうとするところに、道徳教育本来の意味があろう。道徳教育は教師論であるという多くの先達の教え、再度噛み締めたいものである。

(2) 家庭・地域と連携した地域力としての道徳教育の展開

　本来、学校は家庭や地域社会の支持なしには成り立たない。なぜなら、子どもの人格的陶冶は各家庭の責任で、地域全体の責任で全うするのが本来の姿であるからである。ゆえに、子育ての延長線上に家庭や地域が位置づけられるのは至極当然な道理である。なぜなら、家庭や地域社会の消長は次世代を担う子どもの育みにかかっているからである。その点を考慮するなら、その教育責任の一端は地域社会にあるのはいわずもがなことである。

　ところが、このような家庭や地域社会の教育的機能を代替したのが学校教育であり、それが社会制度として定着すると教育問題の責任の所在はすべて学校が引き受けて当然という逆転思考的現象が大手を振ってまかり通るようになったのである。ましてや、今日のように急激に変貌する現代社会において学校教育が担う社会的役割は必要以上に増大すると、人々の子育てを巡る批判の矛先は勢い学校に向きがちになる。学校が、保護者や地域社会からの批判に晒(さら)され、もがき喘ぐ姿は本末転倒のことである。「共同」で子育てするという目的共有の場として学校が機能し、目的実現に向かって互いに手を携える地域の「協同」の場として学校が機能し、互いに協力して働きかけ合うことで「協働」を具体化する場として学校が機能してこそ、地域社会の中で機能する本来の学校の姿であろう。欧米に比べて意識が希薄なわが国の子育てを巡る学校・家庭・地域社会というトライアングルなネットワークの再構築が道徳教育推進においては最大の問題点であり、早急の対応を迫られている難問でもある。

　昨今の学校では、子どもたちとどう向き合うのかが喫緊の課題となっている所も少なくない。つまり、子どもたちではなく、子ども一人一人をどう理解し、どう指導し、どう対処していくのかが学校に突きつけられた深刻な悩みなのである。小1プロブレムや中1ギャップと呼ばれる学校不適応症状の蔓延、いじめや不登校、校内暴力等での要因の多様さと複雑さに見る「新たな荒れ」の発生、あるいは、子どもたちの学習離れ（勉強嫌い）傾向の恒常化をどう把握し、どう対応できるのか、学校における教育実践は混迷を深めている。これからの学校教育はどうあるべきか、道徳教育を核とした人格形成に向けての取り組みはどうあればよいのか、子どもたちの置かれている学校社会の現実、学校文化

創造の実情等も踏まえつつ、学校・家庭・地域社会が問題を共有し、子どもの人間力育成に向けての議論を深めていく必要があろう。

　地域力による子どもの人間力育成のポイントは、家庭も含めた地域社会における人的資源（human resources）の開発と活用にある。そのためには、学校教育法に基づいて示されている学校評価ガイドラインの「学校評価の目的」に謳われた情報公開、情報発信が不可欠であろう。いわば、「各学校が、自己評価及び保護者など学校関係者等による評価の実施とその結果の公表・説明により、適切に説明責任を果たすとともに、保護者、地域住民等から理解と参画を得て、学校・家庭・地域の連携協力による学校づくりを進めること」（2010年改訂「学校評価ガイドライン」）を継続的かつ着実に行うことで、学校の公的カリキュラムを下支えする教育風土としての潜在的カリキュラムが醸成されるのである。潜在的カリキュラムはネガティブな要素としても作用するが、それが価値志向性を伴って学校の校是や校訓、教育目標とマッチングしてポジティブに機能するなら、それは子どもの人間力育成にとてつもない威力を発揮する。そして、その成果が再び家庭や地域社会の教育力を呼び覚まし、惹きつけ、二重スパイラルな教育作用として機能するのである。

　例えば、曹洞宗の大本山永平寺で有名な福井県吉田郡永平寺町にある町立永平寺中学校の校訓は、「自立、振気(しんき)、敬愛」である。この中学校の教育的特色は、永年引き継がれてきた校門での「礼」と無言清掃活動である。子どもたちは登校すると、まず校門の前で一礼する。もちろん、下校時も同様である。どんなに急いでいる時も自分たちの学舎に振り返って一礼する。また、音楽の合図で開始される校内清掃は、心を磨く修行として最初から最後まで全員が無言で黙々とこれに取り組む。終了の音楽が流れたらその場に正座して沈思黙考(ちんしもつこう)し、自分が少し余分に頑張れたこと、気づいたこと、今後への課題等を内省する。このような取り組みは、生徒たちが主体的に発想・実践したのではない。地域社会に根付いた学校文化として受け入れ、守り、後輩へ引き継いでいく価値のリレーに身を置く中で受動的な自分から能動的な自分へと変容させていくのである。それは受動的にこの世に生を受け、能動的に自らの人生を切り拓き、また天命の召すままに受動的にその生を終える人間の

一生と同様である。

　学舎に一礼する子どもたちが、共に学ぶ友だちや下級生を平気で傷つけるであろうか。無言清掃に日々励む子どもたちが、自分の学校の施設や設備を安易に損壊させるであろうか。「人間力」とは、特殊な知識やスキルを指すのではない。人間としてのよさ、人間らしく自律的によ（善）く生きるための内面的資質である。このような個々人の人格を構成し、より善く生きることを支える人間力を育むことこそ、学校における道徳教育の究極の目的となろう。

【第5章の引用文献】
(1) 文部科学省　『生徒指導提要』2010年　各学校配布版　p.26
(2) I.D.イリッチ　『脱学校の社会』東洋、小澤周三訳　1977年　東京創元社　p.13

【第5章の参考文献】
(1) J.ウィルソン　『世界の道徳教育』押谷由夫、伴恒信訳　2002年　玉川大学出版部
(2) 国立教育政策研究所　『道徳・特別活動カリキュラムの改善』に関する研究」～諸外国の動向（2）～」　2004年　同研究所研究成果報告書
(3) 二宮皓編　『世界の学校』　2006年　学事出版
(4) 文部科学省　『諸外国の教育動向 2008年度版』　2009年　明石書店
(5) 佐藤　学　『学びから逃走する子どもたち』　2000年　岩波ブックレット　NO.524
(6) 森田洋司　『いじめとは何か』　2010年　中央公論新社
(7) 小玉重夫　『シティズンシップの教育思想』　2003年　白澤社
(8) 武藤孝典・新井浅浩編　『ヨーロッパの学校における市民的社会性教育の発展』　2007年　東信堂
(9) 渡辺三枝子・E.L.ハー　『キャリアカウンセリング入門』　2001年　ナカニシヤ出版
(10) 藤田昌士　『道徳教育　その歴史・現状・課題』　1985年　エイデル研究所
(11) 山田恵吾・貝塚茂樹編　『教育史からみる学校・教師・人間像』　2005年　梓出版社

あ　と　が　き

　本書では、「人間力」をキーワードにその育みの視点、内容、方法について論じてきた。わが国の近代教育史を顧みるなら、社会にとって有為な人間形成もしくは健全な国民形成といったロジックで語られる人材育成が大半を占めている。
　例えば、『福沢諭吉教育論集』でも知られた名言「一身独立して一家独立し、一家独立して一国独立し」（山住正巳編　1991年　岩波文庫）は、まさにその証左であろう。「教育は人なり」という言葉で体現されるように、そこには社会的存在としての人間像を前提とした国家・社会にとって有為な人間の人格的資質・能力としての人間力が問われるのである。その人間力に包含される資質・能力は知性的であることのみならず、臨機応変に物事に対処できる強固な意志力や統率力等も含まれることはいうまでもない。しかし、それだけでは理想的人間像としての「人間力」は評価されない。むしろ、兼ね備えるべき資質・能力としての要件を満たしていないというマイナス評価につながらないとも限らない。なぜなら、そこには理想的人間像として不可欠な暗黙の了解事項として、「感性的な豊かさ」が盛り込まれていないからである。その信憑性に関する裏付けは、歴史上の著名な人物を物語るエピソードにそれが必須要件として含まれる場合が大半だからである。
　人間力を語る時、そこには大なり小なりの「感性的な豊かさ」が問われる。それは、人間としてよ（善）く生きるという根源部分である人間性に少なからぬ影響力を及ぼすからである。よって、人格形成の土台となる人間力をどのように育むのかという問いこそ、いつの時代においても、いつの国家・社会においても最重要な教育課題であったに違いない。なぜなら、その可否が本来的に満ち足りた人生を過ごすべき権利を有する人々の明暗を分けかねないからである。
　本書で問う人間力の育みとは、究極的には「感性的な人間理解」の視点に立

って人間特有の本性としての善を志向する性質、人間らしさとしての人間性を開発することに他ならない。それを道徳性あるいは道徳的実践力と置き換えるなら、個々人の望ましい道徳的行為を可能にする資質・能力の育みを一人の人間の育ちとしてホリスティック（包括的視点）に進めていこうとすることそのものであり、そのための考え方や方法論が本書で意図するところの主張である。個々人の日常における道徳的行為を支える規範意識、道徳的価値意識は、情意的側面、認知的側面、行動的側面がその内面において調和的に結合した時に価値実現への意志力として大きく開花する。そんな「生きて働く力」の育成こそ、学校教育に携わる者に課せられた使命であろう。

　要約するなら、人間らしいよさとしての道徳性、つまり人間力は、自らをセルフコントロールする自己制御力、自分と他者との調和的で創造的な人間関係構築力、互いが尊重し合いながら価値志向的な生き方目指そうとする価値志向意志力等の資質・能力が個々人の内面においてバランスよく育まれた時に実現するものである。本書では、個々人の人格的成長を支え、育み、開花させる「人間力」の形成を目指す道徳教育モデル型として「価値達磨構想」を掲げてきた。そして、人間力に根ざしたホリスティックな道徳教育を推進するために、重点的指導の視点から複数価値多時間同時追求型人間力形成アプローチの道徳授業について言及してきた。人間は誰しも、「よ（善）く生きたい」という願いを内に秘めつつ迷い生きる弱き存在である。そして、気高く生きる人間としての誇りも忘れない逞しさをもった存在でもある。こんな人間の愛おしさを支える人間力の育みを目指すこと、道徳教育はいつもそうあってほしいものである。

　本書は日々教壇に立ち、子どもたちと向き合いながら道徳教育や道徳授業の在り方を真摯に模索し続ける現職教師の方々、これから教壇に立つことを夢見て奮闘している教職志望学生諸氏の指針になればと編纂したものである。したがって、各章参考文献は読みやすいものに限定する等の配慮を心がけた。これを手がかりに個別な学びを大いに拡げてほしいと願っている。

　最後に刊行機会を与えていただいた北樹出版編集部長、古屋幾子氏に感謝申し上げ、本書の結びとしたい。

平成23年2月　著者

【 資 料 編 】

教育基本法（平成 18 年 12 月 22 日法律第 120 号　抜粋）

　我々日本国民は、たゆまぬ努力によって築いてきた民主的で文化的な国家を更に発展させるとともに、世界の平和と人類の福祉の向上に貢献することを願うものである。
　我々は、この理想を実現するため、個人の尊厳を重んじ、真理と正義を希求し、公共の精神を尊び、豊かな人間性と創造性を備えた人間の育成を期するとともに、伝統を継承し、新しい文化の創造を目指す教育を推進する。
　ここに、我々は、日本国憲法の精神にのっとり、我が国の未来を切り拓く教育の基本を確立し、その振興を図るため、この法律を制定する。
第一章　教育の目的及び理念
（教育の目的）
第一条　教育は、人格の完成を目指し、平和で民主的な国家及び社会の形成者として必要な資質を備えた心身ともに健康な国民の育成を期して行われなければならない。
（教育の目標）
第二条　教育は、その目的を実現するため、学問の自由を尊重しつつ、次に掲げる目標を達成するよう行われるものとする。
　一　幅広い知識と教養を身に付け、真理を求める態度を養い、豊かな情操と道徳心を培うとともに、健やかな身体を養うこと。
　二　個人の価値を尊重して、その能力を伸ばし、創造性を培い、自主及び自律の精神を養うとともに、職業及び生活との関連を重視し、勤労を重んずる態度を養うこと。
　三　正義と責任、男女の平等、自他の敬愛と協力を重んずるとともに、公共の精神に基づき、主体的に社会の形成に参画し、その発展に寄与する態度を養うこと。
　四　生命を尊び、自然を大切にし、環境の保全に寄与する態度を養うこと。
　五　伝統と文化を尊重し、それらをはぐくんできた我が国と郷土を愛するととも

に、他国を尊重し、国際社会の平和と発展に寄与する態度を養うこと。
(生涯学習の理念)
第三条　国民一人一人が、自己の人格を磨き、豊かな人生を送ることができるよう、その生涯にわたって、あらゆる機会に、あらゆる場所において学習することができ、その成果を適切に生かすことのできる社会の実現が図られなければならない。
(教育の機会均等)
第四条　すべて国民は、ひとしく、その能力に応じた教育を受ける機会を与えられなければならず、人種、信条、性別、社会的身分、経済的地位又は門地によって、教育上差別されない。
2　国及び地方公共団体は、障害のある者が、その障害の状態に応じ、十分な教育を受けられるよう、教育上必要な支援を講じなければならない。
3　国及び地方公共団体は、能力があるにもかかわらず、経済的理由によって修学が困難な者に対して、奨学の措置を講じなければならない。

学校教育法（抄）　（平成22年3月31日法律第26号　抜粋）

第二章　義務教育
第二十一条　義務教育として行われる普通教育は、教育基本法（平成十八年法律第百二十号）第五条第二項に規定する目的を実現するため、次に掲げる目標を達成するよう行われるものとする。
- 一　学校内外における社会的活動を促進し、自主、自律及び協同の精神、規範意識、公正な判断力並びに公共の精神に基づき主体的に社会の形成に参画し、その発展に寄与する態度を養うこと。
- 二　学校内外における自然体験活動を促進し、生命及び自然を尊重する精神並びに環境の保全に寄与する態度を養うこと。
- 三　我が国と郷土の現状と歴史について、正しい理解に導き、伝統と文化を尊重し、それらをはぐくんできた我が国と郷土を愛する態度を養うとともに、進んで外国の文化の理解を通じて、他国を尊重し、国際社会の平和と発展に寄与する態度を養うこと。
- 四　家族と家庭の役割、生活に必要な衣、食、住、情報、産業その他の事項について基礎的な理解と技能を養うこと。
- 五　読書に親しませ、生活に必要な国語を正しく理解し、使用する基礎的な能力を養うこと。
- 六　生活に必要な数量的な関係を正しく理解し、処理する基礎的な能力を養うこと。
- 七　生活にかかわる自然現象について、観察及び実験を通じて、科学的に理解し、処理する基礎的な能力を養うこと。
- 八　健康、安全で幸福な生活のために必要な習慣を養うとともに、運動を通じて体力を養い、心身の調和的発達を図ること。
- 九　生活を明るく豊かにする音楽、美術、文芸その他の芸術について基礎的な理解と技能を養うこと。
- 十　職業についての基礎的な知識と技能、勤労を重んずる態度及び個性に応じて将来の進路を選択する能力を養うこと。

第四章　小学校

第二十九条　小学校は、心身の発達に応じて、義務教育として行われる普通教育のうち基礎的なものを施すことを目的とする。

第三十条　小学校における教育は、前条に規定する目的を実現するために必要な程度において第二十一条各号に掲げる目標を達成するよう行われるものとする。

二　前項の場合においては、生涯にわたり学習する基盤が培われるよう、基礎的な知識及び技能を習得させるとともに、これらを活用して課題を解決するために必要な思考力、判断力、表現力その他の能力をはぐくみ、主体的に学習に取り組む態度を養うことに、特に意を用いなければならない。

第三十一条　小学校においては、前条第１項の規定による目標の達成に資するよう、教育指導を行うに当たり、児童の体験的な学習活動、特にボランティア活動など社会奉仕体験活動、自然体験活動その他の体験活動の充実に努めるものとする。この場合において、社会教育関係団体その他の関係団体及び関係機関との連携に十分配慮しなければならない。

第三十二条　小学校の修業年限は、六年とする。

第四十二条　小学校は、文部科学大臣の定めるところにより当該小学校の教育活動その他の学校運営の状況について評価を行い、その結果に基づき学校運営の改善を図るため必要な措置を講ずることにより、その教育水準の向上に努めなければならない。

第四十三条　小学校は、当該小学校に関する保護者及び地域住民その他の関係者の理解を深めるとともに、これらの者との連携及び協力の推進に資するため、当該小学校の教育活動その他の学校運営の状況に関する情報を積極的に提供するものとする。

第五章　中学校

第四十五条　中学校は、小学校における教育の基礎の上に、心身の発達に応じて、義務教育として行われる普通教育を施すことを目的とする。

第四十六条　中学校における教育は、前条に規定する目的を実現するため、第二十一条各号に掲げる目標を達成するよう行われるものとする。

第四十七条　中学校の修業年限は、三年とする。

第四十八条　中学校の教育課程に関する事項は、第四十五条及び第四十六条の規定

並びに次条において読み替えて準用する第三十条第二項の規定に従い、文部科学大臣が定める。
第四十九条　第三十条第二項、第三十一条、第三十四条、第三十五条及び第三十七条から第四十四条までの規定は、中学校に準用する。この場合において、第三十条第二項中「前項」とあるのは「第四十六条」と、第三十一条中「前条第一項」とあるのは「第　四十六条」と読み替えるものとする。

第八章　特別支援学校
第七十二条　特別支援学校は、視覚障害者、聴覚障害者、知的障害者、肢体不自由者又は病弱者（身体虚弱者を含む。以下同じ。）に対して、幼稚園、小学校、中学校又は高等学校に準ずる教育を施すとともに、障害による学習上又は生活上の困難を克服し自立を図るために必要な知識技能を授けることを目的とする。
第七十三条　特別支援学校においては、文部科学大臣の定めるところにより、前条に規定する者に対する教育のうち当該学校が行うものを明らかにするものとする。
第八十一条　幼稚園、小学校、中学校、高等学校及び中等教育学校においては、次項各号のいずれかに該当する幼児、児童及び生徒その他教育上特別の支援を必要とする幼児児童及び生徒に対し、文部科学大臣の定めるところにより、障害による学習上又は生活上の困難を克服するための教育を行うものとする。
二　小学校、中学校、高等学校及び中等教育学校には、次の各号のいずれかに該当する児童及び生徒のために、特別支援学級を置くことができる。
　一　知的障害者
　二　肢体不自由者
　三　身体虚弱者
　四　弱視者
　五　難聴者
　六　その他障害のある者で、特別支援学級において教育を行うことが適当なもの
【則】第 137 条

小学校学習指導要領　第1章　総則（抜粋）

第1　教育課程編成の一般方針
1　各学校においては、教育基本法及び学校教育法その他の法令並びにこの章以下に示すところに従い、児童の人間として調和のとれた育成を目指し、地域や学校の実態及び児童の心身の発達の段階や特性を十分考慮して、適切な教育課程を編成するものとし、これらに掲げる目標を達成するよう教育を行うものとする。
　学校の教育活動を進めるに当たっては、各学校において、児童に生きる力をはぐくむことを目指し、創意工夫を生かした特色ある教育活動を展開する中で、基礎的・基本的な知識及び技能を確実に習得させ、これらを活用して課題を解決するために必要な思考力、判断力、表現力その他の能力をはぐくむとともに、主体的に学習に取り組む態度を養い、個性を生かす教育の充実に努めなければならない。その際、児童の発達の段階を考慮して、児童の言語活動を充実するとともに、家庭との連携を図りながら、児童の学習習慣が確立するよう配慮しなければならない。
2　学校における道徳教育は、道徳の時間を要として学校の教育活動全体を通じて行うものであり、道徳の時間はもとより、各教科、外国語活動、総合的な学習の時間及び特別活動のそれぞれの特質に応じて、児童の発達の段階を考慮して、適切な指導を行わなければならない。
　道徳教育は、教育基本法及び学校教育法に定められた教育の根本精神に基づき、人間尊重の精神と生命に対する畏（い）敬の念を家庭、学校、その他社会における具体的な生活の中に生かし、豊かな心をもち、伝統と文化を尊重し、それらをはぐくんできた我が国と郷土を愛し、個性豊かな文化の創造を図るとともに、公共の精神を尊び、民主的な社会及び国家の発展に努め、他国を尊重し、国際社会の平和と発展や環境の保全に貢献し未来を拓（ひら）く主体性のある日本人を育成するため、その基盤としての道徳性を養うことを目標とする。
　道徳教育を進めるに当たっては、教師と児童及び児童相互の人間関係を深めるとともに、児童が自己の生き方についての考えを深め、家庭や地域社会との連携を図りながら、集団宿泊活動やボランティア活動、自然体験活動などの豊かな体験を通して児童の内面に根ざした道徳性の育成が図られるよう配慮しなければならない。その際、特に児童が基本的な生活習慣、社会生活上のきまりを身に付け、善悪を判

断し、人間としてしてはならないことをしないようにすることなどに配慮しなければならない。
3　学校における体育・健康に関する指導は、児童の発達の段階を考慮して、学校の教育活動全体を通じて適切に行うものとする。特に、学校における食育の推進並びに体力の向上に関する指導、安全に関する指導及び心身の健康の保持増進に関する指導については、体育科の時間はもとより、家庭科、特別活動などにおいてもそれぞれの特質に応じて適切に行うよう努めることとする。また、それらの指導を通して、家庭や地域社会との連携を図りながら、日常生活において適切な体育・健康に関する活動の実践を促し、生涯を通じて健康・安全で活力ある生活を送るための基礎が培われるよう配慮しなければならない。

小学校学習指導要領　第3章　道徳
第1　目標
　道徳教育の目標は、第1章総則の第1の2に示すところにより、学校の教育活動全体を通じて、道徳的な心情、判断力、実践意欲と態度などの道徳性を養うこととする。
　道徳の時間においては、以上の道徳教育の目標に基づき、各教科、外国語活動、総合的な学習の時間及び特別活動における道徳教育と密接な関連を図りながら、計画的、発展的な指導によってこれを補充、深化、統合し、道徳的価値の自覚及び自己の生き方についての考えを深め、道徳的実践力を育成するものとする。

第2　内容
　道徳の時間を要として学校の教育活動全体を通じて行う道徳教育の内容は、次のとおりとする。
〔第1学年及び第2学年〕
1.　主として自分自身に関すること。
　(1) 健康や安全に気を付け、物や金銭を大切にし、身の回りを整え、わがままをしないで、規則正しい生活をする。
　(2) 自分がやらなければならない勉強や仕事は、しっかりと行う。
　(3) よいことと悪いことの区別をし、よいと思うことを進んで行う。

(4) うそをついたりごまかしをしたりしないで、素直に伸び伸びと生活する。
2. 主として他の人とのかかわりに関すること。
　(1) 気持ちのよいあいさつ、言葉遣い、動作などに心掛けて、明るく接する。
　(2) 幼い人や高齢者など身近にいる人に温かい心で接し、親切にする。
　(3) 友達と仲よくし、助け合う。
　(4) 日ごろ世話になっている人々に感謝する。
3. 主として自然や崇高なものとのかかわりに関すること。
　(1) 生きることを喜び、生命を大切にする心をもつ。
　(2) 身近な自然に親しみ、動植物に優しい心で接する。
　(3) 美しいものに触れ、すがすがしい心をもつ。
4. 主として集団や社会とのかかわりに関すること。
　(1) 約束やきまりを守り、みんなが使う物を大切にする。
　(2) 働くことのよさを感じて、みんなのために働く。
　(3) 父母、祖父母を敬愛し、進んで家の手伝いなどをして、家族の役に立つ喜びを知る。
　(4) 先生を敬愛し、学校の人々に親しんで、学級や学校の生活を楽しくする。
　(5) 郷土の文化や生活に親しみ、愛着をもつ。

〔第3学年及び第4学年〕
1. 主として自分自身に関すること。
　(1) 自分でできることは自分でやり、よく考えて行動し、節度のある生活をする。
　(2) 自分でやろうと決めたことは、粘り強くやり遂げる。
　(3) 正しいと判断したことは、勇気をもって行う。
　(4) 過ちは素直に改め、正直に明るい心で元気よく生活する。
　(5) 自分の特徴に気付き、よい所を伸ばす。
2. 主として他の人とのかかわりに関すること。
　(1) 礼儀の大切さを知り、だれに対しても真心をもって接する。
　(2) 相手のことを思いやり、進んで親切にする。
　(3) 友達と互いに理解し、信頼し、助け合う。
　(4) 生活を支えている人々や高齢者に、尊敬と感謝の気持ちをもって接する。

3. 主として自然や崇高なものとのかかわりに関すること。
   (1) 生命の尊さを感じ取り、生命あるものを大切にする。
   (2) 自然のすばらしさや不思議さに感動し、自然や動植物を大切にする。
   (3) 美しいものや気高いものに感動する心をもつ。
4. 主として集団や社会とのかかわりに関すること。
   (1) 約束や社会のきまりを守り、公徳心をもつ。
   (2) 働くことの大切さを知り、進んでみんなのために働く。
   (3) 父母、祖父母を敬愛し、家族みんなで協力し合って楽しい家庭をつくる。
   (4) 先生や学校の人々を敬愛し、みんなで協力し合って楽しい学級をつくる。
   (5) 郷土の伝統と文化を大切にし、郷土を愛する心をもつ。
   (6) 我が国の伝統と文化に親しみ、国を愛する心をもつとともに、外国の人々や文化に関心をもつ。

〔第5学年及び第6学年〕
1. 主として自分自身に関すること。
   (1) 生活習慣の大切さを知り、自分の生活を見直し、節度を守り節制に心掛ける。
   (2) より高い目標を立て、希望と勇気をもってくじけないで努力する。
   (3) 自由を大切にし、自律的で責任のある行動をする。
   (4) 誠実に、明るい心で楽しく生活する。
   (5) 真理を大切にし、進んで新しいものを求め、工夫して生活をよりよくする。
   (6) 自分の特徴を知って、悪い所を改めよい所を積極的に伸ばす。
2. 主として他の人とのかかわりに関すること。
   (1) 時と場をわきまえて、礼儀正しく真心をもって接する。
   (2) だれに対しても思いやりの心をもち、相手の立場に立って親切にする。
   (3) 互いに信頼し、学び合って友情を深め、男女仲よく協力し助け合う。
   (4) 謙虚な心をもち、広い心で自分と異なる意見や立場を大切にする。
   (5) 日々の生活が人々の支え合いや助け合いで成り立っていることに感謝し、それにこたえる。
3. 主として自然や崇高なものとのかかわりに関すること。
   (1) 生命がかけがえのないものであることを知り、自他の生命を尊重する。

(2) 自然の偉大さを知り、自然環境を大切にする。
(3) 美しいものに感動する心や人間の力を超えたものに対する畏敬の念をもつ。
4. 主として集団や社会とのかかわりに関すること。
(1) 公徳心をもって法やきまりを守り、自他の権利を大切にし進んで義務を果たす。
(2) だれに対しても差別をすることや偏見をもつことなく公正、公平にし、正義の実現に努める。
(3) 身近な集団に進んで参加し、自分の役割を自覚し、協力して主体的に責任を果たす。
(4) 働くことの意義を理解し、社会に奉仕する喜びを知って公共のために役に立つことをする。
(5) 父母、祖父母を敬愛し、家族の幸せを求めて、進んで役に立つことをする。
(6) 先生や学校の人々への敬愛を深め、みんなで協力し合いよりよい校風をつくる。
(7) 郷土や我が国の伝統と文化を大切にし、先人の努力を知り、郷土や国を愛する心をもつ。
(8) 外国の人々や文化を大切にする心をもち、日本人としての自覚をもって世界の人々と親善に努める。

第3 指導計画の作成と内容の取扱い
1. 各学校においては、校長の方針の下に、道徳教育の推進を主に担当する教師(以下「道徳教育推進教師」という。)を中心に、全教師が協力して道徳教育を展開するため、次に示すところにより、道徳教育の全体計画と道徳の時間の年間指導計画を作成するものとする。
(1) 道徳教育の全体計画の作成に当たっては、学校における全教育活動との関連の下に、児童、学校及び地域の実態を考慮して、学校の道徳教育の重点目標を設定するとともに、第2に示す道徳の内容との関連を踏まえた各教科、外国語活動、総合的な学習の時間及び特別活動における指導の内容及び時期並びに家庭や地域社会との連携の方法を示す必要があること。
(2) 道徳の時間の年間指導計画の作成に当たっては、道徳教育の全体計画に基

づき、各教科、外国語活動、総合的な学習の時間及び特別活動との関連を考慮しながら、計画的、発展的に授業がなされるよう工夫すること。その際、第2に示す各学年段階ごとの内容項目について、児童や学校の実態に応じ、2学年間を見通した重点的な指導や内容項目間の関連を密にした指導を行うよう工夫すること。ただし、第2に示す各学年段階ごとの内容項目は相当する各学年においてすべて取り上げること。なお、特に必要な場合には、他の学年段階の内容項目を加えることができること。

(3) 各学校においては、各学年を通じて自立心や自律性、自他の生命を尊重する心を育てることに配慮するとともに、児童の発達の段階や特性等を踏まえ、指導内容の重点化を図ること。特に低学年ではあいさつなどの基本的な生活習慣、社会生活上のきまりを身に付け、善悪を判断し、人間としてしてはならないことをしないこと、中学年では集団や社会のきまりを守り、身近な人々と協力し助け合う態度を身に付けること、高学年では法やきまりの意義を理解すること、相手の立場を理解し、支え合う態度を身に付けること、集団における役割と責任を果たすこと、国家・社会の一員としての自覚をもつことなどに配慮し、児童や学校の実態に応じた指導を行うよう工夫すること。また、高学年においては、悩みや葛藤（かっとう）等の心の揺れ、人間関係の理解等の課題を積極的に取り上げ、自己の生き方についての考えを一層深められるよう指導を工夫すること。

2. 第2に示す道徳の内容は、児童が自ら道徳性をはぐくむためのものであり、道徳の時間はもとより、各教科、外国語活動、総合的な学習の時間及び特別活動においてもそれぞれの特質に応じた適切な指導を行うものとする。その際、児童自らが成長を実感でき、これからの課題や目標が見付けられるよう工夫する必要がある。

3. 道徳の時間における指導に当たっては、次の事項に配慮するものとする。

(1) 校長や教頭などの参加、他の教師との協力的な指導などについて工夫し、道徳教育推進教師を中心とした指導体制を充実すること。

(2) 集団宿泊活動やボランティア活動、自然体験活動などの体験活動を生かすなど、児童の発達の段階や特性等を考慮した創意工夫ある指導を行うこと。

(3) 先人の伝記、自然、伝統と文化、スポーツなどを題材とし、児童が感動を覚えるような魅力的な教材の開発や活用を通して、児童の発達の段階や特性等

を考慮した創意工夫ある指導を行うこと。
(4) 自分の考えを基に、書いたり話し合ったりするなどの表現する機会を充実し、自分とは異なる考えに接する中で、自分の考えを深め、自らの成長を実感できるよう工夫すること。
(5) 児童の発達の段階や特性等を考慮し、第2に示す道徳の内容との関連を踏まえ、情報モラルに関する指導に留意すること。
4. 道徳教育を進めるに当たっては、学校や学級内の人間関係や環境を整えるとともに、学校の道徳教育の指導内容が児童の日常生活に生かされるようにする必要がある。また、道徳の時間の授業を公開したり、授業の実施や地域教材の開発や活用などに、保護者や地域の人々の積極的な参加や協力を得たりするなど、家庭や地域社会との共通理解を深め、相互の連携を図るよう配慮する必要がある。
5. 児童の道徳性については、常にその実態を把握して指導に生かすよう努める必要がある。ただし、道徳の時間に関して数値などによる評価は行わないものとする。

中学校学習指導要領　第1章　総則（抜粋）

第1　教育課程編成の一般方針
1　各学校においては、教育基本法及び学校教育法その他の法令並びにこの章以下に示すところに従い、生徒の人間として調和のとれた育成を目指し、地域や学校の実態及び生徒の心身の発達の段階や特性等を十分考慮して、適切な教育課程を編成するものとし、これらに掲げる目標を達成するよう教育を行うものとする。
　学校の教育活動を進めるに当たっては、各学校において、生徒に生きる力をはぐくむことを目指し、創意工夫を生かした特色ある教育活動を展開する中で、基礎的・基本的な知識及び技能を確実に習得させ、これらを活用して課題を解決するために必要な思考力、判断力、表現力その他の能力をはぐくむとともに、主体的に学習に取り組む態度を養い、個性を生かす教育の充実に努めなければならない。その際、生徒の発達の段階を考慮して、生徒の言語活動を充実するとともに、家庭との連携を図りながら、生徒の学習習慣が確立するよう配慮しなければならない。
2　学校における道徳教育は、道徳の時間を要として学校の教育活動全体を通じて行うものであり、道徳の時間はもとより、各教科、総合的な学習の時間及び特別活動のそれぞれの特質に応じて、生徒の発達の段階を考慮して、適切な指導を行わなければならない。
　道徳教育は、教育基本法及び学校教育法に定められた教育の根本精神に基づき、人間尊重の精神と生命に対する畏（い）敬の念を家庭、学校、その他社会における具体的な生活の中に生かし、豊かな心をもち、伝統と文化を尊重し、それらをはぐくんできた我が国と郷土を愛し、個性豊かな文化の創造を図るとともに、公共の精神を尊び、民主的な社会及び国家の発展に努め、他国を尊重し、国際社会の平和と発展や環境の保全に貢献し未来を拓（ひら）く主体性のある日本人を育成するため、その基盤としての道徳性を養うことを目標とする。
　道徳教育を進めるに当たっては、教師と生徒及び生徒相互の人間関係を深めるとともに、生徒が道徳的価値に基づいた人間としての生き方についての自覚を深め、家庭や地域社会との連携を図りながら、職場体験活動やボランティア活動、自然体験活動などの豊かな体験を通して生徒の内面に根ざした道徳性の育成が図られるよう配慮しなければならない。その際、特に生徒が自他の生命を尊重し、規律ある

生活ができ、自分の将来を考え、法やきまりの意義の理解を深め、主体的に社会の形成に参画し、国際社会に生きる日本人としての自覚を身に付けるようにすることなどに配慮しなければならない。

3　学校における体育・健康に関する指導は、生徒の発達の段階を考慮して、学校の教育活動全体を通じて適切に行うものとする。特に、学校における食育の推進並びに体力の向上に関する指導、安全に関する指導及び心身の健康の保持増進に関する指導については、保健体育科の時間はもとより、技術・家庭科、特別活動などにおいてもそれぞれの特質に応じて適切に行うよう努めることとする。また、それらの指導を通して、家庭や地域社会との連携を図りながら、日常生活において適切な体育・健康に関する活動の実践を促し、生涯を通じて健康・安全で活力ある生活を送るための基礎が培われるよう配慮しなければならない。

中学校学習指導要領　第3章　道徳

第1　目標

道徳教育の目標は、第1章総則の第1の2に示すところにより、学校の教育活動全体を通じて、道徳的な心情、判断力、実践意欲と態度などの道徳性を養うこととする。

道徳の時間においては、以上の道徳教育の目標に基づき、各教科、総合的な学習の時間及び特別活動における道徳教育と密接な関連を図りながら、計画的、発展的な指導によってこれを補充、深化、統合し、道徳的価値及びそれに基づいた人間としての生き方についての自覚を深め、道徳的実践力を育成するものとする。

第2　内容

道徳の時間を要として学校の教育活動全体を通じて行う道徳教育の内容は、次のとおりとする。

1　主として自分自身に関すること。
　(1)　望ましい生活習慣を身に付け、心身の健康の増進を図り、節度を守り節制に心掛け調和のある生活をする。
　(2)　より高い目標を目指し、希望と勇気をもって着実にやり抜く強い意志をもつ。
　(3)　自律の精神を重んじ、自主的に考え、誠実に実行してその結果に責任をもつ。

(4) 真理を愛し、真実を求め、理想の実現を目指して自己の人生を切り拓いていく。
　(5) 自己を見つめ、自己の向上を図るとともに、個性を伸ばして充実した生き方を追求する。
2　主として他の人とのかかわりに関すること。
　(1) 礼儀の意義を理解し、時と場に応じた適切な言動をとる。
　(2) 温かい人間愛の精神を深め、他の人々に対し思いやりの心をもつ。
　(3) 友情の尊さを理解して心から信頼できる友達をもち、互いに励まし合い、高め合う。
　(4) 男女は、互いに異性についての正しい理解を深め、相手の人格を尊重する。
　(5) それぞれの個性や立場を尊重し、いろいろなものの見方や考え方があることを理解して、寛容の心をもち謙虚に他に学ぶ。
　(6) 多くの人々の善意や支えにより、日々の生活や現在の自分があることに感謝し、それにこたえる。
3　主として自然や崇高なものとのかかわりに関すること。
　(1) 生命の尊さを理解し、かけがえのない自他の生命を尊重する。
　(2) 自然を愛護し、美しいものに感動する豊かな心をもち、人間の力を超えたものに対する畏敬の念を深める。
　(3) 人間には弱さや醜さを克服する強さや気高さがあることを信じて、人間として生きることに喜びを見いだすように努める。
4　主として集団や社会とのかかわりに関すること。
　(1) 法やきまりの意義を理解し、遵（じゅん）守するとともに、自他の権利を重んじ義務を確実に果たして、社会の秩序と規律を高めるように努める。
　(2) 公徳心及び社会連帯の自覚を高め、よりよい社会の実現に努める。
　(3) 正義を重んじ、だれに対しても公正、公平にし、差別や偏見のない社会の実現に努める。
　(4) 自己が属する様々な集団の意義についての理解を深め、役割と責任を自覚し集団生活の向上に努める。
　(5) 勤労の尊さや意義を理解し、奉仕の精神をもって、公共の福祉と社会の発展に努める。

(6) 父母、祖父母に敬愛の念を深め、家族の一員としての自覚をもって充実した家庭生活を築く。
(7) 学級や学校の一員としての自覚をもち、教師や学校の人々に敬愛の念を深め、協力してよりよい校風を樹立する。
(8) 地域社会の一員としての自覚をもって郷土を愛し、社会に尽くした先人や高齢者に尊敬と感謝の念を深め、郷土の発展に努める。
(9) 日本人としての自覚をもって国を愛し、国家の発展に努めるとともに、優れた伝統の継承と新しい文化の創造に貢献する。
(10) 世界の中の日本人としての自覚をもち、国際的視野に立って、世界の平和と人類の幸福に貢献する。

第3 指導計画の作成と内容の取扱い

1 各学校においては、校長の方針の下に、道徳教育の推進を主に担当する教師（以下「道徳教育推進教師」という。）を中心に、全教師が協力して道徳教育を展開するため、次に示すところにより、道徳教育の全体計画と道徳の時間の年間指導計画を作成するものとする。

(1) 道徳教育の全体計画の作成に当たっては、学校における全教育活動との関連の下に、生徒、学校及び地域の実態を考慮して、学校の道徳教育の重点目標を設定するとともに、第2に示す道徳の内容との関連を踏まえた各教科、総合的な学習の時間及び特別活動における指導の内容及び時期並びに家庭や地域社会との連携の方法を示す必要があること。

(2) 道徳の時間の年間指導計画の作成に当たっては、道徳教育の全体計画に基づき、各教科、総合的な学習の時間及び特別活動との関連を考慮しながら、計画的、発展的に授業がなされるよう工夫すること。その際、第2に示す各内容項目の指導の充実を図る中で、生徒や学校の実態に応じ、3学年間を見通した重点的な指導や内容項目間の関連を密にした指導を行うよう工夫すること。ただし、第2に示す内容項目はいずれの学年においてもすべて取り上げること。

(3) 各学校においては、生徒の発達の段階や特性等を踏まえ、指導内容の重点化を図ること。特に、自他の生命を尊重し、規律ある生活ができ、自分の将来を考え、法やきまりの意義の理解を深め、主体的に社会の形成に参画し、国際

社会に生きる日本人としての自覚を身に付けるようにすることなどに配慮し、生徒や学校の実態に応じた指導を行うよう工夫すること。また、悩みや葛藤(かっとう)等の思春期の心の揺れ、人間関係の理解等の課題を積極的に取り上げ、道徳的価値に基づいた人間としての生き方について考えを深められるよう配慮すること。

2　第2に示す道徳の内容は、生徒が自ら道徳性をはぐくむためのものであり、道徳の時間はもとより、各教科、総合的な学習の時間及び特別活動においてもそれぞれの特質に応じた適切な指導を行うものとする。その際、生徒自らが成長を実感でき、これからの課題や目標が見付けられるよう工夫する必要がある。

3　道徳の時間における指導に当たっては、次の事項に配慮するものとする。
 (1)　学級担任の教師が行うことを原則とするが、校長や教頭などの参加、他の教師との協力的な指導などについて工夫し、道徳教育推進教師を中心とした指導体制を充実すること。
 (2)　職場体験活動やボランティア活動、自然体験活動などの体験活動を生かすなど、生徒の発達の段階や特性等を考慮した創意工夫ある指導を行うこと。
 (3)　先人の伝記、自然、伝統と文化、スポーツなどを題材とし、生徒が感動を覚えるような魅力的な教材の開発や活用を通して、生徒の発達の段階や特性等を考慮した創意工夫ある指導を行うこと。
 (4)　自分の考えを基に、書いたり討論したりするなどの表現する機会を充実し、自分とは異なる考えに接する中で、自分の考えを深め、自らの成長を実感できるよう工夫すること。
 (5)　生徒の発達の段階や特性等を考慮し、第2に示す道徳の内容との関連を踏まえて、情報モラルに関する指導に留意すること。

4　道徳教育を進めるに当たっては、学校や学級内の人間関係や環境を整えるとともに、学校の道徳教育の指導内容が生徒の日常生活に生かされるようにする必要がある。また、道徳の時間の授業を公開したり、授業の実施や地域教材の開発や活用などに、保護者や地域の人々の積極的な参加や協力を得たりするなど、家庭や地域社会との共通理解を深め、相互の連携を図るよう配慮する必要がある。

5　生徒の道徳性については、常にその実態を把握して指導に生かすよう努める必要がある。ただし、道徳の時間に関して数値などによる評価は行わないものとする。

【事項索引】

［**ア 行**］

アイスブレイク　102
アセスメント評価　125　168
アノミー　88
畏敬心　24　35
異質性　151
いじめ　217
意志力　42

［**カ 行**］

学習指導案　129
学習指導要領　16
語り合い　157
課題意識　113
価値教育　216
価値志向的要素　55
価値達磨構想　57　111
学級における指導計画　62
カリキュラムマネジメント　62　162
感情コントロール層　58　179
感情体験　39
感性　25
規範意識　26
キャリア教育　221
教育課程　43　119
経験　112
形成的評価　169
言語活動　123
顕在的カリキュラム　115
悟性　25

［**サ 行**］

シークエンス　61　115
自我関与　41　112

自己制御的要素　　11
自己洞察力　　12
自己評価　　136
資質・能力　　11
自然性　　25　111
シティズンシップ　　212　220
指導計画　　60
事前評価　　169
自律的　　27　109
市民性教育　　220
社会性　　30
社会倫理　　11
宗教教育　　29
宗教性　　28
重点的指導　　52　95　178
授業構想　　129　177
人格形成　　30
スコープ　　61　115
セルフモニタリング　　12
潜在的カリキュラム　　115　229
全体計画　　59
総括的評価　　169
相互評価　　136

[タ 行]
体験　　45
体験活動　　60
体験の経験化　　40　112
他律的　　27　109
ツァイガルニク効果　　107
追体験　　45　147
同質性　　150
道徳　　10　18
道徳教育　　12
道徳教材　　45　147　150
道徳実践　　39
道徳資料　　45　121
道徳性　　35　84

道徳的価値　47　57
道徳的価値観形成　40
道徳的価値自覚層　58　180
道徳的慣習　38
道徳的慣習形成層　58　180
道徳的行為　39
道徳的実践意欲・態度　37
道徳的実践力　38
道徳的社会化　23
道徳的習慣　37
道徳的心情　37
道徳的体験　40
道徳的判断力　37
道徳的学び　46

［ナ　行］

ニート　220
人間関係構築的要素　55
内容項目　50
人間性　11　48
人間らしさ　11
人間力　10　54
年間指導計画　60

［ハ　行］

パースペクティブの拡大　66　114
パッケージ型ショートプログラム　114
パフォーマンス評価　135
品性教育　99
不易と流行　2
複数価値多時間同時追求型アプローチ　177　180
文化伝承　14
変容的様式　15
法と道徳　27
ポートフォリオ評価　173
補充・深化・統合　44　46

［マ　行］
模倣的様式　　15
モラトリアム　　223
モラルジレンマ　　106

［ヤ　行］
役割演技　　158
役割取得　　85
幼稚園教育要領　　16

［ラ　行］
理性　　25
良心　　87
倫理　　18

【著者略歴】

田沼　茂紀（たぬま　しげき）

1955年　新潟県生まれ。
上越教育大学大学院学校教育研究科修士課程修了（教育学修士）。
國學院大學人間開発学部初等教育学科教授。
専攻は道徳教育、教育カリキュラム論。
川崎市公立学校教諭を経て高知大学教育学部助教授、同学部教授。
その間、同学部附属教育実践総合センター長を5年間にわたり併任。
平成21年4月より現職。
主な単著としては、『表現構想論で展開する道徳授業』1994年、『子どもの価値意識を育む』1999年、『再考―田島体験学校』2002年（いずれも川崎教育文化研究所刊）など。

人間力を育む道徳教育の理論と方法

2011年4月15日　初版第1刷発行
2015年4月1日　初版第2刷発行

　　　　　　　　　　著　者　　田　沼　茂　紀
　　　　　　　　　　発行者　　木　村　哲　也
・定価はカバーに表示　　印刷　富士見印刷／製本　新里製本

発行所　株式会社　北樹出版
〒153-0061　東京都目黒区中目黒1-2-6
電話(03)3715-1525（代表）　FAX(03)5720-1488

© Shigeki Tanuma 2011, Printed in Japan
ISBN978-4-7793-0282-4
（落丁・乱丁の場合はお取り替えします）